Georg Strecker, Die Bergpredigt

GEORG STRECKER

Die Bergpredigt

Ein exegetischer Kommentar

VANDENHOECK & RUPRECHT
IN GÖTTINGEN

Für
Ursula Berner

CIP-Kurztitelaufnahme der Deutschen Bibliothek

Strecker, Georg:
Die Bergpredigt: e. exeget. Kommentar / Georg Strecker. –
Göttingen: Vandenhoeck und Recprecht, 1984.
ISBN 3-525-56169-5

Umschlagmotiv entnommen aus:
Martin Luther, Septembertestament, 1522

Gesetzt aus Baskerville auf Linotron 202 System 3 (Linotype).
Satz und Druck: Gulde-Druck GmbH, Tübingen.
Bindearbeit: Hubert & Co., Göttingen.

Vorwort

Einer jeden Generation ist neu aufgegeben zu erfragen, was die Bergpredigt aussagen will. In einer Zeit, da man trotz erklärter gegenteiliger Absicht immer mehr todbringende Waffen aufstellt, ist es geboten, nicht nur die religiöse, sondern auch die politische Dimension der Bergpredigt zu bedenken, nicht zuletzt die Forderung des Bergpredigers, Frieden zu stiften. Dennoch soll in diesem Buch nicht eine weitere aktualisierende Auslegung der Bergpredigt vorgetragen werden, sondern sein Ziel ist – mit den Worten des Untertitels der Untersuchung von Hans Windisch –, einen Beitrag zum geschichtlichen Verständnis der Evangelien und zum Problem der richtigen Bergpredigtauslegung zu leisten. Dies freilich nicht unter der Voraussetzung, die Windischs Werk noch bestimmte, wonach historische Exegese und die Aneignung ihrer Ergebnisse einander entgegengestellt werden könnten – die Auslegungsgeschichte der Bergpredigt hat in den letzten Jahren gezeigt, daß eine solche Scheidung keiner Generation jemals möglich gewesen ist, ja, daß sie nicht einmal wünschenswert wäre –, wohl aber geht es darum, der Andersartigkeit des Textes Raum zu geben. Dabei wird nicht nur der Graben sichtbar gemacht werden, der sich zwischen der Bergpredigt und unserer Situation auftut, sondern auch, daß die Botschaft des Bergpredigers für unsere Zeit eine unverwechselbare Bedeutung besitzt.

Der Vergleich mit der ethischen Überlieferung im übrigen Neuen Testament kann die Eigenart der Bergpredigt bestätigen. Daß in ihr unbedingte Forderungen erhoben werden, wird nicht durch eine Reflexion über das Verhältnis von ethischem Anspruch zur Motivierung dieses Anspruches begrenzt, wie dies in den Briefen des Paulus oder in den johanneischen Schriften geschieht. Darüber hinaus umfaßt sie eine Mehrzahl von Überlieferungsgeschichten. In ihrer vorliegenden Gestalt ist sie nur aus dem Zusammenhang mit der Theologie des Evangelisten Matthäus zu verstehen. Aber ihr Kern reicht auf die Verkündigung Jesu von Nazareth zurück. Diese These wird im folgenden zu den einzelnen Textabschnitten begründet werden. Dabei wird mit der traditions- und religionsgeschichtlichen Komplexität der theologische Reichtum der Bergpredigt zutage treten, und es wird veranschaulicht werden, daß die Bergpredigt heute wie damals einen Anspruch erhebt, der nicht nur die christliche Gemeinde, sondern die Menschheit insgesamt einbezieht.

Zur Entstehung dieses Buches ist zu berichten, daß die Probleme der Bergpredigtauslegung mich seit den Vorarbeiten zu meiner redaktionsgeschichtlichen Matthäusuntersuchung „Der Weg der Gerechtigkeit“ in ihren Bann gezogen haben. Sie sind in Vorlesungen und Seminaren immer wieder bedacht worden und haben in einer Reihe von Aufsätzen einen Niederschlag gefunden. Diese Überlegungen sind hier aufgenommen worden, ohne daß dies in jedem Fall ausdrücklich angemerkt wurde. Meine frühere Auffassung zur Theologie des Matthäus hat sich im grundsätzlichen nicht geändert, doch glaube ich, in der Frage der authentischen Jesustradition ein Stück weitergekommen zu sein, indem mir der Zusammenhang, aber auch der Abstand, der zwischen der Endfassung der Bergpredigtüberlieferung im Matthäusevangelium und der bis auf Jesus zurückgehenden Urtradition besteht, deutlicher geworden ist.

Von den Helfern, die bei der Fertigstellung des Manuskriptes mir zur Seite gestanden haben, seien dankbar erwähnt: Karl-Heinz Struve, Dorothea Mengedoht, Jörg Hagen, Ingrid Goldhahn-Müller, Andreas Anke. Die Druckvorlage wurde von Frau Gerda Renner geschrieben. Zugeeignet ist dieses Buch meiner ersten Doktorandin und ehemaligen Mitarbeiterin, der Verfasserin einer informationsreichen Auslegungsgeschichte der Bergpredigt.

Göttingen, Frühjahr 1984 Georg Strecker

Inhalt

1 Einführung

1.1 Literaranalytische Voraussetzungen

Eine sachgerechte Auslegung der Bergpredigt darf die Ergebnisse der historisch-kritischen Erforschung des Neuen Testaments seit mehr als zwei Jahrhunderten nicht ignorieren. Eines dieser Ergebnisse ist die Feststellung: Die Bergpredigt im Matthäusevangelium ist nicht von Jesus als Rede gehalten worden, sondern das literarische Werk des Evangelisten Matthäus; denn zwischen dem historischen Jesus und der Abfassung der neutestamentlichen Evangelien dehnt sich ein weites Feld mündlicher und schriftlicher Überlieferungen der frühchristlichen Gemeinden. Hier wurde die Botschaft Jesu unter den veränderten Bedingungen des Gemeindedenkens und -lebens ausgelegt und die für diese Gemeinden verbindliche Ordnung unter Berufung auf die Autorität des erhöhten Christus begründet. Die beiden Quellenschriften, die – wie die überwiegende Mehrheit der Forschung annimmt und auch im folgenden vorausgesetzt werden soll – von Matthäus und Lukas benutzt wurden, lassen diese Tendenz spüren: das Markusevangelium als das älteste der neutestamentlichen Evangelien und die Logiensammlung, die auch Q-Quelle (= Q) genannt wird.

Der Evangelist Markus hat um das Jahr 70 die Botschaft und das Leben Jesu in der Form eines biographischen Aufrisses dargestellt und in heilsgeschichtlichem Sinn interpretiert. Hat sein Werk den Seitenreferenten Matthäus und Lukas vermutlich in einer leicht geänderten Rezension (Deutero-Markus) vorgelegen, so ist sein Einfluß auf die Bergpredigt dennoch verhältnismäßig gering[1], da er vorwiegend Erzählungs-, nicht Redestoff überliefert. Demgegenüber ist der Grundbestand von Mt 5–7 auf die Q-Quelle zurückzuführen, wie ein Vergleich mit der Lukasparallele, der Feldrede Lk 6,20–49, beweist. Nicht nur der Rahmen (Situationsangabe, Nachwort) und Grundelemente der Komposition, sondern vor allem die wesentlichen Traditionseinheiten der Bergpredigt (Makarismen, Gebot der Feindesliebe, Goldene Regel, Schlußgleichnisse u.a.m.) sind bei Matthäus und Lukas überliefert. Vergleichen wir den Aufriß von Bergpredigt und Feldrede, so wird deutlich, wie weitgehend die Entsprechungen sind.

[1] Vgl. aber unten zu Mt 5,1f.13.15f.32; 7,2.29 u.ö.

Matthäus	Lukas	
5,1–2	6,12.20a	Situationsangabe
5.3–4.6.11–12	6,20b–23	Makarismen
5,39b–40.42–48; 7,12	6,27–36	Feindesliebe, Goldene Regel
7,1–5	6,37a.38c.41–42	Vom Richten
7.16–21a	6,43–46	Vom guten und schlechten Baum
7,24–27	6,47–49	Schlußgleichnisse
7,28	7,1a	Nachwort

Diese Übereinstimmungen sind nicht zufällig, auch nicht durch die zugrundeliegende gemeinsame mündliche Tradition zu erklären, sondern setzen Q als eine in griechischer Sprache geschriebene Quellenschrift voraus, die aus der Matthäus und Lukas gegen Markus gemeinsamen Überlieferung zu rekonstruieren ist. Die Q-Quellenschrift begann möglicherweise mit der Schilderung vom Auftreten Johannes des Täufers (Mt 3,7–12 par) und endete mit der Parabel von den anvertrauten Talenten (Mt 25,14–30 par). Brachte sie auch keine Passions- und Auferstehungserzählungen, so deutet die bei Matthäus und Lukas parallele Anordnung doch einen chronologischen Aufriß an. Sie enthielt vorwiegend Spruchgut weisheitlicher und apokalyptischer Herkunft, das unterschiedlichen palästinisch-judenchristlichen und hellenistisch-heidenchristlichen Einwirkungen ausgesetzt war[2]. Der oft angenommene, nicht eindeutige Abfassungszeitraum ‚zwischen 50 und 70' impliziert, daß die Q-Quelle im Verlauf ihrer Überlieferung ständig verändert worden ist. Daher reicht auch der Vergleich zwischen dem Matthäus- und dem Lukasevangelium nicht aus, um ihren tatsächlichen Umfang zu rekonstruieren. Es ist zu vermuten – und diese These soll im folgenden weiter begründet werden –, daß Matthäus und Lukas nicht ein und dieselbe Q-Quellenschrift benutzten, sondern je unterschiedliche Q-Exemplare (Q^{Mt} bzw. Q^{Lk}) zur Vorlage hatten. Das ‚Sondergut', das Matthäus oder Lukas unabhängig voneinander überliefern, dem keine Parallelen in der evangelischen Überlieferung an die Seite zu stellen sind, kann zu einem Teil auf die unterschiedlichen Fassungen von Q^{Mt}/Q^{Lk} zurückgeführt werden. Solche Unterscheidung verbietet es, die Exegese der Bergpredigt rein synchronisch zu vollziehen, aber erst recht, unter Umgehung der quellenkritischen Erkenntnisse von dem Bergpredigttext unmittelbar auf den historischen Jesus zurückschließen. Im Gegenteil läßt sich zeigen, daß die Traditionsschichtung vielfältig ist, manche Entwicklungstendenzen, die das Matthäusevangelium prägen, schon der vormatthäischen Tradition angehö-

[2] Zur Rekonstruktion der Q-Quelle im einzelnen: S. Schulz, Q – Die Spruchquelle der Evangelisten.

ren und der Weg ‚zurück zu Jesus' nicht gangbar ist, ohne die verschiedenartigen Überlieferungsschichten, die in einem Text vereinigt sind, zur Kenntnis zu nehmen.

Bei der Frage, welche Kriterien anzuwenden sind, um die Verkündigung des historischen Jesus zu erschließen, werden zwei von Rudolf Bultmann genannte Unterscheidungsmerkmale häufig diskutiert. Danach sind (erstens) die Aussagen der Jesusüberlieferung, die nicht aus dem Judentum ableitbar sind, für den historischen Jesus in Anspruch zu nehmen und (zweitens) die Aussagen, die nicht auf die nachösterliche Gemeinde zurückgeführt werden können[3]. Freilich läßt sich einwenden, daß der Einsatz dieses Differenzkriteriums die Worte Jesu von ihrer jüdischen Umwelt wie auch von der urchristlichen Gemeinde isoliert, auch, daß es sich um ein Reduktionsverfahren handelt, das die Aussagen des historischen Jesus nicht als echt erheben läßt, in denen jüdisches Gedankengut enthalten ist. Das genannte Kriterium ist aber vor allem aus dem Grund zu hinterfragen, weil es ein Vorverständnis vom Judentum zur Zeit Jesu wie auch von der nachösterlichen Kirche voraussetzt, das als solches zur Debatte gestellt werden muß. Das Folgende wird zeigen, daß sich aus der Literaranalyse der Texte der Bergpredigt ein weiteres Kennzeichen erheben läßt, welches das eben genannte korrigieren oder ergänzen kann. Geht man von der Tatsache der Überlieferungsschichtung eines Textes aus, so läßt sich das Bild von den Wachstumsringen eines Baumes hierauf anwenden. Je älter eine Texteinheit ist, um so mehr ist sie umgeben oder gar überwuchert von sekundärem Überlieferungsgut. Wenn auch das Gesetz der zunehmenden Texterweiterung nicht die einzige anwendbare formgeschichtliche Regel ist, so gibt das ‚Wachstumskriterium' doch einen wichtigen Gesichtspunkt an die Hand, um ursprüngliches Jesusgut zu erheben, um so mehr, wenn sich herausstellt, daß dieses sich in mehr oder weniger unverbundenen Logien findet und die angeschlossenen sekundären Textstücke nicht selbständig überliefert worden sind. In diesem Fall läßt sich der zugrundeliegende primäre Kern als Ausgangspunkt der überlieferungsgeschichtlichen Entwicklung verhältnismäßig sicher zurückgewinnen. Von hier aus wird sich ergeben, daß insbesondere gesetzeskritische Aussagen und ethische Radikalismen im Munde Jesu der Urtradition der Bergpredigt angehören und zunehmend durch Sekundärüberlieferung überlagert und so der Situation der urchristlichen Gemeinden angepaßt worden sind.

---

[3] R. Bultmann, Geschichte der synoptischen Tradition 222. – Das genannte Differenzkriterium wird von dem Kohärenzkriterium vorausgesetzt. Dieses besagt: Was mit den Überlieferungsstoffen, die mit Hilfe des ersten Kriteriums als authentisch erwiesen wurden, sachlich übereinstimmt, kann als ursprünglich gelten (so die Worte Jesu, die ein „Hochgefühl der eschatologischen Stimmung" aussprechen; vgl. R. Bultmann, a.a.O. 110.135).

Das letzte Stadium der überlieferungsgeschichtlichen Entwicklung repräsentiert der Evangelist Matthäus, der ‚Redaktor' des ersten Evangeliums. Dieser verfaßte sein Werk etwa im vorletzten Jahrzehnt des ersten Jahrhunderts in einer griechischsprachigen Gemeinde vermutlich Syriens. Er schrieb in Anlehnung nicht nur an das Markusevangelium und die Logienquelle (Q^{Mt}), sondern benutzte darüber hinaus isoliertes ‚Sondergut'. Vor allem aber sind die ihm vorgegebenen Traditionen durch die lebendige, mündliche Überlieferung seiner Gemeinde bestimmt. Schreibt er die Geschichte Jesu Christi auch nicht – wie dies gelegentlich angenommen wurde – als „Handbuch für Gemeindeleiter", so doch jedenfalls im Blick auf den Gottesdienst und die katechetische Unterweisung einer Gemeinde, die sich in der Situation der sich dehnenden Zeit und einer sich ausbreitenden Kirche neu orientieren muß und ihr Bekenntnis und ihre Ordnung auf das Leben und die Lehre des irdischen Jesus zurückführt, den sie als den erhöhten und kommenden Herrn anruft und erwartet[4].

Folgt das Matthäusevangelium im Aufriß sowohl dem Markusevangelium wie auch der Q-Quelle, so ist es doch vor allem durch fünf Redekompositionen geprägt, von denen die Bergpredigt die erste darstellt. Als literarische Komposition des Evangelisten Matthäus reflektiert sie seine theologische Denkstruktur. Diese kommt in der Gliederung deutlich zum Ausdruck, deren Zäsuren erkennbar sind an der Themenangabe mit der Forderung der Gerechtigkeit, die in reicherem Maße vorhanden sein soll als bei den Schriftgelehrten und Pharisäern (5,20), an der Forderung der Vollkommenheit, welche die Antithesenreihe abschließt (5,48), besonders an der Goldenen Regel, welche als Summe von Gesetz und Propheten und als Variation des Gebotes der Liebe die Forderungen der Bergpredigt zusammenfaßt (7,12). So ergibt sich der folgende Aufriß:

		5,1 – 2	Situationsangabe
A.		5,3 – 20	Der Auftakt
B.	I.	5,21 – 48	Die Antithesen
	II.	6,1 – 18	Almosengeben, Beten und Fasten
	III.	6,19 – 7,12	Einzelanweisungen (Reichtum, Sorgen, Richten, Gebet)
C.		7,13–27	Schlußmahnungen und -gleichnisse
		7,28 – 29	Nachwort

[4] Mit Recht bezeichnet R. Walker das Matthäusevangelium als ein „kerygmatisches Geschichtswerk" (Heilsgeschichte im ersten Evangelium 145). Dagegen wird die Alternative zwischen „a manual of instruction for the church", das zu akzeptieren, und einer „historical reconstruction of Jesus' life and sayings", welche abzulehnen sei, der matthäischen Intention und Konzeption in keiner Weise gerecht (zu F. W. Beare, Matthew 5).

1.2 Auslegungstypen der Bergpredigt

T. Aukrust, Bergpredigt II, Ethisch, TRE V, 1980, 618–622.
G. Barth, Bergpredigt I, Im Neuen Testament, TRE V, 1980, 611–618.
U. Berner, Bergpredigt. Rezeption und Auslegung im 20. Jahrhundert, GTA 12, ^{2}1983.
K. Beyschlag, Zur Geschichte der Bergpredigt in der Alten Kirche, ZThK 74, 1977, 291–322.
G. Bornkamm, Jesus von Nazareth, (1956) ^{12}1980, 195–198.
E. Fascher, Bergpredigt II, Auslegungsgeschichtlich, RGG^3 I, 1050–1053.
F. W. Kantzenbach, Die Bergpredigt. Annäherung – Wirkungsgeschichte, 1982.
W. S. Kissinger, The Sermon on the Mount. A History of Interpretation and Bibliography, Metuchen/N. Y. 1975.

1. Die Bergpredigt als Gesetz und Evangelium (Der paulinisch-lutherische Auslegungstyp)

Der Reformator Martin Luther hat in seinen Schriften oftmals auf die Bergpredigt Bezug genommen und sie – z. B. in den Wochenpredigten – ausgelegt[1]. Seine Aussagerichtung ist zweigeteilt. Einmal wendet er sich gegen die römisch-katholische Auslegung der *Scholastik*. Diese unterscheidet zwischen ‚praecepta' und ‚consilia': Jesus wolle nicht *praecepta* lehren, d. h. allgemein verbindliche Gebote, die von jedem Christen zu erfüllen sind. Sein Ziel sei es vielmehr, *consilia* aufzustellen, d. h. „evangelische Räte", die nicht allgemein verbindlich, sondern dem Stand einer besonderen Vollkommenheit, z. B. dem Mönchtum vorbehalten seien. Luther lehnt diese Unterscheidung ab[2]. Das Evangelium von der Glaubensgerechtigkeit gilt allen Christen, und nicht lediglich einem bevorzugten Stand in der Christenheit. So ist auch die Bergpredigt Jesu allgemein verbindlich und allen zugesprochen[3]. – Die zweite Aussagerichtung Luthers wendet sich gegen die *Schwärmer*, welche die Bergpredigt als ein normatives Gesetz verstehen. Daß sie den Wortlaut der Bergpredigt als ein für sie verbindliches Gesetz akzeptieren, schließt für Luther die Gefahr ein, daß Evangelium und Gesetz miteinander vermischt werden und zwischen weltlichem und geistlichem Reich nicht unterschieden wird[4]. Demgegenüber ist – sagt Luther – die Bergpredigt das Gesetz Christi, das den Menschen zur Erkenntnis der Sünde führt[5].

---

[1] Vgl. M. Luther, Wochenpredigten über Mt 5–7, (1530/32) WA 32, 1906, 299–544; auch WADB VI, 1929, 26–38.

[2] WA 32, 300, 520; WA 52, 1915, 459f: „Haec est Theologia vulgatissima Papae et Sophistarum."

[3] Vgl. WA 32, 498, 9ff; 499, 1ff.

[4] WA 32, 301, 4: „..., das sie kein unterschied wissen zwischen weltlichem und Göttlichem reich, viel weniger was unterschiedlich inn ein iglich Reich gebürt zu leren und zu thun"; vgl. a.a.O. 389.

[5] WA 32, 359, 17ff: „Nemlich das wir durchs gesetz lere nicht können gerecht noch selig werden, sondern nur dadurch zum erkenntnis unser selbs komen, wie wir nicht einen tütel

Hier steht der Reformator in der Tradition von Paulus (Röm 1,18ff) und Augustinus, welcher die totale Verfallenheit des Menschen an die Sünde lehrte[6]. Das Gesetz Christi, das in der Bergpredigt ausgesprochen ist, klagt also den Menschen an, weil es unerfüllt bleibt. Es kann Gerechtigkeit des Menschen vor Gott nicht begründen[7].

Jedoch ist die Bergpredigt in der Auslegung Luthers nicht nur das anklagende Gesetz, das die Sünde aufzeigt *(usus theologicus* oder *elenchticus legis)*, sondern sie ist auch ‚Evangelium'. Dieses findet sich besonders in den Seligpreisungen (5,3–12). Es ist Zuspruch Gottes, wie denn Christus in den Makarismen „nicht dringet, sondern freundlich locket und spricht: Selig die Armen usw."[8]. Solche ‚evangelische' Bergpredigtauslegung kann ebenfalls die Position der paulinischen Theologie für sich in Anspruch nehmen (vgl. Gal 5,25; Röm 12,1ff).

Wenn sich die Bergpredigtauslegung in der neueren Zeit auf Luther beruft, so knüpft sie oft nur an eine der beiden aufgezeigten Möglichkeiten an: entweder an den Evangeliumscharakter der Bergpredigt, durch den zwischen Gabe und Aufgabe bzw. zwischen Indikativ und Imperativ unterschieden wird[9], oder an den Gesetzescharakter der Bergpredigt, durch den der Angesprochene der Sünde überführt werden soll[10]. Entsprechend der zuletzt genannten Interpretation enthält die Bergpredigt

---

vermögen recht zu erfullen aus eigenen krefften, ..., sondern mussen imer zu Christo krichen, der es alles auffs aller reinest und vollkomenst erfullet hat und sich mit seiner erfullung uns schenket, das wir durch in fur Gott bestehen und das gesetz uns nicht schuldigen noch verdammen kann."

[6] Aurelius Augustinus, Schriften gegen die Pelagianer III, hg. v. Adolar Zumkeller, 1977, 337f.

[7] Die nachreformatorische Orthodoxie ist auf dem Weg des Zweifels an der Erfüllbarkeit der ‚Tora des Christus' weiter vorangeschritten. Ein für diese Entwicklung bezeichnender Beleg findet sich bei Abraham Calov (1612–1686), einem der Hauptvertreter der lutherischen Hochorthodoxie, in seinem exegetischen, gegen Hugo Grotius gerichteten Hauptwerk ‚Biblia illustrata': „Quia nemo est qui legem secundum illum rigorem implere possit, ideoque dicta ejusmodi legalia solum ἀδυναμίαν nostram post lapsum exhibent, et ad Christum, qui nostri loco legem implevit, nos manuducunt" (= "Da ja niemand das Gesetz entsprechend jener [geforderten] Strenge erfüllen kann, zeigen aus diesem Grund seine Gesetzesaussprüche nur unsere Unfähigkeit nach dem Fall an und leiten uns zu Christus, der an unserer Stelle das Gesetz erfüllt hat"; Annotata ad Matthaei Cap. V, 1719, 191. – Ich verdanke diesen Hinweis Herrn Kollegen J. Baur).

[8] M. Luther, Vorreden zur Heiligen Schrift, München 1934, 73; vgl. auch WA 32, 305, 7: „Denn er feret nicht daher wie Moses odder gesetzlerer mit gebieten, dreuen und schrekken, sondern auffs allerfreundlichst mit eitel reitzen und locken und lieblichen verheissungen."

[9] So J. Schniewind, NTD 2, ^{12}1968, 73–75; A. Schlatter, Evangelist Matthäus, 197; J. Jeremias: „Es ging etwas voran" (den Forderungen der Bergpredigt), nämlich die Predigt Jesu vom Gottesreich, Zuspruch der Kindschaft an die Jünger, Selbstbezeugung Jesu in Wort und Tat (Abba, 184f).

[10] So z. B. G. Kittel, Die Bergpredigt und die Ethik des Judentums, ZSTh 2, 1925, 555–594; C. Stange, Zur Ethik der Bergpredigt, ZSTh 2, 1925, 37–74.

absolute Forderungen Jesu. Da diese unerfüllt sind, kann durch die Bergpredigt die Erkenntnis der Sünde geweckt werden[11].

2. *Die Bergpredigt als erfüllbare Forderung (Der schwärmerische Auslegungstyp)*

Von größerer Bedeutung für die aktuelle Auslegung der Gegenwart ist dieser Auslegungstyp, dessen Bild in der Geschichte schwankt[12]. Der Ausdruck ‚Schwärmer' bezeichnet nicht notwendig Negatives; er entstammt der Imkerei und bezeichnet wie Bienen umherschwärmende Menschen, die an vielen Orten anzutreffen sind und sich durch solches Vagabundieren von der seßhaften Bevölkerung unterscheiden. Doch hat sich seit der Reformation der Vorwurf des Schwärmertums insbesondere auf die Täufer bezogen, die unter Berufung auf die Bergpredigt Eid und Kriegsdienst ablehnten und das Gebot der Feindesliebe wörtlich und radikal auslegten. Ihnen wurde schon von seiten der schweizerischen Reformatoren entgegnet: „Sie kleben am Buchstaben, deuten ihn aber nicht nach dem, was not tut."[13]

Diese Auslegungsrichtung besagt also, daß die Bergpredigtforderungen Jesu wörtlich erfüllt werden müssen und grundsätzlich auch wörtlich zu erfüllen sind. Als bedeutendes Beispiel für die neuere Zeit ist der russische Dichter *Leo Tolstoi* (1828–1910) zu nennen[14]. Dieser erhebt gegen die christliche Kirche den Vorwurf, daß sie die Forderungen Jesu abgeschwächt und unwirksam gemacht habe. Für ihn ist Mt 5,39 („Widerstehet nicht dem Bösen!") der Kernsatz der Bergpredigt, also die Forderung der Gewaltlosigkeit. Mit der Anerkennung der Gebote der Bergpredigt müssen – so meint Tolstoi – paradiesische Zustände auf der Erde einkehren. Dies ist eine Wiederbelebung des alten schwärmerischen Standpunktes, gegenüber dem Luther seine Zwei-Regimenten-Lehre formulierte. Hier wird nicht mit der totalen Verfallenheit des Menschen unter die Sünde gerechnet, und die radikale Gesetzeskritik des Paulus ist

[11] W. Elert, Morphologie des Luthertums I, 1958, 25–31; F. Lau, Luthers Lehre von den beiden Reichen, Luthertum 8, 1953, 46–49.

[12] Literarische Äußerungen der sog. ‚Schwärmer' sind verhältnismäßig selten; dazu P. C. Bauman, Gewaltlosigkeit im Täufertum. Eine Untersuchung zur theologischen Ethik des oberdeutschen Täufertums der Reformationszeit, StHChTh 3, Leiden 1968, 166 Anm. 1; vgl. U. Berner, Bergpredigt 13.

[13] H. Zwingli, Elenchus in Catabaptistarum strophas, in: Macaulay Jackson, Selected Works of Huldreich Zwingli, Philadelphia 1901, 161; vgl. P. C. Bauman, a.a.O. 150. – Anders die Entwicklung zum gewalttägigen Täufertum, das in dem Führer des Bauernkrieges Thomas Müntzer einen hervorragenden Repräsentanten besaß und andrerseits die Begründung des „himmlischen Jerusalem" in Münster ermöglichte. Hier verzichtete man verständlicherweise auf die Grundlegung aus der Bergpredigt und berief sich stattdessen auf das Alte Testament.

[14] L. Tolstoi, Mein Glaube, 1885.

ohne Einfluß auf diese Auslegung. Jedoch sollte anerkannt werden, daß hierdurch das Anliegen des Matthäus aufgenommen wird, dem es um die Erfüllung von konkreten Geboten, um die Verwirklichung der von Jesus geforderten Gerechtigkeit geht.

Zum gleichen Auslegungstyp ist *Leonhard Ragaz* (1868–1945) als Vertreter der Religiösen Sozialisten zu zählen. Er schließt sich marxistisch-klassenkämpferischem Denken an und transformiert es im christlichen Sinn. Der Jesus der Bergpredigt gilt als Anwalt der Unterdrückten und Entrechteten. Er stellt die bestehende staatliche Ordnung in Frage. Die Bergpredigt Jesu „ist die unerhörte Botschaft von der Revolution der Welt durch Gott... Sie tritt zurück, wenn das Christentum herrscht; sie tritt hervor, wenn Christus und das Reich Gottes durchbrechen."[15] Nur so kann sie die Grundlage des Aufbaus einer neuen Gemeinschaft sein[16].

In anderer Weise hat der Politiker *Friedrich Naumann* (1860–1919) die Bergpredigt interpretiert. Naumann, ursprünglich evangelischer Pfarrer, meinte, vom „Standpunkt Jesu" ausgehend eine „christliche Wirtschaftsordnung" fordern zu können. Eine Palästinareise im Jahr 1898 bedeutet einen grundlegenden Wandel in seinem theologischen Denken. Es geht ihm auf, daß Jesus etwas anderes ist „als der irdische Helfer, der alle Arten menschlicher Nöte sieht"[17]. Jesus hat die sozialen und wirtschaftlichen Verhältnisse seines Landes offenbar nicht umgestalten wollen. Der Weg Tolstois, die Anwendung der Bergpredigt Jesu auf die politischen Verhältnisse, ist nicht gangbar. Es gibt – sagt Naumann – Dinge, die sich einer christlichen Regelung entziehen.

3. Die Bergpredigt als Gesinnungsethik (Der liberale Auslegungstyp)

Ist man von der Unerfüllbarkeit der Bergpredigt überzeugt[18], so scheint die Folgerung unausweichlich zu sein, daß die Bergpredigt Jesu nicht als eine Tatethik zu übernehmen, sondern allenfalls im Rahmen einer Gesinnungsethik für die Gegenwart auszuwerten ist. Herausragender Vertreter dieser liberalen Position ist der Marburger systematische

15 L. Ragaz, Die Bergpredigt Jesu, 1945, 9 (= Stundenbücher 102, 1971).

16 Vgl. a.a.O. 191: „Wille und Ordnung Gottes... sind in der Bergpredigt offenbar. Sie ist nichts Anderes. Wer Gottes Willen tun, wer auf Gott bauen will, muß es im Sinn der Bergpredigt tun. Und es wird der Fels sein, für den einzelnen Menschen und für die Gemeinschaft der Menschen. Die Welt ist Sand und Strom; Gott ist der Fels und Christus Gottes Wahrheit."

17 F. Naumann, Ausgewählte Schriften, 1949, 132.

18 Zum Problem der Erfüllbarkeit: Es handelt sich um eine typisch nachbiblische und nachreformatorische Fragestellung. Weder Matthäus noch etwa Martin Luther haben die Erfüllbarkeit als solche behauptet. M. Luther geht vielmehr umgekehrt von der Tatsache aus, daß die Forderungen der Bergpredigt unerfüllt geblieben sind; vgl. WA 32, 469, 16ff.

Theologe *Wilhelm Herrmann* (1846–1922). In seinem Werk „Die sittlichen Weisungen Jesu" führt er aus, daß man die Gebote der Bergpredigt nicht wörtlich, sondern nur als Appell an das Gewissen verstehen dürfe. Sie verlangen den „inneren Gehorsam der Freien"[19]. Es geht um die Begründung eines neuen Bewußtseins, nicht um die reale Aktion[20].

Nicht weniger geht der bedeutende Straßburger Neutestamentler *Heinrich Julius Holtzmann* (1832–1910) von der Unerfüllbarkeit der Forderungen des Bergpredigers aus. Er bekennt sich ausdrücklich zu dem „verständlichen und brauchbaren Losungswort ‚Gesinnungsethik'", das sich „im Gegensatz zu der auf Gehorsam gegenüber dem Buchstaben dringenden Forderung" befindet; denn „nicht bloß die landläufige, sondern fast jede gesunde Exegese (weiß) nicht anders, als daß jene extrem und überstiegen lautenden Forderungen der Bergpredigt nur unter der Voraussetzung des Prinzips der Gesinnungsethik verständlich und befolgbar werden"[21]; ist doch „die charakteristische Herzensstellung der Reichsgenossen zugleich schon die Bedingung für den Eintritt in das Reich"[22].

4. Der religionsgeschichtliche Horizont der Bergpredigt (Der historische Auslegungstyp)

Das Ende des 19. Jahrhunderts ist die große Zeit der religionsgeschichtlichen Schule. Zu ihr zählen die Göttinger Neutestamentler Wilhelm Heitmüller, William Wrede, Wilhelm Bousset. Es dominiert die historische Auslegung. Besondere Bedeutung gewinnt die Frage nach dem historischen Jesus und die Stellung des Christentums innerhalb der spätantiken Religionsgeschichte. Dabei wird entdeckt, daß das Neue

[19] W. Herrmann, Die sittlichen Weisungen Jesu, (1904) ^{3}1921, 25; vgl. ders., Ethik, ^{4}1909.

[20] Zu den Schülern Herrmanns zählen u.a. K. Barth und R. Bultmann; beide Lehrer sind auch inhaltlich durch die Position Herrmanns beeinflußt worden; vgl. F. W. Sticht, Die Bedeutung Wilhelm Herrmanns für die Theologie Rudolf Bultmanns, Diss. theol. Berlin, 1965; E. Busch, Karl Barths Lebenslauf, 1975, 56–63; O. Merlyn, Religion oder Gebet. Karl Barths Bedeutung für ein ‚religionsloses Christentum', 1979, 14–17.

[21] H. J. Holtzmann, Neutestamentliche Theologie I, hg. v. A. Jülicher – W. Bauer, ^{2}1911, 241.246 vgl. 231f.

[22] A.a.O. 248. – Ähnlich versteht A. v. Harnack die Seligpreisungen der Bergpredigt, in denen Jesus „seine Ethik und seine Religion in der Wurzel verbunden und von allem Äußerlichen und Partikularen befreit" habe (Das Wesen des Christentums, 1950, 45). Dagegen übte M. Weber zugunsten einer „Verantwortungsethik" sichere Kritik an der „Gesinnungsethik" als einer „absoluten Ethik des Evangeliums", da sie den Christen von der Pflicht befreie, „für die (vorhersehbaren) Folgen seines Handelns aufzukommen" (Politik als Beruf. Geistige Arbeit als Beruf – Vier Vorträge vor dem Freistudentischen Bund. 2. Vortrag 1919, in: M. Weber, Soziologie. Universalgeschichte. Politik, hg. v. J. Winckelmann, ^{5}1973, 173.175).

Testament in einem weitgespannten Horizont der antiken religiösen Bewegungen steht. Das Judentum ist nicht die einzige, aber eine wichtige Quelle für das Verständnis des Neuen Testaments. Die religionsgeschichtliche Schule erkennt zu Recht, daß dieses Judentum in vielfältigen Schattierungen aufgetreten ist[23].

Für die Bergpredigtauslegung ist der Göttinger *Johannes Weiß* (1863–1914, zuletzt in Heidelberg) insofern von Bedeutung, als er in Auseinandersetzung mit seinem Schwiegervater Albrecht Ritschl[24] das Fremdartige der Verkündigung Jesu betonte[25]. Hat Ritschl das Gottesreich als „die geistige und sittliche Aufgabe der in der christlichen Gemeinde versammelten Menschheit" verstanden[26], so eignet dieser Vorstellung zwar eine übernatürliche Überbietung der „sittlichen Gemeinschaftsformen"[27], jedoch bleibt sie dennoch dem Ziel der innerweltlichen Realisierung des Gottesreiches verbunden. Demgegenüber arbeitete J. Weiß den eschatologisch-apokalyptischen Horizont der Verkündigung Jesu heraus: Das Gottesreich ereignet sich am Ende der Welt, wie es schon das apokalyptische Judentum lehrte. Allein auf der Grundlage dieser Erwartung verstehen sich die Forderungen Jesu. Die Bergpredigt ist nicht Vorschrift für eine sittliche Gemeinschaft, die auf Dauer gegründet ist, nicht für die Kirche, sondern sie ist die Parole der wenigen, die unter dem Eindruck des Weltendes stehen[28].

Dieses eschatologische Verständnis Jesu wurde noch konsequenter von *Albert Schweitzer* (1875–1965) vertreten[29]. Jesu Verkündigung ist danach grundlegend auf die zukünftige Offenbarung des Menschensohnes angelegt, auf den Einbruch des Gottesreiches, das keiner sittlichen Norm bedarf, sondern einen übersittlichen Vollkommenheitszustand herbeiführt. Jesu ethische Forderung läßt sich als „Interimsethik" bezeichnen. Dies nicht so sehr zur Kennzeichnung einer zeitlichen Begrenzung als vielmehr der Tatsache, daß Jesu Ethik durch die Erwartung des Gottes-

---

23 Zur religionsgeschichtlichen Schule vgl. W. G. Kümmel, Das Neue Testament. Geschichte der Erforschung seiner Probleme, Orbis Academicus III 3, ^{2}1970.

24 A. Ritschl (1822–1889, systematischer Theologe in Göttingen ab 1866, Werke: Die Entstehung der altkatholischen Kirche; Rechtfertigung und Versöhnung I–III; Geschichte des Pietismus I–III.); dazu J. Richmond, Albrecht Ritschl. Eine Neubewertung, GTA 22, 1982.

25 J. Weiß, Die Predigt Jesu vom Reiche Gottes, (1892) ^{3}1964.

26 A. Ritschl, Unterricht in der christlichen Religion, 1875 (= 1966), § 9.

27 Hierauf legt J. Richmond in seiner Untersuchung (s. o. Anm. 24) einen besonderen Nachdruck (GTA 22, 1982, 145f). Dabei wird der Zusammenhang der Reich-Gottes-Vorstellung Ritschls mit I. Kant und R. Rothe durchaus gesehen, aber A. Ritschl gegenüber den Mißdeutungen seiner Schüler und Kritiker verteidigt (a.a.O. 200–206).

28 Vgl. J. Weiß, Predigt (s. o. Anm. 25), 138f. 143f.

29 A. Schweitzer, Das Messianitäts- und Leidensbewußtsein Jesu. Eine Skizze des Lebens Jesu, ^{1}1901 (= ^{3}1956); ders., Die Geschichte der Leben Jesu Forschung, ^{2}1913 (seitdem Neudrucke) (^{1}1906 = Von Reimarus zu Wrede).

reiches bestimmt ist. „Als Buße auf das Reich Gottes hin ist auch die Ethik der Bergpredigt = Interimsethik"[30].

Den Zusammenhang der Bergpredigt nicht nur mit dem apokalyptischen Judentum, sondern vor allem mit dem rabbinischen Judentum herauszuarbeiten, ist das Anliegen von *Paul Billerbeck* (1853–1932)[31]. Nicht weniger entschieden stellte *Gerhard Kittel* (1888–1948), der Begründer des Theologischen Wörterbuches zum Neuen Testament, die enge Verwandtschaft zwischen der Bergpredigtforderung Jesu und dem antiken Judentum fest: Von keiner einzigen Forderung Jesu als einer Einzelforderung könne man behaupten, daß sie im Rahmen des Judentums etwas schlechthin Singuläres sei. Die Besonderheit der Forderung Jesu liege darin, daß Jesus den Anspruch erhebt, daß in seiner Person das Gottesreich gegenwärtig ist[32]. Dieser Anspruch führt zur Erkenntnis der eigenen Betroffenheit, so daß entsprechend dem lutherischen Auslegungstypus die Bergpredigt zum Spiegel der Sünde wird.

Auch *William D. Davies* (geb. 1911) hat in neuerer Zeit betont, daß die Bergpredigt in einem engen Zusammenhang mit dem Judentum steht. Er meint das Matthäusevangelium aus der Konfrontation mit der rabbinischen Schule von Jamnia interpretieren zu können. Die Bergpredigt sei die christliche Antwort auf die Wiederbelebung der jüdischen Theologie nach dem Jahr 70[33].

Ein genuiner, freilich später Vertreter der religionsgeschichtlichen Schule, zugleich ein Repräsentant der liberalen Theologie, ist *Hans Windisch* (1881–1935, zuletzt in Halle). Der Untertitel seiner Monographie[34] lautet: „Ein Beitrag zum geschichtlichen Verständnis der Evangelien und zum Problem der richtigen Exegese." Er zeigt, daß sich Windisch mit der Bergpredigtauslegung der dialektischen Theologie auseinandersetzt. Er will historische und theologische Auslegung betreiben und zugleich beides scharf voneinander trennen[35]. Mag man ihm gegenüber einwenden, daß es nicht möglich ist, an dem Ideal einer absoluten Objektivität der historischen Kritik festzuhalten, so macht er andererseits durch eine konsequente historische Auslegung auf das Andersartige, Fremdartige des Textes der Bergpredigt aufmerksam. Eschatologie und Weisheitslehre sind danach die beiden Hauptbestandteile der Bergpredigt Jesu. Jesus ist Lehrer und Prophet, der Ge-

---

30 Messianitäts- und Leidensgeheimnis 19. – Zum Begriff „Interimsethik" vgl. schon H. J. Holtzmann (s. o. Anm. 21), Theologie I, 241–248.

31 Kommentar zum Neuen Testament aus Talmud und Midrasch I, ^{2}1956.

32 G. Kittel, ZSTh 2, 584f (s. o. Anm. 10).

33 W. D. Davies, The Sermont on the Mount, London 1966 (deutsch: Die Bergpredigt, 1970). Vgl. kritisch zu dieser These: G. Strecker, Weg der Gerechtigkeit, ^{3}1971, 257–267.

34 H. Windisch, Der Sinn der Bergpredigt, ^{2}1937.

35 Dementsprechend ist dieses Buch zweigeteilt: Die ersten drei Kapitel enthalten die historische, Kapitel vier die theologische Exegese der Bergpredigt.

sandte Gottes, dessen Forderungen wörtlich verstanden und erfüllt werden sollen.

5. *Die Bergpredigtauslegung unter dem Einfluß der Dialektischen Theologie*

Gegenüber der ‚rein historischen' Fragestellung brachte die Dialektische Theologie mit dem Römerbriefkommentar von *Karl Barth* (1886–1968) eine geschichtliche Wende[36]. Mit ihr verbinden sich außerdem die Namen Friedrich Gogarten, Rudolf Bultmann und Eduard Thurneysen. So sehr diese Theologen in der ersten Hälfte des 20. Jahrhunderts unterschiedliche Traditionen verkörpern, von der calvinischen und lutherischen Reformation, der protestantischen Orthodoxie, über Kierkegaard bis zur liberalen Theologie, so haben sie doch eine verhältnismäßig eindeutige Konzeption in der Exegese eingenommen. Sie sind sich darin einig, daß Auslegung der Bibel nicht unter nur-historischem Gesichtspunkt betrieben werden darf, sondern daß die theologische Bedeutung der Texte nachvollzogen werden muß. So wenig die historische Arbeit vernachlässigt werden darf, so sehr wird doch einer ‚voraussetzungslosen Exegese' eine Absage erteilt und die persönliche Betroffenheit des einzelnen in den Mittelpunkt gestellt. So hat R. Bultmann seine „Theologie des Neuen Testaments" unter der Voraussetzung geschrieben, daß diese Bücher dem heutigen Menschen etwas zu sagen haben[37].

Auch das Jesusbuch *Rudolf Bultmanns* (1884–1976) befaßt sich mit der Bergpredigt. Anders als seinem Lehrer Wilhelm Herrmann geht es ihm nicht nur um die Forderung der rechten Gesinnung, die Jesus erhoben habe, sondern um die eigentliche Aussage, die sich mit der Forderung Jesu verbindet: Jesus meint den ganzen Menschen, also nicht nur ein Etwas, etwa eine Gesinnung oder ein Tun. Jesu Forderung ist radikaler Entscheidungsruf; sie stellt in die Entscheidung vor dem Anspruch Gottes; sie verlangt einen radikalen Gehorsam. Dieser realisiert sich in der Erfüllung des Liebesgebotes, ohne daß konkrete Weisungen nunmehr noch nötig sind[38].

Einen ähnlichen Standpunkt nimmt *Günther Bornkamm* (geb. 1905) in seinem Jesusbuch ein[39]. Auch für ihn ist die Forderung Jesu eine radikale; sie nimmt den ganzen Menschen in Anspruch und verlangt die eschatologische Ausrichtung menschlicher Existenz. Die Bergpredigt ist der „Auf-

---

36 ^{1}1919; ^{2}1921.

37 R. Bultmann, Theologie des Neuen Testaments, ^{8}1980, 599; anders als K. Barth hat Rudolf Bultmann die theologische Bedeutung des Neuen Testaments auch methodologisch zur Diskussion gestellt und ein hermeneutisches Programm erarbeitet; vgl. bes. Jesus Christus und die Mythologie, GuV IV 141–189.

38 R. Bultmann, Jesus, (1923) ^{2}1965, 46ff.

39 G. Bornkamm, Jesus von Nazareth, 1956, 87ff.

ruf an die Jünger Jesu, inmitten der Welt die Zeichen der Herrschaft Gottes und seiner Gerechtigkeit aufzurichten"[40].

Anders hat *Eduard Thurneysen* (1887–1974) die theologische Bedeutung der Bergpredigt herauszustellen versucht[41]. Seine Intention ist, die Bergpredigt christologisch auszulegen, und zwar nicht in einem historischen Sinn. Sie ist an die Person Jesu gebunden, insofern es der heute lebendige Christus ist, der durch die Bergpredigt zu uns redet. Die Bergpredigt ist das lebendige Christuswort, und sie muß grundsätzlich als Gnadenwort gelesen werden, d. h. als das Wort, das von nichts anderem handelt als von der in Christus für uns geschehenen Erfüllung des Gesetzes Gottes[42]. Jesus bringt die neue Gerechtigkeit, weil er stellvertretend für uns das Gesetz erfüllt hat, das er in der Bergpredigt verkündet. Dies ist das Evangelium im Gesetz der Bergpredigt. Der geforderte Gehorsam ist ein Gehorsam, der auf der Grundlage des Christusereignisses sich realisiert und zugleich aufgrund von Gnade durch Christus als den Auferstandenen schon erfüllt ist. Von hier aus wird die Forderung der Bergpredigt zugunsten des christologischen Bekenntnisses zurückgedrängt. Kein Zweifel, daß in dieser Interpretation die paulinisch-augustinische Gnadenlehre ein großes Gewicht erhalten hat.

Verschiedene Phasen der Bergpredigtauslegung verkörpert *Dietrich Bonhoeffer* (1906–1945), der sich u. a. als Schüler von Karl Barth versteht. Die Aktualität der Bergpredigt erweist sich für ihn in der Auseinandersetzung mit den Machthabern des Dritten Reiches, die er mit seinem Tod im KZ Flossenbürg (Oberpfalz) am 9. 4. 1945 besiegelte. Sein Buch „Die Nachfolge" geht auf Vorlesungen zurück, die er im Jahr 1935 im Predigerseminar Finkenwalde gehalten hat. Nachfolge Christi ist Leben in der Kompromißlosigkeit[43], die beispielhaft, aber in ihrer Exklusivität problematisch im frühchristlichen Mönchtum praktiziert wurde[44]. Entsprechend geht es bei der Bergpredigt nicht allein um den Begriff ‚Glaube', sondern um das Halten des Gesetzes. – Bonhoeffer sagt an anderer Stelle: „Die gegenwartsnahe Wahrheit der Kirche zeigt sich darin, daß sie die Bergpredigt... predigt und tut"[45] – dies in der Bindung an die Person Jesu Christi. Hiermit ist eine individualistische Privatisierung der Bergpredigt

---

40 RGG³ I 1050.

41 Die Bergpredigt, ThExH 46, 1936.

42 A.a.O. 12f.

43 „In Urteil und Tat werden sich die, die Jesus nachfolgen, in Verzicht auf Besitz, auf Glück, auf Recht, auf Gerechtigkeit, auf Ehre, auf Gewalt, unterscheiden von der Welt; sie werden der Welt anstößig sein" (Nachfolge 88).

44 Das mönchische Leben war zwar „ein lebendiger Protest gegen die Verweltlichung des Christentums", aber es wurde auch „zu der Sonderleistung Einzelner, zu der die Masse des Kirchenvolkes nicht verpflichtet werden konnte" (a.a.O. 17).

45 Finkenwalder Homiletik. Kausalität und Finalität der Predigt, in: Gesammelte Schriften IV, 1961, 252.

ausgeschlossen, und ebenso eine schwärmerische Gesetzesethik, die sich als Auslegung der Bergpredigt versteht.

6. *Friedensbewegung und Bergpredigt*

Schon in der Vergangenheit haben Friedensinitiativen, Bewegungen für gewaltlosen Widerstand, auch pazifistische Gruppen sich auf die Bergpredigt berufen. Neben L. Tolstoi sind hier die Namen *Mahatma Gandhi* (1869–1948)[46] oder *Martin Luther King* (1929–1968)[47] zu nennen.

Angesichts der atomaren Überrüstung und der grundsätzlichen Problematik eines ‚gerechten Krieges' hat in neuerer Zeit besonders *Helmut Gollwitzer* (geb. 1908) unter Berufung auf die fünfte Barmer These[48] nach den Grenzen des dem Staat zugestandenen Gewaltmonopols gefragt. Danach ist die Bergpredigt auch im Sinn Luthers die große Anleitung, im Blick auf die hereinbrechende Gottesherrschaft „eine herrschaftsfreie Bruderschaft und zugleich die Mitarbeit der Christen in der durch Herrschaftsstrukturen geordneten Welt" zu gestalten[49]. Dabei kommt die Einheit des biblischen Kanons zur Geltung, wenn Gollwitzer feststellt: „Wie die Torah auf das ganze Volksleben sich richtet, auf das Sozialverhalten der Menschen Israels..., so auch Jesu Predigt. ... Verheißungen wie Imperative zielen auf ein neues Sozialverhalten, also nicht so sehr auf die Introspektion im Gewissensgericht (Luther) als vielmehr auf ein brüderliches Verhalten im Dienste des bedrängten Nächsten (Mt 25,37ff)"[50]. Diesen Aspekt der Bergpredigt haben die sozialen und religiösen Oppositionsbewegungen, von den Waldensern bis zu den Religiösen Sozialisten, „textgemäßer verstanden" als die Großkirchen[51].

[46] Die von Gandhi propagierte Gewaltlosigkeit hat nicht nur in der Bergpredigt, sondern (vermutlich ursprünglicher) im westindischen Jinismus einen Ansatz; vgl. O. Wolff, Mahatma und Christus, 1955, 5.

[47] Kraft zum Lieben 1974; Testament der Hoffnung. Letzte Reden, Aufsätze und Predigten, ^{2}1976.

[48] In der fünften These der „Theologischen Erklärung zur gegenwärtigen Lage der Deutschen Evangelischen Kirche" erklärte die Barmer Bekenntnissynode Ende Mai 1933: „Die Schrift sagt uns, daß der Staat nach göttlicher Anordnung die Aufgabe hat, in der noch nicht erlösten Welt, in der auch die Kirche steht, nach dem Maße menschlicher Einsicht und menschlichen Vermögens unter Androhung und Ausübung von Gewalt für Recht und Frieden zu sorgen. Die Kirche erkennt in Dank und Ehrfurcht gegen Gott die Wohltat dieser Anordnung an. Sie erinnert an Gottes Reich, an Gottes Gebot und Gerechtigkeit und damit an die Verantwortung der Regierenden und Regierten. Sie vertraut und gehorcht der Kraft des Wortes, durch das Gott alle Dinge trägt" (Kirchliches Jahrbuch 1933–1945, 1958, 65).

[49] H. Gollwitzer, Bergpredigt und Zwei-Reiche-Lehre, in: J. Moltmann, Nachfolge und Bergpredigt, 1981, 93; vgl. ders., Bergpredigt und Zweireichelehre, in: W. Brinkel u.a., Christen im Streit um den Frieden 93 („Geschwisterlichkeit der Menschen").

[50] Nachfolge und Bergpredigt 98.

[51] A.a.O. 99.

Dieselbe Auslegungsrichtung findet sich in den Feststellungen des Berliner Altbischof *Kurt Scharf* (geb. 1902), der die Bergpredigt als eine „Regierungserklärung Jesu" bezeichnet, welche alle Lebensbereiche umfasse[52], und hieraus die Folgerung zieht, daß für die Gemeinde als den Leib Christi das unbedingte „Ja zur politischen Diakonie" und zum politischen Auftrag der Kirche gelte[53].

Andererseits wird nicht zuletzt durch professionelle Politiker die Ansicht vertreten, die Bergpredigt betreffe allein den Privatbereich des Christen und sei nicht politisch-gesellschaftlich zu interpretieren; vielmehr sei ihre Grenze dort erreicht, wo Menschen Verantwortung für andere tragen[54]. In der Tat gibt es kaum einen neutestamentlichen Auslegungsbereich, in dem die Gefahr von Fehlinterpretationen so groß ist wie auf dem Gebiet der Aktualisierung der Bergpredigt. Bevor ihre ‚Meinung' in die Gegenwart übertragen wird, ist es notwendig, auf ihre ursprüngliche ‚Aussage' zu hören. Dabei wird sich herausstellen, daß gerade im Fremdartigen des der Vergangenheit zugehörenden Textes sich nicht nur eine unverwechselbare Identität, sondern auch eine spezifische Aktualität erschließt.

---

[52] K. Scharf, Die Bergpredigt und eine sogenannte christliche Politik, in: W. Brinkel u.a., Christen im Streit um den Frieden 85f.

[53] A.a.O. 86. – Vgl. auch E. Käsemann, der die Botschaft von der nahenden Gottesherrschaft als Einladung zur Nachfolge an die Jünger, und zwar als endzeitliche Aufgabe mit politischem Charakter versteht, da es darum gehe, Gottesherrschaft irdisch zu verherrlichen (Bergpredigt – eine Privatsache?, W. Brinkel u.a., a.a.O. 74–83, bes. 76).

[54] Vgl. H. Schmidt, Politik und Geist, EK 14, 1981, 214f. und K. Carstens, Zum Gebrauch der Bergpredigt, epd-Dokumentation 25, 1981, 1f. – Zur Friedensdiskussion in der evangelischen Kirche vgl. einerseits die Denkschrift der EKD „Frieden wahren, fördern und erneuern" (1981), in der im Zeitpunkt der Abfassung eine atomare Rüstung „noch" für möglich gehalten wird (S. 58), andererseits die Erklärung des Moderamens des Reformierten Bundes, in der die ablehnende Stellungnahme zur atomaren Rüstung zum ‚status confessionis' erhoben wurde (Das Bekenntnis zu Jesus Christus und die Friedensverantwortung der Kirche, 1982). Eine über die Grenzen der DDR hinausreichende Bedeutung hat die Diskussion um die Konkretisierung der prophetischen Verheißung „Schwerter zu Pflugscharen" (Jes 2,4; Micha 4,3; Joel 3,10); vgl. hierzu W. Büscher (Hg.), Friedensbewegung in der DDR – Texte 1978–82, 1982; K. Ehring, M. Dallwitz, Schwerter zu Pflugscharen – Friedensbewegung in der DDR, rororo 5019, 1982.

2 Auslegung

2.1 5,1–2 Situationsangabe

W. Foerster, Art. ὄρος, ThWNT 5, 1954, 475–486.
H. Kleine, Art. ὄρος, EWNT 2, 1982, 1304–1307.
J. Lange, Das Erscheinen des Auferstandenen im Evangelium nach Matthäus, fzb 11, 1973, 393–404.
J. Mánek, On the Mount – On the Plain (Mt V 1 – Lk VI 17), NT 9, 1967, 124–131.
W. Schmauch, Orte der Offenbarung und der Offenbarungsort im Neuen Testament, 1956.

1*Als er nun die Volksmenge sah, stieg er auf den Berg, und als er sich gesetzt hatte, traten seine Jünger zu ihm,* 2*und er öffnete seinen Mund, lehrte sie und sprach:*

Der Vergleich mit Lukas zeigt, daß Matthäus die Rede Jesu mit der Bergsituation verbunden hat[1]. Nur äußerlich hat diese Situationsangabe eine Parallele in Lk 6,12; hier ist von dem ὄρος als dem Gebetsort Jesu die Rede. Jedoch ist dieser „Berg"[2] nach lukanischer Darstellung der Ort der Berufung der zwölf Jünger zu Aposteln (Lk 6,13–16). Erst Matthäus lokalisiert also die Rede Jesu auf dem Berg[3].

Bei Markus bezeichnet der Begriff ὄρος einen Berg oder ein Gebirge, wohin sich Jesus zum Gebet zurückzieht (Mk 6,46 par Mt 14,23). Mk 9,2 (par Mt 17,1) zeigt Jesus mit drei Jüngern auf dem Berg der Verklärung. Nach Mk 3,13 beruft Jesus die Zwölf auf einem Berg (vgl. Lk 6,12f). Vor allem handelt es sich im Markusevangelium um einen Offenbarungsort Jesu[4]. Der Begriff „Berg" signalisiert: Hier ereignet sich epiphanes Geschehen! Hier tut sich Gottes Offenbarung kund! Hier tritt Jesus als Offenbarer auf! So sagt es auch Mt 15,29: Kranke werden durch Jesus auf einem Berg geheilt. Und nach 28,16 erscheint der Auferstandene seinen Jüngern auf einem Berg in Galiläa[5].

Wie diese Parallelen verdeutlichen, ist das Bergmotiv an unserer Stelle

---

[1] Zur Bezeichnung „Feldrede" vgl. Lk 6,17 (ἐπὶ τόπου πεδινοῦ = „auf einer ebenen Stelle").

[2] Anders H. Schürmann, wonach die Lokalisierung der Rede Jesu auf einem Berg aus der Logienquelle stammt (Das Lukasevangelium I, HThK III 1, 1969, 318f). Nach J. Lange (Erscheinen 394) ist Matthäus von dem Bergmotiv in Mk 3,13 abhängig.

[3] Anders auch Lk 9,28 (Berg der Verklärung).

[4] Vgl. W. Schmauch, Orte der Offenbarung 61ff.

[5] Mit Recht sieht J. Lange eine Beziehung zwischen der Bergpredigt und dem Schluß des Matthäusevangeliums: Die Rede Mt 5–7 liefert die „inhaltliche Füllung" für 28,16–20

nicht dem Sinai als dem Berg des alten Bundes und des Mose-Gesetzes parallel gestellt. Jesus tritt nicht als ‚neuer Mose' auf[6]. Auch andere, in diesem Zusammenhang genannte Beobachtungen, etwa der Vergleich der fünf matthäischen Redekomplexe mit den fünf Büchern des Pentateuch, können eine solche Parallelisierung nicht stützen. Vielmehr erscheint Jesus als der Kyrios-Gottessohn, dessen nachösterliche Hoheit in seiner Lehre reflektiert wird; denn Jesus ist als der Lehrende dargestellt. Das „Sitzen" ist bei Juden und Griechen die typische Haltung des Lehrers[7]. Das Lehren Jesu auf dem Berg bedeutet: In seiner Rede ereignet sich göttliche Epiphanie. Diese Lehre ist eschatologische Offenbarung.

Wer sind die Adressaten der Bergpredigt? Nach Lk 6,20 richtet Jesus seine Augen auf seine Jünger. Jedoch zeigt der Inhalt der Feldrede, daß nicht nur diese als Zuhörer vorausgesetzt sind. Die Weherufe der Feldrede wenden sich gegen die Reichen und Satten. Damit sind nicht die Jünger gemeint, sondern ein größerer Kreis als ihn die Anhänger Jesu darstellen. So bestätigt es Lk 7,1 („Als er alle seine Worte vor den Ohren des Volkes erfüllt hatte..."): Der Schluß der Feldrede setzt Jünger und Volk als Hörer voraus. Gleiches ergibt sich aus dem voraufgehenden Abschnitt, in dem über den Zustrom von „viel Volk seiner Jünger und einer großen Menge des Volkes aus ganz Judäa, Jerusalem und dem am Meer gelegenen Tyrus und Sidon" berichtet wird (Lk 6,17).

Daß Jünger und Volk die Zuhörer der Rede Jesu sind, wird schon die Q-Quelle ausgesagt haben[8]; denn Matthäus stimmt mit dieser Angabe grundsätzlich mit Lukas überein. Angesichts des Zustroms der Volksmenge steigt Jesus auf den Berg. Dies ist nicht als Flucht zu verstehen, als ob er sich dem Zudrang entziehen wolle, sondern Jesus begibt sich auf den Berg, um in seiner Rede für das Volk sichtbar und hörbar zu sein. Die Jünger treten zu ihm und bilden gleichsam einen inneren Zirkel gegenüber dem äußeren der Volksmenge[9]. Anders als Lukas unterscheidet Matthäus also zwischen den μαθηταί, die im allgemeinen mit den zwölf Jüngern Jesu identisch sind[10], und den ὄχλοι, der Zuhörerschaft Jesu, die

(Erscheinen 404). – Vgl. zum Bergmotiv noch Mt 4,8 (Berg der Versuchung); auch G. Lohfink, Wem gilt die Bergpredigt?, ThQ 163, 1983, 264–284.

[6] Schon J. Wellhausen wendet gegen diese Hypothese ein, daß der Sinai nach alttestamentlicher Vorstellung der Sitz Jahwes, nicht des Mose ist (Ev. Matthaei 13). Auch die Kindheitsgeschichte des Matthäusevangeliums bestätigt trotz einer zugrundeliegenden Beziehung zur Moseerzählung, daß Jesus nicht als Moses redivivus, sondern als Gottessohn und Davidsohn verstanden ist.

[7] C. Schneider, ThWNT III 446.

[8] Anders J. Lange (Erscheinen 397 Anm. 14), wonach die Erwähnung des Volkes der matthäischen Redaktion zuzuschreiben ist.

[9] Vgl. Mt 4,23–25.

[10] Mt 8,23; 10,1; 11,1; 12,1f u.ö. – Im Unterschied zu dem Gebrauch von μαθητεύειν („zu Jüngern machen"), das nicht die Bedeutung von „in den Zwölf-Jünger-Kreis einbezie-

zumeist aus jüdischem Land zu ihm strömt (8,1.18; 23,1). Sie erlebt nicht nur die Rede, sondern auch die Taten Jesu mit und spendet ihnen Beifall (9,8; 15,31). Als solcher applaudierende Chor ist die Volksmenge bei der Bergpredigt Jesu anwesend, wie aus den redaktionell gestalteten Schlußversen 7,28f hervorgeht. Hierdurch ist das Volk von den offiziellen Repräsentanten des Judentums unterschieden. Erst in der Passion Jesu vereinigen sich Oberpriester und Älteste mit der ganzen Volksmenge: Das „ganze Volk“ der Juden stimmt in den Kreuzigungsruf ein (27,25). Aber auch die Jünger Jesu werden in das menschliche Versagen einbezogen[11]. Da Matthäus die Bergpredigt an Jünger und Volk gesprochen sein läßt, richtet sich Jesu Rede nicht nur an einen esoterischen Zirkel, etwa an den Kreis der zwölf Jünger als ein Vorbild von mönchischer Askese und Lebensführung. Vielmehr schließt die Forderung Jesu niemanden aus: Die zu Jesus gehören und die nicht zu ihm gehören, alle sind Adressaten der Bergpredigt!

Indem die Jünger Jesu als ein innerer Zuhörerkreis angesprochen werden, wird verdeutlicht, daß Jesus nicht eine allgemeine, profane Belehrung vorträgt. So zeigt es auch die feierliche Einführung: „Und er öffnete seinen Mund, lehrte sie und sprach.“ Hier ist die Sprache der griechischen Bibel (LXX) verwendet (vgl. Dan 10,16; Hiob 3,1). Die Anlehnung an die Septuaginta als das heilige Buch der Kirche besagt, daß dieses Reden aus der Profanität herausgehoben ist. So ergibt es sich vor allem durch die Person des Sprechenden. Die Bergpredigt kann nicht recht verstanden werden, wenn von der Person Jesu abgesehen wird. Ihre Auslegung muß beachten, daß Jesus als der Lehrer der Bergpredigt zugleich der eschatologische Kyrios-Gottessohn ist, der Offenbarer des Willens Gottes, wie ihn die Vorgeschichte des Matthäusevangeliums (1,18ff) oder auch der Jubel- und Heilandsruf (11,25–30) vorstellen. Dieser Lehrer ist nicht einfach einem jüdischen Schriftgelehrten vergleichbar. Seine Lehre enthält einen eschatologischen Entscheidungsruf; denn sie ist mit göttlicher ἐξουσία (7,29: „Vollmacht“) ausgesprochen. Sie weist auf das Eschaton voraus und macht dieses durch Lehre gegenwärtig. Deshalb ist die ethische Mahnung Jesu in der Bergpredigt eine eschatologische Forderung.

---

hen“, sondern allgemeiner von „zu Nachfolgern Jesu machen“ hat (vgl. 28,19: Missionsbefehl; auch 13,52; 27,57). Vgl. hierzu meine Untersuchung „Der Weg der Gerechtigkeit“ (S. 191ff.207.223.253f), in der nicht allein die historisierende Tendenz im matthäischen Jüngerbild – wie U. Luz (Die Jünger im Matthäusevangelium ZNW 62, 1971, 141–171) und N. Walter (Zum Kirchenverständnis des Matthäus, Theologische Versuche XII, 1981, 25–45) offenbar meinen –, sondern auch die ekklesiologische Funktion der Jünger Jesu bei Matthäus nachgewiesen wird.

[11] Vgl. 26,40.45 (Jüngerschlaf im Garten Gethsemane); 26,69–75 (Verleugnung des Petrus); 26,14ff; 27,3ff (Verrat und Selbstmord des Judas).

2.2 5,3–20 Der Auftakt der Bergpredigt

Das Folgende gliedert sich in drei Unterabschnitte: Makarismen (5,3–12), das Wesen der Jüngerschaft (5,13–16) und die neue Gerechtigkeit (5,17–20). Diese Gliederung beantwortet zugleich die Frage nach dem Thema der Bergpredigt. Das Thema ist in V. 20 mit dem Stichwort δικαιοσύνη („Gerechtigkeit") ausgesagt. Schon die Makarismen erwähnen den Begriff „Gerechtigkeit" (5,6.10). So wird es im zweiten und dritten Großabschnitt der Bergpredigt wieder aufgenommen (6,1.33).

V. 20 ist demnach nicht nur Überschrift zu den sechs Antithesen (5,21–48), sondern benennt das entscheidende Stichwort für das Korpus der Bergpredigt, das in 7,12 seinen Höhepunkt findet[12]. Nach der Themenangabe in V. 20 beginnt mit der Antithesenreihe der erste Hauptabschnitt (5,21–48). Darauf folgen als zweiter Hauptteil die Anweisungen über Almosengeben, Beten und Fasten (6,1–18) und als dritter Abschnitt einzelne Anweisungen; sie werden durch die summierende ‚Goldene Regel' abgeschlossen (6,19–7,12). Danach setzt der Schlußteil ein; in ihm werden die Hörer Jesu durch Mahnungen und Gleichnisse zur Entscheidung aufgerufen (7,13–27). Das ‚Nachwort' kennzeichnet das Ende der Rede und das Echo des Volkes (7,28f.).

2.2.1 Mt 5,3–12: Die Makarismen

E. Best, Matthew V. 3, NTS 7, 1960/61, 255–258.

H. D. Betz, Die Makarismen der Bergpredigt (Matthäus 5,3–12), ZThK 75, 1978, 3–19.

G. Braumann, Zum traditionsgeschichtlichen Problem der Seligpreisungen Mt V. 3–12, NT 4, 1960, 253–260.

R. E. Brown, The Beatitudes According to Luke, in: ders., New Testament Essays, New York 1965, 334–341.

J. Dupont, Les πτωχοὶ τῷ πνεύματι de Matthieu 5,3 et les ענוי רוח de Qumrân, in: Neutestamentliche Aufsätze, FS J. Schmid, hg. v. J. Blinzler u.a., 1963, 53–64.

Ders., Les Béatitudes I–III, Paris 1958.1969.1973.

H. Frankemölle, Die Makarismen (Mt 5,1–12; Lk 6,20–23), BZ NF 15, 1971, 52–75.

R. A. Guelich, The Matthean Beatitudes: „Entrance-Requirements" or Eschatological Blessings?, JBL 95, 1976, 415–434.

R. Heinrich, Gott – rücksichtslos der Gott der Armen. Leben mit Matthäus 5, Vers 3, in: Nachfolge und Bergpredigt, hg. v. J. Moltmann, KT 65, 1981, 73–88.

C. Kähler, Biblische Makarismen, theol. Diss. [Masch.] Jena, 1974 (dazu ThLZ 101, 1976, 77–80).

[12] Vgl. auch J. Jeremias, Abba 182; anders C. Burchard, Versuch 420.432, wonach 5,16 als Thema der Bergpredigt zu werten ist. Hierfür wird geltend gemacht, daß V. 17 mit 7,12 den Rahmen des Korpus der Bergpredigt bilde. Richtig ist hierbei gesehen, daß V. 16 als Anwendung der voraufgehenden Bildworte für das Verständnis der Nachfolge Jesu eine wichtige Aussage trifft. Dies aber bindet den Vers an den folgenden Unterabschnitt, in dem das Verhältnis von Gesetz und Gerechtigkeit näher bestimmt wird. V. 16 bereitet das Thema der Bergpredigt vor, ohne hiermit identisch zu sein.

R. Kieffer, Weisheit und Segen als Grundmotive der Seligpreisungen bei Matthäus und Lukas, in: Theologie aus dem Norden, hg. v. A. Fuchs, SNTU 2, 1976, 29–43.
K. Koch, Was ist Formgeschichte?, [3]1974, 7–9.36f.50–55.74–78.
P. Lapide – C. F. v. Weizsäcker, Die Seligpreisungen, 1980.
S. Légasse, Les pauvres en esprit et les ‚volontaires' de Qumran, NTS 8, 1961/62, 336–345.
N. J. McEleney, The Beatitudes of the Sermon on the Mount/Plain, CBQ 43, 1981, 1–13.
C. Michaelis, Die π-Alliteration der Subjektsworte der ersten vier Seligpreisungen in Mt V. 3–6 und ihre Bedeutung für den Aufbau der Seligpreisungen bei Mt, Lk und in Q, NT 10, 1968, 148–161.
E. Schweizer, Formgeschichtliches zu den Seligpreisungen, in: ders., Matthäus und seine Gemeinde, SBS 71, 1974, 69–77.
O. H. Steck, Israel und das gewaltsame Geschick der Propheten, WMANT 23, 1967, 20–26.
G. Strecker, Die Makarismen der Bergpredigt, NTS 17, 1970/71, 255–275 (= ders., Eschaton und Historie, 1979, 108–131).
W. Trilling, Heilsverheißung und Lebenslehre des Jüngers (Mt 5,3–12), in: ders., Christusverkündigung in den synoptischen Evangelien, BiH 4, 1969, 64–85.
N. Walter, Die Bearbeitung der Seligpreisungen durch Matthäus, StEv IV, TU 102, 1968, 246–258.
H. Windisch, Friedensbringer – Gottessöhne, ZNW 24, 1925, 240–260.
W. Zimmerli, Die Seligpreisungen der Bergpredigt und das Alte Testament, in: Donum Gentilicium, FS D. Daube, hg. v. E. Bammel u. a., Oxford 1978, 8–26.

Matthäus 5	Lukas 6
3 *Heil den Armen im Geist; denn ihnen gehört das Himmelreich.*	20b *Heil euch Armen, denn euer ist das Reich Gottes.*
4 *Heil den Trauernden, denn sie werden getröstet werden.*	21b *Heil euch, die ihr jetzt weint, denn ihr werdet lachen.*
5 *Heil den Sanftmütigen, denn sie werden das Land erben.*	
6 *Heil den Hungernden und Dürstenden nach der Gerechtigkeit, denn sie werden satt werden.*	21a *Heil euch, die ihr jetzt hungert, denn ihr werdet satt werden.*
7 *Heil den Barmherzigen, denn Barmherzigkeit wird ihnen widerfahren.*	
8 *Heil den im Herzen Reinen, denn sie werden Gott zu Gesicht bekommen.*	
9 *Heil den Friedensstiftern, denn „Söhne Gottes" werden sie genannt werden.*	
10 *Heil denen, die wegen Gerechtigkeit verfolgt wurden, denn ihnen gehört das Himmelreich.*	
11 *Heil euch, wenn man euch beschimpft und verfolgt und alles Böse lügnerisch gegen euch redet um meinetwillen;*	22 *Heil euch, wenn euch die Menschen hassen und wenn sie euch ausschließen und schmähen und euren Namen als einen bösen ausstoßen um des Menschensohnes willen;*

[12]*freut euch und jubelt, denn euer Lohn ist groß in den Himmeln; denn ebenso haben sie die Propheten verfolgt, die vor euch waren.*

[23]*freut euch an jenem Tag und tanzt, denn siehe, euer Lohn ist groß im Himmel; denn ebenso haben ihre Väter den Propheten getan.*

Die Bergpredigt setzt mit einer Reihe von Makarismen ein, einer geprägten Stilform, die sowohl in der griechischen als auch in der alttestamentlich-jüdischen Literatur nachzuweisen ist[13]. Sie ist das positive Gegenstück zu Weherufen (z.B. Lk 6,24–26) oder Verdammungsworten (Apk 21,8; vgl. 22,14f) und im Neuen Testament in Übereinstimmung mit nichtchristlicher Überlieferung an dem prädikativ vorangestellten μακάριος bzw. μακάριοι („Heil!") erkennbar. Das Prädikat erscheint in der zweiten oder dritten Person, kann aber auch ganz fehlen. Häufig wird durch einen Nachsatz eine Bedingung für den Makarismus angegeben. Diese kann auch in der Form eines Relativsatzes ausgesprochen werden. Nicht selten sind die Makarismen durch das Tat-Folge-Schema bestimmt und hierdurch ethisch ausgerichtet[14]. Die neutestamentlichen Seligpreisungen sind überwiegend der Paränese zugeordnet und als Mahnungen der Gemeinde zugesprochen. Daneben können Makarismen auch einen parakletischen Sinn haben, also Trost ansagen. So zeigt es die traditionsgeschichtliche Analyse der vorliegenden Makarismenreihe.

Die älteste erschließbare Fassung ergibt sich durch einen Vergleich mit Lk 6,20b–23. Diese Tradition geht auf die Q-Vorlage zurück, die Lukas und Matthäus gemeinsam voraussetzen (Mt V. 3f.6). Sie umfaßt zunächst drei gleichförmige Seligpreisungen, nämlich die Seligpreisung der Armen, der Hungernden und der Trauernden (Mt. V. 4; anders Lk V. 21b: „Weinende"). Die Form dieser Makarismen ist durch die griechische π-Alliteration bestimmt und von den übrigen Makarismen herausgehoben[15]. Hinzu kommt als ebenfalls Matthäus und Lukas gemeinsame Einheit der Makarismus der Verfolgten (Mt V. 11–12; Lk V. 22–23). Er enthält die Ansage, daß den Leidenden die Verheißung des Gottesreiches gilt. Solche Botschaft entspricht dem Bild, das die Q-Quelle von Jesus als dem Freund der Zöllner und Sünder zeichnet (Mt 11,19 par Lk 7,34).

Ist die Q-Tradition durch die Dreiheit von gleichförmigen Makarismen bestimmt, so ist in der vorliegenden Matthäusfassung eine weitere Dreizahl von Makarismen erkennbar. Eine ursprünglich selbständige Einheit bildeten die Makarismen der Barmherzigen, der im Herzen Reinen und der Friedensstifter

[13] Dazu im einzelnen: F. Hauck und G. Bertram, ThWNT IV 365–373; G. Strecker, EWNT II 927; Bill I 189.

[14] Vgl. Mt 24,46f: „Heil dem Knecht, den sein Herr bei solchem Tun finden wird; amen, ich sage euch, er wird ihn über sein ganzes Besitztum setzen". – Im übrigen: C. Kähler, Makarismen 232.

[15] Vgl. C. Michaelis (NT 10, 1968, 153ff), die auf dieser Grundlage, aber doch nicht überzeugend, auch Mt 5,5 zur Urtradition rechnet.

(V. 7–9). Sie waren vermutlich im Q^{Mt}-Exemplar enthalten, zusammen mit dem Makarismus der Sanftmütigen (V. 5), der möglicherweise zur Ergänzung der Siebenzahl bei der Aneinanderreihung der beiden Dreiereinheiten hinzugefügt wurde[16]. Von hier aus können wir für Q^{Mt} sieben gleichförmige Makarismen (V. 3–9) voraussetzen. Die Siebenzahl hat auch sonst in der (vor)matthäischen Tradition eine besondere Bedeutung (1,1 ff: Stammbaum Jesu; 6,9 ff: Herrengebet; 23,12 ff: Weherufe). Mit V. 5.7–9 ergänzen ethische Makarismen die ursprüngliche Tradition. Neben den Heilruf über die Leidenden stellt sich nun die Seligpreisung der Täter des Wortes. Nicht Passivität, sondern aktives Verhalten des Menschen, die Taten der Nachsicht, der Barmherzigkeit, der Reinheit und des Friedensschlusses sind gefordert.

Matthäus hat diese einander widerstreitenden Ausrichtungen der beiden traditionellen Makarismeneinheiten seiner Konzeption eingeordnet. Im Vergleich mit der Lukasparallele zeigt sich, daß der Text in V. 3 und 6 redaktionell verändert wurde und V. 10 durch Matthäus hinzugefügt worden ist[17]. Hierdurch hat der erste Evangelist eine ethische Tendenz auch den ursprünglich parakletischen Makarismen aufgeprägt, wie dies die Auslegung im einzelnen nachweisen kann.

Umstritten ist, welchem Kompositionsprinzip Matthäus folgt. Sind in V. 3–10 acht gleichförmige Makarismen zusammengestellt, so scheint sich nahezulegen, diesen Abschnitt in zwei Strophen zu je vier Gliedern zu unterteilen (so J. Schniewind, NTD 2, 40; W. Grundmann, ThHK 1,199). Entsprechend führte schon A. Schlatter (Evangelist Matthäus 137) eine sachliche Differenzierung durch, indem er behauptete, daß sich Jesus in der ersten Strophe der „Last, die die Menschheit trägt", zuwendet (V. 3–6) und in der zweiten Strophe „auf die Weise, wie die Menschen handeln", Bezug nimmt (V. 7–10). Jedoch läßt diese Unterscheidung V. 11 f unberücksichtigt und unterschätzt die ethische Intention des Matthäus, die sich schon in den ersten Makarismen ausspricht. Wahrscheinlicher ist, daß Matthäus das Prinzip der Dreizahl, das insbesondere die Tradition prägt, auch in den neun Makarismen seines Textes ausgesagt sieht[18].

Das Wort μακάριος kann die allgemeine Bedeutung von „Heil!", auch 3
„Wohl!" oder „Glücklich!" haben. In diesem unspezifischen Sinn findet sich das Wort im Neuen Testament (Apg 26,2), auch in der jüdischen

[16] Die Reihenfolge von V. 5 ist textkritisch nicht gesichert; Cod. D und andere handschriftliche Zeugen stellen den Vers vor die Seligpreisung der Trauernden (V. 4).

[17] Anders H. Frankemölle, wonach V. 5.7–10 redaktionell sind und auch zu V. 3 und 6 redaktionelle Eingriffe angenommen werden (BZ NF 15, 1971, 67 ff).

[18] Zur Frage der zweiten oder der dritten Person des Plurals: Lukas bezeugt die zweite Person (6,20–23), Matthäus die dritte (5,3–10) und die zweite Person (5,11–12). Formgeschichtlich ist das Problem der Urfassung schwerlich überzeugend zu lösen; denn in der griechischen wie auch in der alttestamentlich-jüdischen Literatur sind sowohl Makarismen in der dritten als auch in der zweiten Person überliefert. Sicher ist, daß die zweite Person durch V. 11f par Lk 6,23f für Q belegt ist. Daß aber Matthäus die dritte Person inkonsequent eingeführt habe, ist nicht wahrscheinlich zu machen. Vermutlich ist die Differenz durch die verschiedenen Q-Exemplare (Q^{Mt} und Q^{LK}) bedingt. – Sachlich hebt Lukas mit der zweiten Person den Anredecharakter der Makarismen, Matthäus dagegen mit der dritten Person das Allgemeinverbindliche, Proklamative der Rede Jesu hervor.

Weisheitsliteratur (z. B. Sir 25,8f). Da Jesus in der Bergpredigt als Lehrer auftritt, läßt sich die allgemeine, weisheitliche Sinngebung auf die vorliegenden Makarismenreihe anwenden. Hierdurch wäre unser Text als Weisheitslehre und Jesus als Weisheitslehrer kenntlich gemacht. – Neben dieser profanen Bedeutung hat das Wort im Neuen Testament aber auch einen eschatologischen Sinn. Es führt den Heilruf ein, der eschatologisches Heil verheißt (z. B. Lk 10,23f), und ist entsprechend mit „Heil!" oder mit dem altertümlichen „Selig!" zu übersetzen. Die weisheitliche und die eschatologische Bedeutung sind für unseren Text von Belang. Im Matthäusevangelium kann Weisheitslehre als eschatologische Verkündigung und mit eschatologischem Anspruch vorgetragen werden. Andererseits erscheinen eschatologische Aussagen in der Form der weisheitlichen Belehrung. Jesus ist der in eschatologischer Vollmacht sprechende Lehrer (vgl. 7,29).

Die eschatologische Ausrichtung wird durch den Nachsatz verdeutlicht; βασιλεία τῶν οὐρανῶν („Reich der Himmel") ist der bei Matthäus typische Ausdruck für die Gottesherrschaft bzw. das Gottesreich. Kann der Evangelist vom gegenwärtigen Gottesreich sprechen (z. B. 12,28), so erscheint in der Bergpredigt dieser Begriff ausschließlich im zukünftigen Sinn. Die mit ὅτι („denn") eingeleiteten Nachsätze der Makarismen geben eine Begründung aus der apokalyptischen Zukunft. So beweisen es die folgenden futurischen Verbformen[19]. Die Nachsätze der Makarismen enthalten eine Verheißung, die zukünftiges, eschatologisches Heil zusagt.

Lukas läßt mit der Tradition den ersten Makarismus den πτωχοί („Arme") zugesprochen sein. Diese Ausrichtung ist ursprünglich und noch im Lukasevangelium im materiellen Sinn gemeint. Es sind die Armen an irdischen Gütern, denen die Verheißung gilt. Nicht an die Reichen, sondern an die Besitzlosen wendet sich Gottes Zusage. Folgerichtig ist in der lukanischen Fassung ein (vermutlich vorlukanischer) Weheruf gegen die Reichen angeschlossen (6,24). Reichtum und Armut sind freilich schon in der alttestamentlich-jüdischen Literatur nicht nur ökonomische Begriffe, sondern mit theologischem Gehalt gefüllt. Das jüdische weisheitliche Schrifttum lehrt, daß Reichtum und Sünde eng miteinander verbunden sind und der Besitz und das Streben nach Besitz in die Sünde führen (Spr 15,16f; Sir 20,21). Umgekehrt gilt gerade den Armen Gottes Zuwendung: Jahwe wird den Armen erhöhen (Ps 113,7f). Lukas schildert in seinem Evangelium, wie sich Reichtum zwischen die Person des Reichen und Gott als eine unüberwindbare Barriere stellt (z. B. 12,13–21; 16,19–31). Wie Reichtum und Gottferne identisch sind, so umgekehrt auch Armut und Gottnähe. Der Besitzlose hat nichts, auf das er sich vor Gott berufen könnte; er ist allein auf die göttliche Gnade

[19] V. 4: παρακληθήσονται („sie werden getröstet werden"), V. 5: κληρονομήσουσιν („sie werden erben"), V. 6: χορτασθήσονται („sie werden satt werden") usw.

angewiesen[20]. Schon in der jüdischen Überlieferung ist der Arme zugleich der ‚Fromme' (PsSal 5,2; 10,6; 15,1; äthHen 94,8; 97,8f), und von hier aus ist verständlich, daß sich die Judenchristen des zweiten Jahrhunderts den Namen „Ebjonim" (= die „Armen") beilegten, ursprünglich ein Ehrentitel, der bei den Kirchenvätern zur Bezeichnung von judenchristlichen Häretikern wurde[21].

Matthäus hat den ersten Makarismus durch den Zusatz τῷ πνεύματι („im Geist") erweitert. Dieser Ausdruck bezieht sich auch in der Übersetzung Martin Luthers („Selig sind die da geistlich arm sind") nicht auf den Geist Gottes. Nicht denen wird die Verheißung zugesprochen, die der Gabe des Geistes Gottes bedürftig sind, auch ist die ‚Armut' nicht in einem ideellen, religiösen Sinn zu verstehen, sondern Matthäus beabsichtigt demgegenüber, den Begriff ‚Armut' mit einem anderen Inhalt zu füllen. Πνεῦμα meint den menschlichen, nicht den göttlichen Geist (so auch 26,41; 27,50). Der Dativ ist ein Dativ der Beziehung. Die Armut bezieht sich auf den menschlichen Geist als den Sitz von Einsicht, Gefühl und Willen[22]. Sie steht also nicht mehr mit Hab und Gut in Verbindung, sondern ist der hohen Selbsteinschätzung der Pharisäer und Schriftgelehrten konfrontiert, wie sie 6,2 und 23,1 ff dargestellt wird[23]. Der Zuspruch gilt den Menschen, die sich als niedrig einschätzen, die „demütig" sind. So haben viele Kirchenväter diesen Vers ausgelegt[24]. Angesprochen ist die Haltung der *humilitas*, wie sie der matthäische Jesus auch an anderer Stelle lehrt[25].

Durch den redaktionellen Eingriff ist der vormatthäische Makarismus

---

20 Vgl. auch F.-W. Horn, Glaube und Handeln in der Theologie des Lukas, GTA 26, 1983, 121 ff. Hier wird der Nachweis geführt, daß die „ebionitischen" Stücke im Lukasevangelium durchweg der vorlukanischen Überlieferung angehören. Dies gilt selbstverständlich auch für den ersten Makarismus, und es ist gut denkbar, daß Jesus durch diesen Heilruf seine Solidarität mit den Armen und Entrechteten ausgesprochen hat.

21 Vgl. Irenäus, haer. I 26,2. – G. Strecker, Nachtrag „Zum Problem des Judenchristentums", in: W. Bauer, Rechtgläubigkeit und Ketzerei im ältesten Christentum, BHTh 10, [2]1964, bes. 278–281.

22 W. Bauer, Wb 1339, 3b und 1340; vgl. auch E. Bammel, ThWNT VI 904; Ps 34,19: דכאי רוח *(dake-ruach)* = „zermalmt im Geist", „verzagten Sinnes"; 1 QS XI 1: רמי רוח *(rame ruach)* = „Hochmütige" (im Gegensatz zu ענוה: *[anawa]* = „ihre Demut"). Daß es sich um den menschlichen Geist handelt, betonen auch T. Zahn (KNT 1, 181 ff) und A. Schlatter (Evangelist Matthäus 133); s. noch J. Dupont, Béatitudes I 214–216; II 19–51.

23 Vgl. auch Lk 18,9–14 (Pharisäer und Zöllner).

24 Vgl. z.B. Augustin, De sermone domini in monte I 1,3 (Migne PL 34, 1231f); Hieronymus, Kommentar zu Mt 5,3 (Migne PL 26,34); Joh. Chrysostomus, Hom. in Mt 5,3 (Migne PG 57,224). – Zur Sache: T. Soiron, Bergpredigt 146; J. Dupont, Béatitudes III 399–411.

25 Z.B. 18,4 (Kindersegnung): „Wer sich selbst demütigt wie dieses Kind, der wird der Größte sein im Himmelreich". Die Vorbildlichkeit des Kindseins besteht nicht darin, daß das Kind unschuldig ist, sondern daß es niedrig ist und sich den Erwachsenen unterordnet. Demut ist ‚Unterordnung' (vgl. auch Jak 4,10).

wesentlich verändert worden. Matthäus kombiniert nicht die theologische mit der anthropologischen Bedeutung des Begriffes „Geist“; er beabsichtigt nicht, den willigen Geist des Menschen mit dem von Gott geschenkten heiligen Geist gleichzusetzen[26], sondern er betont geradlinig, daß nicht den an Besitz Armen, sondern denen, die nicht hochmütig sind, die sich zu den Niedrigen zählen, die Verheißung zugesprochen ist. Der ursprüngliche wörtliche Sinn von ‚Armut‘ ist also spiritualisierend und zugleich ethisierend gedeutet. Auch die Kriegsrolle von Qumran interpretiert den Begriff der ‚Armut‘ in solchem spirituellen und ethischen Sinn[27]. Der Jesus der Bergpredigt spricht demnach die Menschen an, die sich bescheiden, die um ihre Grenzen wissen und solches Wissen in einem entsprechenden Verhalten verwirklichen. Er stellt Normen auf, die für das Leben seiner Nachfolger verpflichtend sind. Er fordert sie auf, eben diese Haltung zu realisieren. Und er gibt die Begründung, die im Nachsatz ausgesagt ist, daß nur den Demütigen die Zusage des kommenden Himmelreiches gilt.

Von hier aus lassen sich die Makarismen der Bergpredigt mit kultischen Tugendtafeln des Alten Testaments vergleichen. Sie nennen die Bedingungen, die erfüllt sein müssen, um Zugang zum Heiligtum zu erhalten[28]. Jesus lehrt freilich keine kultischen, sondern eschatologische Tugenden. Sie beziehen sich auf den Eingang nicht in den irdischen Tempel, sondern in das Reich Gottes. Es handelt sich also um Einlaßbedingungen für den Zugang zur βασιλεία τῶν οὐρανῶν[28a].

Als Einlaßbedingung für das Gottesreich formuliert der erste Makarismus eine indirekte Forderung. Der Zugang zum Eschaton ist an die Bedingung geknüpft, arm im Geist zu sein. *Lukas* verstand die Seligpreisung der Armen in Übereinstimmung mit der Q-Tradition in anderer Weise. Danach spricht dieser Makarismus eine paradoxe Feststellung aus: Der Arme erhält im Gegensatz zu seiner verzweifelten Situation das Hoffnungsgut der Gottesherrschaft zugesprochen. Ihm gilt die ‚Paraklese‘, der heilvolle Zuspruch Jesu. – Demgegenüber hat der Makarismus bei *Matthäus* nicht primär eine indikativische, sondern eine imperativische Ausrichtung. Er ruft zu etwas auf, was die Angeredeten noch nicht besitzen, aber durch ihr Tun verwirklichen sollen. Die Makarismen der Bergpredigt sind also nach dem Verständnis des Matthäus ethische Forderungen. Und man kann dieser Folgerung nicht durch die Überlegungen

[26] Anders E. Schweizer , NTD 2,49.

[27] 1QM 14,7: ענוי רוח *(anwe ruach)* = „die demütigen Geistes sind“ (parallel zu: תמימי דרך *[temime däräch]* = „Leute, die vollkommenen Wandels sind“).

[28] Z.B. Ps 15; auch Ps 24,3–6 (auf die Frage: „Wer wird hinaufziehen auf den Berg des Herrn?“ folgt die Antwort: „Wer reine Hände hat und ein lauteres Herz…“). Vgl. H.-J. Kraus, Psalmen, Bk XV 1, [5]1978, 113.196.

[28a] H. Windisch, Sinn der Bergpredigt 63 Anm. 1.

entgehen, daß sie nicht ohne die Person dessen zu interpretieren sind, der hier spricht; denn der matthäische Jesus ist nicht im paulinischen Sinn verstanden, als der, der für die Menschheit die Gottesgerechtigkeit stellvertretend erfüllt oder die Glaubensgerechtigkeit aus Gnade offenbart, sondern seine göttliche Hoheit ist die Hoheit des Gesetzgebers[29]. Die Bergpredigt ist das Gesetz des Kyrios. Der Jesus der Bergpredigt unterscheidet nicht im paulinischen Sinn zwischen Gabe und Aufgabe, zwischen Indikativ und Imperativ. Er lehrt nicht eine Gegenüberstellung von Gesetz und Evangelium und kennt nicht die Rechtfertigung *sola gratia*, sondern er verpflichtet seine Nachfolger auf die unbedingte, weil eschatologisch motivierte Forderung. Die ihm nachfolgen sind auf den Weg geschickt. Ohne daraus Ansprüche abzuleiten, hören und tun sie das Gebotene, weil sie dem Wort des Kyrios vertrauen.

Daher schließt das Gesetz des Kyrios auch auf der Ebene der matthäischen Redaktion einen Zuspruch ein. Das parakletische Element der matthäischen Makarismenreihe besteht schon darin, daß das Gottesreich als Folge des geforderten Tuns verheißen ist. Der Trost, den die Forderung enthält, gründet sich auf die Zukunft, für die den Hörern Heil zugesagt wird. Und er gründet sich auf die Person des Bergpredigers, der in eschatologischer Vollmacht spricht (7,29). Seine Forderungen sind durch ihre eschatologische Begründung von ähnlichen oder gleichlautenden ethischen Anweisungen unterschieden. Seine Verheißung ist die des Menschensohn-Weltrichters. Sie bestimmt ‚schon jetzt' das Sein und Tun der Nachfolger. Im Hören und Tun der eschatologischen Forderung ist die Gemeinde Jesu der Zukunft gewiß. Anders als in der lutherischen Tradition stellt Matthäus das Gesetz nicht dem Evangelium voran, und anders als in der Theologie Karl Barths wird das Evangelium nicht dem Gesetz vorgeordnet. Vielmehr sind Gesetz und Evangelium in eins gesetzt. Indikativ und Imperativ stehen einander nicht gegenüber, sondern die eschatologisch-ethische Forderung Jesu hat den Charakter des evangelischen Zuspruchs, und das Evangelium, die befreiende und tröstende Zuwendung Gottes an die Menschen, begegnet als lehrende und fordernde Botschaft Jesu. Das Gesetz des Bergpredigers ist die heilvolle Weisung Gottes.

Im Unterschied zu Matthäus spricht Lk 6,21b von „Weinenden"; ihnen 4
wird verheißen, daß sie „lachen" werden. Der Gegensatz von Lachen und Weinen begegnet auch im Weheruf Lk 6,25, und es ist denkbar, daß Lukas ihn in seinem Q-Exemplar (Q^{Lk}) vorgefunden und von hier aus den zweiten Makarismus sprachlich verändert hat. Hierfür spricht, daß Lk 6,25 das Verb πενθεῖν („trauern") bezeugt, demnach Mt V. 4 voraussetzt. Im übrigen folgt die Aufreihung der Weherufe Lk 6,24–26 der

[29] Gegen J. Schniewind, NTD 2, 40–51; E. Thurneysen, Die Bergpredigt, TEH 105, [5]1963 passim.

Reihenfolge der Makarismen in Q. Hierbei nimmt das Substantiv παράκλησις (V 24: „Trost") das Futur Passiv παρακληθήσονται (Mt V. 4: „sie werden getröstet werden") auf. Die Seligpreisung der Trauernden befand sich also an der dritten Stelle der Q-Makarismenreihe (Lk V 21b). Matthäus steht zwar nicht in der Komposition, aber im Inhalt der ursprünglichen Fassung näher. Schon in Q galt den Trauernden die Zusage, daß sie „getröstet werden" sollen. So stimmt es allgemein zur Ausrichtung der Q-Makarismenreihe, wonach den Notleidenden Trost gespendet wird. Für diese Auslegung läßt sich auch Jes 61,2 geltend machen: Im Gnadenjahr Gottes sollen „alle Trauernden getröstet werden"[30].

Nach matthäischem Verständnis ist das parakletische Element selbstverständlich eingeschlossen[31]. Freilich ist es nicht die Intention der matthäischen Makarismenreihe, nur Trost zuzusprechen, sondern es soll eine ethische Haltung provoziert werden, welche die eschatologische Verheißung für sich hat. Im einzelnen ist unsicher, worauf sich der Ausdruck πενθοῦντες konkret bezieht – auf die Trauer über den gegenwärtigen Äon[32], die zugleich eine Distanz zwischen den Trauernden und der Welt hervorruft, oder handelt es sich um ‚Bußtrauer', etwa im Sinne der apokalyptischen Überlieferung des Zwölfer-Testaments?[33] Dies letztere würde den Gedanken einschließen, daß die über die Sünde Trauernden zugleich von der Sünde Abstand nehmen und sie überwinden sollen. Denkbar ist aber auch, daß Matthäus „trauern" im Sinn von „sich demütigen" versteht. So bezeugt Jak 4,9 den Imperativ „trauert!" neben „demütigt euch!" als Anrede an die Sünder, die hierdurch zur Buße und zur Demut vor Gott aufgerufen werden. Auf jeden Fall spricht der Bergprediger auch an dieser Stelle die Menschen an, die bereit sind, sich von ihm den Weg weisen zu lassen. In der Nachfolge Jesu besitzt die ‚Trauer' eine eschatologische Verheißung. Das Passiv des eschatologischen Futurs spricht vom Handeln Gottes, das sich am Ende der Welt offenbaren wird, aber schon in der Gegenwart sich ereignet. Die Zusage ist also inhaltlich nicht von der des ersten Makarismus (V. 3b) unterschieden. Wie auch im folgenden wird das Heil der Gottesherrschaft verheißen.

5 Die Seligpreisung der „Sanftmütigen" gehört – wie sich schon zeigte –

[30] Vgl. auch Mt 5,3 mit Jes 61,1; ferner Mt 5,5b mit Jes 61,7; dazu W. Zimmerli, Seligpreisungen 19. Jedoch ist der Jesajahintergrund eher für die vormatthäische Tradition bedeutsam (gegen R. A. Guelich, JBL 95, 1976, 431, wonach die matthäische Redaktionsarbeit den Jesajatext herangezogen habe).

[31] Mit J. Schniewind ist darauf zu verweisen, daß der Messias in der apokalyptischen Erwartung des Judentums ein „Tröster" ist (NTD 2, 43). Von hier aus legt sich die Beziehung zu Jes 61,1 f besonders nahe. Um so wichtiger ist, zwischen der vormatthäischen Tradition und der matthäischen Redaktion zu unterscheiden.

[32] So R. Bultmann, ThWNT VI 43.

[33] Test. Rub. I 10 („Ich trauerte über meine Sünde, denn sie war so groß, wie sie in Israel noch nicht geschehen war"). – Zur Sache: K.-H. Rengstorf, ThWNT III 721–725.

nicht zu der Urtradition. Eine Parallele im Lukasevangelium besteht nicht. Das Adjektiv πραΰς ist ein matthäisches Vorzugswort, so daß vermutet werden konnte, dieser Makarismus sei von Matthäus gebildet worden[34]. Jedoch läßt sich diese Annahme im übrigen weder sprachlich noch sachlich bestätigen. Zudem fällt dieser Vers aus der Makarismenreihe heraus, da es sich um ein fast wörtliches Septuaginta-Zitat handelt (Ps 36,11 LXX). Vielleicht ist er in einem zweiten vormatthäischen Überlieferungsstadium in die Makarismenreihe (Q^{Mt}) aufgenommen worden, um die Siebenzahl der Makarismen (V. 3–9) aufzufüllen. Der Evangelist kann sich mit dieser Aussage identifizieren. Er zitiert in 21,5 das Prophetenwort Sach 9,9: Jesus ist der sanftmütige König der Endzeit, der eselreitend in seine Stadt einzieht. Auch in 11,29 wird Jesus als der „Sanftmütige" und „Demütige" dargestellt. Dies besagt: Jesus, der schon gekommene und zugleich erwartete König der Endzeit, hat in seiner Person Sanftmut und Demut verwirklicht und ist darin der Gemeinde ein Vorbild. Der dritte Makarismus will also nicht einen Zustand beschreiben, etwa den der Machtlosigkeit[35], oder eine „gedrückte Lage", in der es darauf ankommt, „Gottes großen und gnädigen Willen anzuerkennen"[36], sondern er enthält den indirekten Aufruf zu einem aktiven Handeln, welches das neue Gesetz Christi erfüllt: aktive Hingabe an das hohe Ziel der Sanftmut, der Freundlichkeit und der Milde, ein Handeln, das nicht durch Zorn, Brutalität oder Feindschaft, sondern gänzlich durch Güte bestimmt ist[37].

Diesem aktiven Tun sagt der Bergprediger paradox zu, was welthaftes Handeln im allgemeinen nur durch Gewalt und durch den Einsatz von politischer und wirtschaftlicher Macht erreichen kann, das „Erbe des Landes". Bezeichnet der Psalmist mit diesem Ausdruck das verheißene Land Israel, so kann Matthäus solche Vorstellung nicht nachvollziehen. Selbstverständlich ist für die Gemeinde des ersten Evangelisten das „Land" nicht mit Palästina identisch (so Gen 15,7; Dtn 4,38), auch handelt es sich nicht um eine realistische Vorstellung von dem kommenden Zionsreich[38], sondern Matthäus spiritualisiert die überlieferte Anschauung[39]. Die verheißene Erbschaft des Landes ist die Teilhabe am

[34] So H. Frankemölle, BZ NF 15, 1971,71.

[35] Vgl. G. Eichholz, Auslegung 35; E. Schweizer, NTD 2, 52; K. Koch, Formgeschichte 53.

[36] So F. Hauck-S. Schulz, ThWNT VI 649f.

[37] Vgl. zur Übersetzung von πραΰτης W. Bauer, Wb 1386f.; C. F. v. Weizsäcker: „Milde" (Seligpreisungen 8). – In der frühchristlichen Kirchenordnung findet sich das Wort mit Bezug auf Gemeindefunktionäre, die gegenüber den Zornesausbrüchen anderer πραεῖς („nachsichtig", „gelassen") sein sollen: Did 15,1.

[38] So ist es in der jüdischen Apokalyptik real vorgestellt: Jes 57,13; 60,21; Jub. 32,19.

[39] Auch in anderer Weise hat Matthäus seine Vorlagen vergeistigt: Es gibt keine Entlohnung der Frommen mit irdischen Gütern (19,29 gegen Mk 10,30); Jesu Machttaten geschehen „durch das Wort" (8,8.16); der erste Evangelist vermeidet, von Manipulationen des Wundertäters zu sprechen (gegen Mk 7,31 ff; 8,22 ff).

kommenden unverfügbaren, unanschaulichen und doch in Jesus Christus gegenwärtigen Gottesreich.

6 Die Auslegung von V. 6 ist umstritten[40]. Das Verständnis des Evangelisten Matthäus ist durch den Vergleich mit Lukas von der vormatthäischen Überlieferung abzuheben. Lk 6,21a bezeugt eine kürzere Fassung, die auf die gemeinsame Q-Tradition zurückführt. Hier wird den Hungernden Heil verheißen. Lukas hat das Wörtchen νῦν („jetzt") eingefügt, um den Gegenwartsbezug zu verdeutlichen. Er wie schon die Q-Vorlage lassen diesen Makarismus an die gerichtet sein, die sich in elementarer materieller Not befinden, die nicht das Lebensnotwendige besitzen und nicht wissen, wie sie ihren Hunger stillen können. Jesus spricht ihnen Sättigung zu. Er gibt ihnen eine Zusage, die nicht der menschlichen Erwartung entspricht. Die zugesagte Sättigung ist nicht eine diesseitige, sondern wird sich im Gottesreich erfüllen. Jesus sagt an, daß den Hungernden die Gnade des Weltrichters gewiß ist. Er greift über die materielle Notlage hinaus. Der Hunger der Menschen antizipiert das Ende. Er erschließt eine andere Dimension, die des Gottesreiches. Dieser Trost, sagt Jesus, ist mehr, als jedes Sozialprogramm gewähren kann. Er meint den ganzen Menschen und hat Bestand über das Werden und Vergehen der Welt hinaus.

So tradierte es die Q-Überlieferung. Durch einen Zusatz von wenigen Wörtern hat Matthäus diesen ursprünglichen Sinn verändert. Er setzt hinzu „nach der Gerechtigkeit" und vielleicht auch „und Dürstende". Der Hunger der Hörer Jesu ist nun nicht mehr im materiellen Sinn verstanden; er richtet sich nicht auf irdische Nahrung, sondern auf „die Gerechtigkeit". Das ursprünglich konkrete, realistische Verständnis des Hungers und des Durstes ist spiritualisiert worden[41].

Was meint „Gerechtigkeit" im matthäischen Verständnis? Der erste Evangelist verwendet den Begriff δικαιοσύνη siebenmal, davon fünfmal in der Bergpredigt (3,15; 5,6.10.20; 6,1.33; 21,32). Mit Ausnahme von 6,33, wo die matthäische Ausdrucksweise durch den überlieferten Kontext bedingt ist[42], sind sämtliche Belege anthropologisch, nicht theologisch konstruiert. Das Wort bezeichnet demnach die Gerechtigkeit von

---

40 Nach A. Schlatter scheint der Ausdruck „hungern und dürsten nach der Gerechtigkeit" „das feste Band sichtbar (zu machen), das Matthäus und seine Kirche mit Paulus geeinigt hat." Die Gerechtigkeit sei nicht Besitz der Frommen, sondern „die Gabe Gottes", die der Mensch „nicht bewirken, sondern nur empfangen kann" (Evangelist Matthäus 137). Jedoch ist bezeichnend, daß P. Billerbeck keinen rabbinischen Beleg für diese Deutung nachweisen kann; denn „die alte Synagoge weiß nichts von der Unfähigkeit des Menschen, sich aus eigener Kraft eine vollgültige Gerechtigkeit vor Gott zu erwerben" (I 201).

41 Entsprechend hat Matthäus den Begriff der ‚Armut' (V. 3) spiritualisiert; s.o. S. 33 und Anm.

42 Dazu unten S. 144.

Menschen, eine menschliche Haltung, die durch aktives Tun verwirklicht werden soll (vgl. bes. 5,20 und 6,1)[43].

Scheinbar steht dieser Auslegung der Ausdruck „Hungern und Dürsten" entgegen, der eine Passivität auszusprechen scheint, so daß „Gerechtigkeit" die Gabe Gottes an den Menschen, also nicht eine ethische menschliche Haltung bezeichnen müßte. Kennzeichnen also „Hunger und Durst" im übertragenen Sinn eine menschliche Sehnsucht, die nur von außen, etwa durch die Gabe der von Gott geschenkten Gerechtigkeit gestillt werden könnte? Für dieses Verständnis läßt sich die vormatthäische Fassung des Verses geltend machen, die unbestreitbar ein Angewiesensein, eine passive Haltung meint. Jedoch läßt sich aufgrund des matthäischen Gerechtigkeitsverständnisses feststellen, daß „Hunger und Durst" ein aktives, tatkräftiges Verlangen bezeichnen, ein entschlossenes Sich-Bemühen um die Verwirklichung der Gerechtigkeit. Bei der Übernahme ist das Bild vom Hunger und vom Durst ethisiert worden. Es mahnt zum entschlossenen ethischen Einsatz, der alles daran setzt, die Gerechtigkeit *hic et nunc* zu verwirklichen[44].

Die Hörer der Bergpredigt werden also aufgerufen, Gerechtigkeit zu tun, und zwar nicht nur einen Teil der Gerechtigkeit, vielmehr ist bezeichnend, daß der Begriff mit dem Artikel konstruiert worden ist. Gefordert ist die ganze Gerechtigkeit! Von hier aus kann mit C. F. v. Weizsäcker übersetzt werden: „Selig die hungern und dürsten, Gerechte zu sein, denn sie sollen satt werden."[45] Die Seligpreisung gilt den Nachfolgern Jesu mit dem Ziel, daß sie Gerechte sein mögen.

Die im religionsgeschichtlichen Umfeld vorhandenen Vorstellungen von dem Gerechten und der Gerechtigkeit sind sehr verschiedenartig. Das hier Gemeinte kann nicht einseitig etwa aus der hebräischen Bibel oder aus der Ethik Platons und des Aristoteles abgeleitet werden. Problematisch ist es, die alttestamentliche Begrifflichkeit auf einen Begriff der צדקה *(zedakah)* Jahwes festzulegen, etwa,

[43] Anders E. Lohmeyer, KEK Sonderband 87f; P. Stuhlmacher, Die Gerechtigkeit Gottes bei Paulus, FRLANT 87, ^{2}1966, 188ff; ferner E. Schweizer, wonach „Gerechtigkeit Gottes" das Ziel der Sehnsucht der Menschen ist (NTD 2, 53). Paulinischem Denken entspräche, daß die „Gerechtigkeit" eine Gabe Gottes ist, die dem Frommen am Ende der Tage geschenkt wird. So kann nach G. Schrenk der Begriff „Gerechtigkeit" im Matthäusevangelium mit dem des Paulus parallelisiert werden; andererseits gesteht jedoch der gleiche Verfasser zu, daß Matthäus „Gerechtigkeit" als „Handeln vor und für Gott" versteht (ThWNT II 200).

[44] Für diese Auslegung von πεινᾶν und διψᾶν finden sich in der griechischen Literatur zahlreiche Belege; z.B. kann Philo von Alexandria von dem „Hungern und Dürsten nach der Kalokagathie" sprechen; er bezeichnet damit ein aktives Sicheinsetzen für das höchste Ziel des griechischen Menschen, für die Haltung, die das Gute und Schöne verwirklicht (de fuga et inventione 139–141). Vgl. auch Athenaeus (3. Jh. n.Chr.): ἴσχειν κελεύω χεῖρα διψῶσαν φόνον = „Ich befehle, daß meine nach Mord dürstende Hand stark sei" (10,43 Kaibel).

[45] Vgl. P. Lapide, C. F. v. Weizsäcker, Seligpreisungen 8.71.

indem man Gerechtigkeit Jahwes mit Barmherzigkeit gleichsetzt (so P. Lapide, Seligpreisungen 72.74). Nach alttestamentlichem Verständnis kann Jahwe auch als ein eifersüchtiger, zorniger Gott auftreten, der die Sünde straft, Vergeltung übt und zum Vollzug des Bannes aufruft. Wer auch immer sich dem Willen Jahwes widersetzt, der wird ihm gegenüber schuldig und ist ein Ungerechter (vgl. 1Sam 15). Gerechtigkeit ist im Alten wie auch im Neuen Testament das, was dem Willen Gottes entspricht (τὸ ϑέλημα τοῦ ϑεοῦ: Mk 3,35; 1Petr 4,2). Während aber im Alten Testament auch ein heiliger Krieg von Gott geboten sein kann, wäre diese Vorstellung in der Bergpredigt undenkbar. Der „Wille Gottes" ist also zu verschiedenen Zeiten und in verschiedenen Situationen unterschiedlich ausgelegt worden; er ist nicht eine zeitlose, sondern eine situationsbezogene Gegebenheit. – Auf der Grundlage der Philosophie Platons läßt sich „Gerechtigkeit" in einem formalen Sinn definieren. Danach ist der ein Gerechter, der das tut, was er zu tun hat (C. F. v. Weizsäcker, a.a.O. 73). So ist es hier von den Nachfolgern Jesu gefordert, und es wird im folgenden ausgeführt werden, was den Inhalt der geforderten „Gerechtigkeit" ausmacht.

Der Nachsatz bleibt im Bild und ist von Matthäus nicht verändert worden. Das „Gesättigtwerden" umschreibt mit dem *passivum divinum* das Handeln Gottes. Es ist dasselbe gemeint, was die übrigen Nachsätze aussagen: die Zusage des Reiches der Himmel. Sie gilt denen, die sich angestrengt um die Verwirklichung der Gerechtigkeit bemühen[46]. Wieder hat Matthäus seine Vorlage spiritualisiert und zugleich ethisiert.

7 Mit V. 7 beginnt die zweite Dreiergruppe der Makarismen (Verse 7–9), die Matthäus vermutlich ebenfalls aus der Q-Tradition übernommen hat (Q^{Mt}). Diese spricht nicht ursprünglich von der Passivität, sondern von der Aktivität des Menschen. Hier wird also die eschatologische Verheißung ausschließlich und ursprünglich einer ethischen Haltung zugesagt. Der Ausdruck ἐλεήμων („barmherzig", „sich erbarmend") erscheint außer an dieser Stelle im Neuen Testament nur noch Hebr 2,15 (von Christus als dem himmlischen Hohenpriester). Das Wort ist im Deutschen gleichlautend mit οἰκτίρμων (vgl. Lk 6,36). H. Cremer unterscheidet zwischen beiden Ausdrücken: οἰκτίρμων bezieht sich danach auf die (barmherzige) Empfindung des Menschen, ἐλεήμων dagegen auf die „Gesinnung und Handlung" der Barmherzigkeit[46a]. Ist dies hier vorauszusetzen, dann ist das Wort ἐλεήμων bewußt gewählt worden, um die Tat der Barmherzigkeit und nicht nur ein barmherziges Gefühl zu fordern. Mit der Forderung der Barmherzigkeit unterscheidet sich dieser Makarismus nicht von der jüdischen Ethik. Im Traktat Schabbath heißt es: „Wer

[46] Im Hintergrund steht das alttestamentlich-jüdische, auch apokalyptische Lohnmotiv; z.B. Spr 21,21 (LXX): „Der Weg der Gerechtigkeit und des Almosens wird Leben und Herrlichkeit finden"; Test. Lev. 13,5: „Übet Gerechtigkeit auf Erden..., damit ihr (Lohn) im Himmel erntet"; auch Jes 56,1; Mt 5,12.

[46a] H. Cremer, Biblisch-theologisches Wörterbuch des neutestamentlichen Griechisch, hg. v. J. Kögel, [11]1923, 422.

sich über die Menschen erbarmt, über den erbarmt man (= Gott) sich vom Himmel; wer sich nicht über die Menschen erbarmt, über den erbarmt man sich nicht vom Himmel“[47]. Die Forderung der Barmherzigkeit wird in der frühchristlichen Paränese zu einem feststehenden Topos[48]. Schon in unserem Text verbindet sich die Ankündigung des kommenden Himmelreiches mit dem Gerichtsgedanken. Der Weltrichter wird im Endgericht Barmherzigkeit walten lassen über den Menschen, der in seiner Zeit Barmherzigkeit geübt hat. Für die Gegenwart ist die Forderung erhoben, barmherzig zu sein. So fordert es Jesus von seinen Hörern. Die ‚Tugend‘ der Barmherzigkeit kennzeichnet die Nachfolge Jesu, wie umgekehrt die Täter der Barmherzigkeit wahre Nachfolger Jesu sind (vgl. Mt 25,31–46). Das barmherzige Tun verlangt den menschlichen Einsatz ohne jeden Vorbehalt; es verwirklicht die Forderung der uneingeschränkten Liebe. Solches ungeteilte Tun ist das Kennzeichen des vollkommenen Menschen (vgl. 5,48). Läßt sich dieser Makarismus als „Satz göttlichen Rechts“ bezeichnen[49], so besagt dies, daß er die Unbedingtheit des fordernden Gotteswillens zur Sprache bringt.

Der Makarismus derer, die „reinen Herzens“ sind, nimmt eine alttesta- 8
mentliche Formulierung auf. In Ps 24,1 und 73,1 (MT) werden die Frommen, die sich ihrer Unschuld vor Gott bewußt sind ברי לבב *(bare lebab)* = καθαροὶ τῇ καρδίᾳ (LXX) genannt. Der Dativ ist als Dativ der Beziehung zu verstehen. Das „Herz“ ist im Hebräischen Sitz des Willens. Entsprechend können 1Tim 1,5 das „reine Herz“ und das „gute Gewissen“ parallel gestellt werden. Reinen Herzens ist, wer ein gutes Gewissen hat und keine böse Absicht hegt. Mit anderen Worten: Denen, die das Gute, Vollkommene sich zum Lebensziel erwählen, gilt dieser Makarismus. Dies heißt in der Sprache des Matthäus: Reinen Herzens ist der, der die Forderung der Gerechtigkeit tut; ein solcher Mensch steht vor Gott fleckenlos, ohne Sünde da[50].

---

[47] Schabb. 151b (Bill. I 203).

[48] Vgl. 1Clem 13,2: ἐλεᾶτε ἵνα ἐλεηθῆτε („Seid barmherzig, damit ihr Barmherzigkeit erlangt!“); auch Jak 2,13, wo ebenfalls der futurisch-eschatologische Aspekt erscheint („Unbarmherzig wird das Gericht ergehen über den, der nicht Barmherzigkeit übt; die Barmherzigkeit aber triumphiert über das Gericht“).

[49] E. Käsemann, Sätze heiligen Rechts, Exegetische Versuche und Besinnungen II, ^{6}1970, 69–82.

[50] Tit 1,15 („Den Reinen ist alles rein“) verdeutlicht die ethische Komponente: Wer sich zu den Reinen zählen darf, der verhält sich auch entsprechend in seinen Taten. Freilich fragt die alttestamentlich-jüdische Weisheit: „Wer darf sagen, ich bin rein in meinem Herzen?“ (Spr 20,9) Matthäus kennt auch Entsündigung durch das sakramentale Handeln der Gemeinde (vgl. 26,28); aber dies steht nicht im Zentrum seines Evangeliums und wird in der Bergpredigt nicht erwähnt. Versteht man das erste Evangelium „ganz von der postbaptismalen... Lehre her“ (W. Schmithals, Art. Evangelien, Synoptische, TRE X, 1982, 616), so steht solche Auslegung in Spannung nicht nur zum ‚Prae‘ der Christusgeschichte, sondern auch zur Verrechtlichung des Sakramentes im Matthäusevangelium, die

Die Forderung der Reinheit wendet sich indirekt gegen die Haltung der Pharisäer, die im Matthäusevangelium als Antityp gezeichnet werden. Nach 23,25f reinigen die Pharisäer nur das Äußere des Bechers und der Schüssel, ihr Inneres aber ist voll von Raub und Unreinheit. Demgegenüber gilt die Mahnung: Reinige zuerst das Innere des Bechers, „damit" auch sein Äußeres rein werde. Diese Mahnung war schon Bestandteil der Q-Quelle und hatte auch dort eine antipharisäische Spitze (vgl. Lk 11,39–42). Die kultische, zeremonialgesetzlich begründete Haltung des Pharisäismus wird als etwas Äußerliches abgelehnt. Matthäus (wie schon Q) geht es darum, das Innere des Bechers, d.h. den Menschen selbst rein werden zu lassen. Die Finalpartikel „damit" besagt, daß der Wille des reinen Menschen auch sein äußeres Auftreten bestimmen soll. Im Gegensatz zur „Heuchelei" der Pharisäer verlangt die Forderung Jesu also die Übereinstimmung zwischen innerer und äußerer Haltung. Beides muß fleckenlos sein. Hierdurch ist die ritualgesetzliche Bindung des Pharisäismus, weil sie am Äußerlichen haftet, aufgehoben. Matthäus kann in solcher Gegenüberstellung an die Kultkritik des Alten Testaments anknüpfen (z.B. Am 5,21–25). Jedoch ist im Bereich des Heidenchristentums (wie auch Apg 7,2–52, bes. V. 42ff) die alttestamentlich-jüdische Ritualgesetzlichkeit grundsätzlich negativ bewertet. Matthäus hat nicht das Markusevangelium ‚rejudaisiert', sondern steht wie die übrigen Evangelisten der jüdischen Überlieferung aufgeschlossen und zugleich kritisch gegenüber. Einerseits wird die alttestamentlich-jüdische Vorstellungswelt übernommen, andererseits die Torakritik und -verschärfung Jesu teilweise modifizierend weitergegeben (5,21–48). Für die Stellung des ersten Evangelisten zum jüdischen Reinheitsgesetz ist die Absage in 15,20 kennzeichnend, und auch die grundsätzliche Alternative: „Barmherzigkeit will ich und nicht Opfer" (9,13; 12,7; vgl. Hos 6,6)[51].

Solcher unbedingten Forderung gilt die Verheißung: „Sie werden Gott zu Gesicht bekommen." Das ‚Sehen Gottes' ist im Alten Testament eine kultische Vorstellung. Wer zum Tempel hinaufzieht, der sucht das Angesicht Gottes (Ps 24,6). Eine Gottesschau wird von Mose und den Ältesten am Sinai berichtet[52], insbesondere von Propheten im Zusammenhang

durch die spezifisch matthäische Christologie bedingt wird (vgl. noch 3,15). „Rein" ist derjenige, der durch das Wort Jesu angesprochen, zur guten Tat gerufen ist und solche Tat ausführt.

[51] Vgl. anders R. Hummel (Auseinandersetzung 47.75 u.ö.; dazu schon G. Strecker, Weg der Gerechtigkeit 244f) und die Hummels Position modifizierende Stellungnahme von U. Luz (ZThK 75, 1978, 398–435 bes. 421; ähnlich W. Schrage, Ethik 143). Gegen die These, der Evangelist Matthäus gehöre einem auf das alttestamentlich-jüdische Zeremonialgesetz verpflichteten Judenchristentum an, spricht insbesondere, daß von einem Beschneidungsgebot gegenüber den neugetauften Christen nicht die Rede ist. Auch die Warnung vor der „Flucht am Sabbat" (24,20) ist schwerlich ein hinreichendes Beweisstück, da nach rabbinischer Lehre die Rettung menschlichen Lebens das Sabbatgebot brechen kann (vgl. Mekh. Ex 31,13; T. Schab. 15,11–17; P. Schab. 14,14; Joma 8,6).

[52] Ex 24,9–11; 33,20 von Mose, der Gott nur „hinten nach sehen" darf; Gen 32,30 (Jakob hat Gott von Angesicht zu Angesicht gesehen und ist am Leben geblieben).

ihrer Berufungsvisionen[53]. Bei den Griechen ist das Sehen die höchste Form der Erkenntnis und vermittelt die Beziehung zu Gott[54]. So mag es auch hier im Hintergrund stehen und bedeutet keine Differenz zum Alten Testament oder zum Griechentum. Jedoch geht es Matthäus nicht um Gotteserkenntnis, auch nicht um eine ekstatisch-mystische Gottesschau, sondern um die Gottesbegegnung, die sich in der Endzeit ereignen wird und der Basileia eigentümlich ist. Dies bezeugt auch der vorpaulinische Agape-Hymnus: „Wir sehen jetzt durch einen Spiegel…, dann aber von Angesicht zu Angesicht" (1Kor 13,12). Den Menschen reinen Herzens ist die Gabe der Gottesgemeinschaft verheißen.

Die gleiche Zusage gilt den εἰρηνοποιοί (= εἰρήνην ποιοῦντες), den „Friedensstiftern". Wieder wird durch einen Makarismus eine Forderung erhoben. Die Mahnung zum Friedenstiften kann ähnlich in der jüdischen Apokalyptik ausgesprochen werden. So enthält das slavische Henochbuch einen Makarismus der Friedensstifter bzw. der Bewahrer des Friedens: „Heil dem, der in Frieden wandelt; Fluch dem, der den Frieden stört" (52,11f). Die rabbinische Literatur preist die alttestamentlichen Frommen, die dem Frieden dienten[55]. ‚Schalom' ist im (Friedens-)Gruß des Alten Testaments enthalten[56] und wurde in diesem Sinn schon bei den Assyrern und Syrern benutzt. Die Vorstellung vom „Frieden" und vom „Friedenstiften" ist Bestandteil der heilszeitlichen Erwartung; daher läßt sich das hebräische שלום *(schalom)* sowohl mit „Frieden" als auch mit „Heil" übersetzen[57].

Das Gebot, Frieden zu üben, nimmt in der urchristlichen Paränese einen wichtigen Platz ein. Matthäus selbst gibt 5,23f ein Beispiel: Die Pflicht zur Versöhnung, zum Friedenstiften ist ein zentrales christliches Gebot, um nicht zu sagen, eine christliche Tugend. So mahnt schon der markinische Christus: „Haltet Frieden untereinander!"[58] Und im Jakobusbrief werden Gerechtigkeit und Frieden von denen erwartet, die

[53] Z.B. Jes 6,5 („Wehe mir! Ich bin verloren! Denn ich bin ein Mensch mit unreinen Lippen und habe den König, den Herrn der Heerscharen, mit meinen Augen gesehen").

[54] Vgl. Platon, Phaedr. 250d, Resp. VII 527d–e, Symp. 210.211d–e; Aristoteles, Eth. Eud. VII 15p 1249b 16ff., Eth. Nic. X 7p 1177b 33. – Zur Sache vgl. W. Michaelis, ThWNT V, 321f.

[55] Sanhedr. 6b: Aaron „liebte den Frieden und jagte dem Frieden nach und stiftete Frieden zwischen einem Menschen und seinem Nächsten".

[56] Vgl. Ri 6,23; 19,20; Dan 10,19.

[57] Vgl. Ps 84,11 LXX: Wo die Herrlichkeit des Herrn im Lande wohnt, da werden „Gerechtigkeit und Friede sich küssen" (und Gnade und Treue einander begegnen); der Heilsbund Jahwes ist ein ברית שלום *(berith schalom,* Jes 54,10), und der Messias trägt den Namen „Friedensfürst" (Jes 9,5; Mi 5,4). – Zur Sache s. H. H. Schmid, šalôm. „Frieden" im Alten Orient und im Alten Testament, SBS 51, 1971.

[58] Mk 9,50; εἰρηνεύετε auch 1Thess 5,13.

Frieden stiften[59]. Dabei kennen die neutestamentlichen Schriften eine Begrenzung der Friedenspflicht nicht.

Den Friedfertigen ist die Verheißung zugesprochen. Die Worte des Nachsatzes (V. 9b) finden sich Hos 2,1 LXX (ἐκεῖ κληθήσονται υἱοὶ θεοῦ ζῶντος = „Dort werden sie Söhne des lebendigen Gottes heißen"). Darin ist die Verheißung der Gottessohnschaft mit der Erwartung der Wiedervereinigung des Nord- und Südreiches verbunden. Das *passivum divinum* läßt erkennen, daß die Aufrichtung dieses Friedensreiches durch das Handeln Jahwes vollzogen werden wird. – Die Vorstellung der Gottessohnschaft hat im Zusammenhang der Königsidee der davidischen Dynastie eine wichtige Funktion. Sie sagt aus, daß der König Israels von Jahwe zum Sohn „adoptiert" bzw. „legitimiert" wird[60]. In der jüdischen Weisheitsliteratur werden die Gerechten als „Gottes Söhne" bezeichnet (Weish 2,13.18). Ähnliches findet sich in der griechisch-hellenistischen Literatur[61]. Wenn die Übersetzung M. Luthers zu unserem Vers den Ausdruck „Kinder Gottes" wählt[62], so würde dies als griechischen Text τέκνα θεοῦ voraussetzen. In Wahrheit ist an die mündigen Söhne gedacht (so auch Gal 4,4f). Es soll also die Beziehung des Menschen zum Urgrund alles Seins dargestellt werden. Wer „Gottes Sohn" ist, der ist zur Eigentlichkeit seiner Existenz gekommen. So ist es futurisch-eschatologisch als Verheißung ausgesagt. Ist hiermit der Boden der alttestamentlich-jüdischen Tradition noch nicht verlassen, so gewinnt diese Zusage ihr Proprium durch die Feststellung, daß der Bergprediger, der diese Verheißung ausspricht, selbst der „Gottessohn" ist (vgl. Mt 1,18–2,23). Den Friedensstiftern ist das Sein zugesagt, das Jesus als der Gottessohn in sich verkörpert.

10 Bis zu dieser Stelle reicht die Überlieferung der sieben Makarismen, die Matthäus als Einheit in seinem Q-Exemplar vorgefunden hat. V. 10 stimmt inhaltlich weitgehend mit den Versen 11–12 überein. Die Begründung ἕνεκεν δικαιοσύνης („wegen Gerechtigkeit") nimmt die Parallelaussage in V. 11 (ἕνεκεν ἐμοῦ = „um meinetwillen") vorweg. Der Nachsatz (V. 10b) wiederholt V. 3b. „Gerechtigkeit" wurde schon als matthäisches Vorzugswort erkannt[63]. Der ganze Vers ist von Matthäus abgefaßt worden. Er schließt die Makarismenreihe der dritten Person ab. Handelt es sich um insgesamt acht Seligpreisungen, so geht es Matthäus jedoch

[59] Jak 3,18 („Die Frucht der Gerechtigkeit wird in Frieden gesät von denen, die Frieden stiften" = τοῖς ποιοῦσιν εἰρήνην). So ist es eine Eigenschaft der „oberen Weisheit", von der es heißt, daß sie εἰρηνική („friedfertig") ist (V. 17).

[60] Ps 2,7; von Jesus bei der Taufe: Lk 3,22 v. l. – Zur Sache vgl. G. Fohrer, ThWNT VIII 344,31 ff; 349,21 ff.

[61] H. Windisch betont, daß die römischen Cäsaren sowohl „Gottessöhne" als auch „Friedensbringer" genannt werden (ZNW 24, 1925, 240–260).

[62] WA: Die Deutsche Bibel VI, 1929, 26f.

[63] Vgl. oben zu 5,6.

nicht um eine Zweiteilung[64], sondern um den Aufruf zu der einen Haltung, die das Wesen der Nachfolge Jesu widerspiegelt.

In diesem Vers wird die Situation der matthäischen Gemeinde sichtbar. Die Gemeinde lebt in der Verfolgung, wie es auch der zweite Teil der Aussendungsrede bezeugt (10,17ff). Bezeichnend ist, daß die Verheißung nicht den Verfolgten allgemein gilt, sondern denen, die „wegen Gerechtigkeit" verfolgt worden sind. Vermutlich ist es nicht bedeutungslos, daß der Artikel fehlt[65]. Demnach mag der Unterschied zu V. 6 beabsichtigt sein: Die Verfolgung bricht nicht wegen *der* Gerechtigkeit über die christliche Gemeinde herein, d.h. wegen ihrer Christusnachfolge, sondern der Makarismus bezieht sich auf eine Haltung, die sich als gerecht bezeichnen läßt und als solche den Grund der Verfolgung darstellt. Die *conditio sine qua non* dieser Seligpreisung ist also eine ethische Haltung der Menschen. So spricht es auch V. 11 mit dem Wort ψευδόμενοι („lügnerisch") aus, und so wird es durch 1Petr 3,14 aufgenommen, wo offenbar unser Vers vorausgesetzt ist. Die ethische Reflexion führt zu einer Differenzierung. Es gibt Nachstellungen, etwa staatliche Maßnahmen, die rechtmäßig sind, weil sie auf der Grundlage von Recht und Gerechtigkeit erfolgen. Wo aber die christliche Gemeinde offenkundig zu Unrecht staatlichen Zwangsmaßnahmen unterzogen wird, wenn sogar solche Eingriffe wegen eines gerechten Tuns erfolgen, dann tritt die Verheißung in Kraft. Solche Verfolgung kann die Gewißheit des Glaubens bestätigen. Der Makarismus enthält also eine Ermutigung an die Hörer, die sich in der Verfolgungssituation befinden. Zugleich spricht er eine Forderung aus; es geht darum, in der Verfolgung den Maßstab der Gerechtigkeit nicht außer acht zu lassen, sondern sich als δίκαιοι zu erweisen; denn den „Gerechten" gilt die Zusage des Himmelreiches.

Abschließend folgt der umfangreichste Makarismus dieser Tafel; er um- 11-12
faßt die Verse 11–12[66]. Wie der Bruch zwischen der dritten und der zweiten Person (V. 10/V. 11) sowie die Parallele Lk 6,22f verdeutlichen können, war er schon in der Matthäus und Lukas gemeinsamen Q-Schicht in der zweiten Person des Plurals abgefaßt. Ist diese Überlieferung auch alt, so gehört sie doch nicht der ältesten Jesustradition an; denn anders als die kurzgefaßten Makarismen Lk 6,20f par sind diese Verse verhältnismäßig breit ausgeführt und reflektieren die Verfolgungssituation der Gemeinde – ein *vaticinium ex eventu*, das das Schicksal der verfolgten Christen mit dem der Propheten des alten Bundes vergleicht[67].

[64] Zur Unterscheidung von zwei Strophen zu je vier Makarismen siehe oben S. 31.

[65] Nach E. Schweizer wäre auch hier an die (ganze) Gerechtigkeit zu denken, die das Jüngersein schlechthin umschreibt (NTD 2,56).

[66] Anders H. D. Betz, der V. 12 als eigenen Makarismus ansieht (ZThK 75, 1978, 9).

[67] Auch wenn dies im Einzelfall (und in der Abgrenzung gegenüber der Tätigkeit von christlichen Schriftgelehrten) strittig bleibt, vermutet M. E. Boring vielleicht zu Recht in

Nach *Lk 6,22* bezieht sich die Verfolgung auf das Verhältnis der Synagoge zur christlichen Gemeinde. Während die älteste Gemeinde in Jerusalem das ursprüngliche Einheitsband zwischen Synagoge und Kirche festzuhalten suchte, ist es hier zerrissen, wobei nicht die Christen, sondern die Juden als Verursacher dargestellt sind. Die Verfolger begegnen den Christen mit Haß und wenden synagogale Disziplinarmaßnahmen gegen sie an. Ἀφορίζειν ist soviel wie „exkommunizieren", also identisch mit ἀποσυνάγωγος εἶναι (Joh 9,22; 12,42; 16,2). In dieser Weise ist auch der Ausdruck ἐκβάλλειν τὸ ὄνομα zu verstehen: Es handelt sich nicht nur um ein „Schmähen", sondern um ein „Ausstoßen". Das Wort ὄνομα kann sich auf den Christennamen beziehen (vgl. 1Petr 4,16) oder auch auf den Personennamen von einzelnen Christen, durch den der Träger dieses Namens repräsentiert wird. Die Christen werden zu ‚Unpersonen' erklärt und aus der Synagoge ausgeschlossen, weil sie zum Menschensohn gehören. Ist mit dem Christustitel der apokalyptische Horizont angedeutet und eine Gerichtsansage impliziert, so wird dies mit dem folgenden V. 23 durch den Hinweis auf den μισθός („Lohn") aufgenommen. Der Unheilsgeschichte der Juden, die schon die Propheten verfolgten, wird die heilvolle Zukunft der christlichen Gemeinde gegenübergestellt[68]. Lk 6,22f ist ein frühes Dokument der Auseinandersetzung zwischen Kirche und Synagoge. Dabei läßt die Parallelisierung zwischen den verfolgten Christen und den Propheten des alten Bundes erkennen, daß sich die Gemeinde nicht nur als Nachfolger der alttestamentlichen Propheten versteht, sondern auch den Besitz des Geistes Gottes für sich in Anspruch nimmt.

In *Mt V 11* erscheint die Lukasparallele gekürzt. Es fehlen die konkreten Angaben des „Exkommunizierens" und „Ausstoßens". Nur allgemein wird von „Schmähungen" und „Verfolgungen" gesprochen. Darin wird ein Wechsel der Gemeindesituation erkennbar. Matthäus schreibt auf heidnischem Boden; seine Gemeinde ist vorwiegend aus Heidenchristen zusammengesetzt. Entsprechend gehen die Verfolgungen nicht mehr primär von den Juden, sondern von den heidnischen Landsleuten aus[69].

---

unserem Text „the influence of the Christian prophets of the Matthean community" (Sayings of the Risen Jesus. Christian prophecy in the Synoptic Tradition, MSSNTS 46, Cambridge 1982, 206). – Die Verfolgungsparänese ist im frühen Christentum weit verbreitet. So wendet sich der Verfasser des 1Petr vor allem an eine leidende Gemeinde, um ihr in der Verfolgung Trost zuzusprechen (1,5; 4,1ff; vgl. auch Jak 1,12; 1Thess 1,6; 2Thess 1,4–6). W. Nauck wollte aus diesen Belegen eine vorchristliche jüdische Verfolgungstradition rekonstruieren (Freude im Leiden, ZNW 46, 1955, 68–80). Jedoch ist wohl nur eine Situation zu erkennen, die analog im Judentum vorgegeben ist (vgl. die in den Makkabäerbüchern vorausgesetzte Verfolgung; 1Makk 2; 2Makk 6f.15).

[68] Vgl. auch Mt 23,29–31 par Lk 11,47f: die Schriftgelehrten und Pharisäer als Söhne der Prophetenmörder.

[69] 24,9b: „Ihr werdet gehaßt werden von allen Völkern (τῶν ἐθνῶν) um meinetwillen" – die Hinzufügung von τῶν ἐθνῶν stammt vom ersten Evangelisten (gegen Mk 13,13).

Reflektiert Matthäus die synagogale Verfolgung auch 10,17 (Übergabe an die Synhedrien, Geißelung in „ihren Synagogen"), so führt er doch 10,18 fort: „Vor Statthalter und Könige werdet ihr gestellt werden um meinetwillen, ihnen zum Zeugnis und den Völkern." Die Kirche des Matthäus hat eine universale Ausdehnung und tritt mit einem universalen Anspruch auf (vgl. 28,16–20). Daher ist auch die Verfolgung dieser Kirche nicht auf einen speziellen Bereich, etwa auf jüdische Auseinandersetzungen einzuengen. Eine weite Fassung hat auch die Verfolgungsterminologie: ὀνειδίζειν bezeichnet das (öffentliche) Schmähen und Beschimpfen; διώκειν ist ein bei Matthäus oft verwendeter *terminus technicus* für „die christliche Gemeinde verfolgen" (5,10–12; 10,23; 23,34 par). V. 11c bezieht sich auf „üble Nachrede". Daß es sich hierbei nicht um eine synagogale Zwangsmaßnahme handelt, zeigt der Vergleich mit der Lukasparallele. Matthäus bringt den Zusatz ψευδόμενοι, der solche Nachrede charakterisiert. Einige Handschriften lassen diesen Ausdruck aus[70], vielleicht aufgrund der Überlegung, daß böse Nachrede „um Jesu willen" in jedem Fall mit „Lüge" identisch ist. Matthäus denkt jedoch juridisch: Nicht jede böse Nachrede, die das Christsein der Gemeinde zum Anlaß nimmt, ist Gegenstand dieses Makarismus; es gibt Christen, die unter dem Vorwand von christlichem Anliegen das Ansehen der Gemeinde mißbrauchen. Nur für den Fall, daß die gegnerischen Angriffe „fälschlich", unbegründet, also „lügnerisch" sind, können die Verfolgten der Zusage des Heils gewiß sein.

Die Verfolgung ereignet sich „um meinetwillen", weil die Christen zu Jesus Christus gehören und sich zu Christus als ihrem Herrn bekennen. Wenn Lukas demgegenüber „um des Menschensohnes willen" überliefert, so repräsentiert er darin die ältere Q-Fassung. Matthäus ersetzt auch an anderer Stelle den Begriff „Menschensohn" durch das Personalpronomen (vgl. 16,21). So wenig hiermit Jesus der Titel „Menschensohn" abgesprochen ist, so sehr ist die persönliche Beziehung zu Jesus Christus als dem Herrn der Gemeinde verdeutlicht. – Statt des Personalpronomens lesen Kodex D (Bezae Cantabrigiensis) sowie die Itala ἕνεκεν δικαιοσύνης („wegen Gerechtigkeit"). Diese Variante ist angesichts der schwachen Bezeugung sekundär. Sachlich ist sie eine Angleichung an V. 10a, welche die Ansicht des Matthäus richtig wiedergibt: In V. 10 erfolgte die Verfolgung „um der Gerechtigkeit willen", hier dagegen „meinetwegen", d.h. um Jesu willen. Das eine wie das andere kann Grund der Verfolgung sein. Die Person Jesu steht also in engster Beziehung zur „Gerechtigkeit". Als der Lehrer der Gerechtigkeit weist er den „Weg der Gerechtigkeit" (21,32). Da sein Auftreten durch „Gerechtigkeit" bestimmt ist, kann der Anlaß der Verfolgung sowohl die Zugehörigkeit zur Person Jesu als auch

[70] Cod. D it syr^{sin} Tert.

die Haltung der Gerechtigkeit sein. Beide Male handelt es sich um dieselbe Zielsetzung: Die Gemeinde, die sich durch das Wort Jesu gerufen weiß, ist auf den Weg der Gerechtigkeit gestellt.

Nach der üblichen Stilart des Makarismus steht μακάριοι prädikativ voran. Ist das Prädikat meistens zu ergänzen, so ist es hier in der zweiten Person des Plurals (ἐστέ = „ihr seid") genannt. Darauf folgt das Subjekt, die Angeredeten, die an unserer Stelle durch den Konditionalsatz (ὅταν = „wenn") umschrieben werden. Der Makarismus endet mit einem Begründungssatz, der sich in V. 12 findet (ὅτι = „denn"). Dieser Nachsatz ist durch einen Freudenruf eingeleitet: „Freut euch und jubelt!" Beide Ausdrücke sind inhaltlich verwandt und gehen auf die Q-Quelle zurück[71]. Nach alttestamentlich-prophetischer Anschauung wird die eschatologische Heilszeit von Jubel und Freude erfüllt sein (Joel 2,21). Am Anfang seines Evangeliums spricht Matthäus von der Freude, welche die Magier aus dem Osten überfällt, da sie den Stern von Bethlehem sehen (2,10). Dies ist die Freude der messianischen Zeit, die mit der Geburt Jesu als des Gottessohnes anbricht. In unserem Text ist – wie allgemein in der Bergpredigt – der Blick auf die Zukunft gerichtet. Den Verfolgten wird der himmlische μισθός („Lohn") zugesagt. Wer für den Kyrios leidet, für den steht das Eschaton bereit. Die Verfolgung ist für alle, die sie ertragen müssen, ein sinnvolles Widerfahrnis durch das Ziel, auf das die Gemeinde zugeht. Darum kann die eschatologische Freude geradezu Kennzeichen der leidenden Gemeinde sein (vgl. Phil 1,18; 2,17f; 1Petr 1,8; 4,13 u.ö.). – Von den Zusammenkünften der urchristlichen Gemeinde berichtet Lukas, daß diese durch eschatologischen Jubel gekennzeichnet waren (Apg 2,46). Gleiches wird für die glanzvolle Endzeit erwartet, für die Hochzeit des Lammes, von der die Johannesoffenbarung spricht[72]. Die Gemeinde in der Verfolgung realisiert solche Freude nicht nur trotz des Leidens, sondern sie freut sich über das Leiden[73]; denn das Leiden enthält die Gewißheit des Lohnes.

Der Ausdruck μισθός ist im Matthäusevangelium ein *terminus technicus* für die himmlische, jenseitige Belohnung.

Der Lohngedanke stammt aus dem Judentum. Die alttestamentlichen Propheten lehren eine doppelte Vergeltung Gottes: die kommende Strafe, aber auch die Bewahrung im Gericht. Die alttestamentlich-jüdische Weisheitsliteratur, zu der besonders in den paränetischen Stücken des Neuen Testaments nahe Parallelen bestehen, lehrt eine innerweltliche Entlohnung: Wer einem Armen Gutes erweist, dem wird Jahwe seine Guttat vergelten (Spr. 19,17). Die Weisheitslehre will also

71 Gegenüber dem lukanischen σκιρτήσατε (Lk V. 23), das wörtlich übersetzt die Bedeutung von „hüpfet!" oder „springet!" hat; der Ausdruck erscheint auch in Lk 1,41.44 (sonst nicht im Neuen Testament).

72 Apk 19,7: χαίρωμεν καὶ ἀγαλλιῶμεν („Laßt uns fröhlich sein und jubeln!").

73 So auch Röm 5,3: „Wir rühmen uns der Drangsale"; vgl. Jak 1,2; 1Petr 1,6; 4,13.

den Menschen anleiten, daß er durch Tun des Guten in seinem Leben auch Gutes erfahren wird. – Die jüdische Apokalyptik denkt vor allem an den himmlischen, zukünftigen Lohn, der dem Frommen im Endgericht zuteil wird, das „ewige Leben" (Dan 12,2). – Die rabbinische Theologie hat sich besonders über das Maß des Lohnes Gedanken gemacht. Durch das Halten der Toragebote gewinnt der Fromme Verdienste, die ihm entsprechend seiner Leistung zugerechnet werden. Der Lohn der kommenden Welt entspricht der Leistung des Menschen während seines irdischen Lebens (vgl. Bill. I 231f; IV 484–500).

Matthäus trägt eine Berechnung des Lohnes für die zukünftige Welt nicht vor. Er steht nicht in Auseinandersetzung mit der rabbinischen Diskussion, sondern reflektiert vorrabbinische Anschauungen. Daher legt er auch nicht kasuistisch fest, welche menschlichen Leistungen dem zukünftigen Lohn korrespondieren müssen. Aber der Fromme kann mit einem himmlischen Lohn rechnen. Von hier aus wird das rechte Verhalten des Christen in der Welt motiviert (6,1ff; vgl. Apk 22,12). Matthäus erwähnt die Vorstellung, daß der himmlische Lohn einem Schatz vergleichbar ist, der im Himmel aufbewahrt wird (6,20 par Lk 12,33). In diesen Schatz werden gleichsam die Leiden der Verfolgten umgemünzt. – Im späteren Judenchristentum hat der heilige Geist, der bei der Taufe verliehen wird, die Aufgabe, die guten Werke der Getauften zum Himmel hinaufzutragen (PsClem Hom 18). Von hier aus ist der Weg zur kirchlichen Lehre vom *thesaurus spiritualis* nicht weit, wie sie sich in der mittelalterlichen Scholastik findet[74].

Solche kirchliche Berechnung und Verwaltung des „Lohnes" ist im neutestamentlichen Denken allenfalls keimhaft angelegt. Selbstverständlich ist der Evangelist wegen seiner Lohnvorstellung nicht moralisch zu verdächtigen. Er steht hier im Einflußbereich seiner jüdischen Umwelt. Eine Abwertung des Lohngedankens, wie sie im idealistischen Denken erfolgte, ist ihm fremd. Andererseits ist nicht zu bestreiten, daß der Lohngedanke in der Theologie des Matthäus eine nicht geringe Rolle spielt. Ist er auch kritisch zu hinterfragen, so bleibt doch die Vorstellung, die hierdurch ausgesprochen werden soll, gewichtig. Matthäus sagt: Das Ertragen der Leiden ist sinnvoll. Gott bekennt sich zu denen, die um des Christus willen Nachstellungen erdulden. Dies ist Grund genug für Freude und Jubel in einer Welt, die von sich aus keinen Zugang zu einer solchen Freude hat.

Die Verfolgung stellt die christliche Gemeinde in eine Reihe mit den alttestamentlichen Propheten. Das Alte Testament kennt die Verfolgun-

[74] Danach verwaltet die Kirche diese Schätze, die sich aus den „überschüssigen Werken" der Heiligen und vor allem Christi zusammensetzen. Als Leib Christi kann die Kirche die *opera superrogativa* ihres Hauptes und ihrer Glieder denen zukommen lassen, die ihrer ermangeln. Dies geschieht im Zusammenhang der römisch-katholischen Ablaßpraxis, deren Grundlage die „überschüssigen Verdienste" sind; vgl. RE XIV, ^{3}1904, 417–419.

gen des Elia (1Kön 19) oder des Jeremia (Jer 37,11ff u. ö.). In der späteren jüdischen Legende sind diese Erzählungen durch Martyrologien und andere Berichte von Verfolgung und Tod alttestamentlicher Propheten erweitert worden. Die alttestamentlich-jüdischen Überlieferungen schließen sich darin der in deuteronomistischer Theologie ausgebildeten Vorstellung vom gewaltsamen Geschick der Propheten an[75]. Solche Tradition setzt auch Mt 23,29ff voraus. Die christliche Gemeinde erfährt das Prophetenschicksal an sich selbst. Der Ausdruck „die vor euch"[76] bezeichnet die Nachfolger Jesu als Nachfolger der Propheten. Wie das unspezifische „verfolgen" (V. 10f) deutlich macht, denkt Matthäus nicht nur an christliche Propheten, sondern an alle Gemeindeglieder als Nachfolger Jesu. Werden sie mit den Propheten verglichen, so heißt dies, daß sie eine „Sendung" zu erfüllen haben. Wie die Propheten des alten Bundes stehen sie in einem göttlichen Auftrag. Dies ist der Grund, weshalb der Redaktor Matthäus im Unterschied zur ursprünglichen Q-Komposition die Bildworte vom Salz, vom Licht und von der Bergstadt angeschlossen hat.

2.2.2 5,13–16 Das Wesen der Jüngerschaft

P. R. Berger, Die Stadt auf dem Berge, in: Wort in der Zeit, FS K. H. Rengstorf, hg. v. W. Haubeck und M. Bachmann, Leiden 1980, 82–85.
K. M. Campbell, The New Jerusalem in Matthew 5,14, SJTh 31, 1978, 335–363.
O. Cullmann, Das Gleichnis vom Salz, in: ders., Vorträge und Aufsätze, hg. v. K. Fröhlich, 1966, 192–201.
F. Hahn, Die Worte vom Licht, Lk 11,33–36, in: Orientierung an Jesus, FS J. Schmid, hg. v. P. Hoffmann u. a., 1973, 107–138.
J. Jeremias, Die Lampe unter dem Scheffel, ZNW 39, 1940/41, 237–240 (= ders., Abba, 1966, 99–102).
M. Krämer, Ihr seid das Salz der Erde... Ihr seid das Licht der Welt, MThZ 28, 1977, 133–157.
G. v. Rad, Die Stadt auf dem Berge, EvTh 8, 1948/49, 439–447 (= ders., Gesammelte Studien zum Alten Testament, TB 8, 1958, 214–224).
R. Schnackenburg, „Ihr seid das Salz der Erde, das Licht der Welt". Zu Mt 5,13–16, in: ders., Schriften zum Neuen Testament, 1971, 177–200.
G. Schneider, Das Bildwort von der Lampe, ZNW 61, 1970, 183–209.

[75] Vgl. dazu O. H. Steck, Israel und das gewaltsame Geschick der Propheten, passim.

[76] Vermutlich gehörte V. 12b (par Lk V. 23b) der ältesten Überlieferung nicht an; denn hierdurch ist neben die Verheißung des himmlischen Lohnes eine zweite Begründung getreten. J. Wellhausen versuchte, die Differenzen zwischen Matthäus und Lukas auf eine aramäische Urfassung zurückzuführen, die jeweils unterschiedlich gelesen worden wäre (Das Evangelium Lucae, 1904, 24; ders., Einleitung in die ersten drei Evangelien, 1905, 36; anders a.a.O., [2]1906, 36). Jedoch ist dieser Versuch auf Widerspruch gestoßen und später von seinem Urheber wieder fallengelassen (vgl. J. Dupont, Béatitudes I 246 Anm. 6; D. R. A. Hare, The Theme of Jewish Persecution of Christians in the Gospel according to St. Matthew, MSSNTS 6, 1967, 116.174f). Möglich ist, daß neben dem redaktionellen ἐδίωξαν („sie haben verfolgt") und οὕτως („so") auch die Wörter τοὺς πρὸ ὑμῶν auf Matthäus zurückgehen, da sie den Übergang zum folgenden erleichtern.

J. B. Souček, Salz der Erde und Licht der Welt, ThZ 19, 1963, 169–179.
M. G. Steinhauser, Doppelbildworte 327–383.

[13]*Ihr seid das Salz der Erde. Wenn nun das Salz unbrauchbar wird, womit soll gesalzt werden? Zu nichts ist es brauchbar, außer hinausgeworfen und von den Leuten zertreten zu werden.* [14]*Ihr seid das Licht der Welt. Nicht kann eine Stadt, die auf einem Berg liegt, verborgen sein.* [15]*Auch zündet man nicht ein Licht an und stellt es unter den Scheffel, sondern auf den Leuchter. Sodann leuchtet es allen, die im Hause sind.* [16]*So soll euer Licht vor den Menschen leuchten, damit sie eure guten Werke sehen und euren Vater, der in den Himmeln ist, rühmen.*

Wie der synoptische Vergleich zeigt, geht dieser Abschnitt auf in der Urtradition isolierte Herrenworte zurück. So ist V. 13 durch Mk 9,50 als ursprünglich selbständiges Logion ausgewiesen. Die Parallele Lk 14,34f weist aber darauf hin, daß dieser Spruch in erweiterter Form schon in Q vorhanden gewesen ist. Auch V. 15 ist durch die Parallele Lk 11,33 für die Q-Überlieferung belegt. Hierbei handelt es sich um eine Doppeltradition (vgl. Mk 4,21 par Lk 8,16). – Das Wort vom Licht der Welt und der Bergstadt (V. 14) scheint ein Zusatz zu sein, dessen ungeschickte Stellung dennoch auf vormatthäischen Ursprung verweist. Demgegenüber ist V. 16 eine redaktionelle Bildung. Die Sprache ist matthäisch[77]. Dieser Vers bringt die Anwendung der voraufgehenden Bilder und leitet zugleich zum Folgenden über.

Formgeschichtlich handelt es sich in den Versen 13–15 um Bildworte. Eine abstrakte Wahrheit wird in die Form eines Bildes gegossen. Zu solchen Bildworten paßt ursprünglich die dritte Person. Als Anpassung an das Voraufgehende und Vorbereitung des Folgenden wird der Evangelist die zweite Person eingeführt haben. Die Hörer Jesu werden angeredet, nicht nur die zwölf Jünger Jesu, sondern die Nachfolger Jesu aller Zeiten, wie der Chorschluß der Bergpredigt verdeutlichen wird (7,28f). Sind bei Markus und Lukas die Bilder vom Salz und vom Licht auf die Lehre Jesu bezogen worden, so illustrieren sie bei Matthäus das Wesen der Nachfolge. Dieser Indikativ, die Zustandsbeschreibung der Jüngerschaft, ist vom Imperativ nicht abzulösen. Wie die voraufgehenden Seligpreisungen enthalten auch diese Verse Paränese. Die Aufgabe der Jüngerschaft ist mit dem Salz- und Lichtsein ausgesagt.
Nach rabbinischer Lehre kann das Salz seine Würzkraft nicht einbüßen[78]. 13

[77] Der Ausdruck ἔμπροσθεν τῶν ἀνθρώπων („vor den Menschen") ist auch 6,1 redaktioneller Herkunft; die Forderung der guten Werke paßt in das Gesamtkonzept des Matthäus; das Verb δοξάζειν („rühmen") auch 6,2; 9,8; 15,31 – nur teilweise mit Parallelen; die Bezeichnung Gottes als des „Vaters, der in den Himmeln ist" stammt aus der matthäischen Gemeindetradition.

[78] b. Bek. 8 b (Rabbi Josua ben Chananja antwortet auf eine entsprechende Frage mit der Gegenfrage: „Verdirbt denn etwa Salz?"). Künstlich sind die exegetischen Versuche, im neutestamentlichen Umfeld verunreinigtes Salz, das seine Würzkraft verliert, nachweisen zu wollen und für unseren Text vorauszusetzen (zu O. Cullmann, Gleichnis 193f.).

Wenn Mk 9,50 das Salzen des Salzes erwähnt, so ist damit eine Unmöglichkeit ausgesprochen: Das Salz ist entweder Salz, oder es ist es nicht! Es gibt keine Alternative. In der Markusparallele ist als Objekt ein αὐτό bezeugt (= „womit werdet ihr *es* würzen?"). Wäre zu unserem Vers dasselbe Pronomen zu ergänzen, so wäre die Aussage mit dem Markustext identisch. Jedoch ist vom gegebenen Wortlaut auszugehen und zu übersetzen: „Womit soll gesalzt werden?" Das Bild wird von der gemeinten Sache bestimmt. Die Frage lautet: Wenn das Salz unbrauchbar geworden ist[79], was gibt es dann, womit gesalzt werden kann? Die Antwort: nichts! Unbrauchbar gewordenes Salz läßt sich nur wegschütten. Mit dieser Zustandsbeschreibung der Jüngerschaft ist unbildlich sowohl eine Feststellung wie auch eine Mahnung ausgesagt. Im Hören auf das Wort Jesu, im Tun der Gerechtigkeit sind die Jünger für die Welt, was das Salz für die Nahrung ist, ein notwendiger, unverzichtbarer Bestandteil. Das Wort γῆ („Erde") hat die Bedeutung von κόσμος („Menschenwelt"; so auch 18,7; vgl. Gen 11,1 LXX). Die Gemeinde des Matthäus steht unter dem Auftrag der Völkermission (28,16–20). An der Durchführung des Missionsauftrages entscheidet sich das Jüngersein[80]!

14 Auch der Ausdruck φῶς τοῦ κόσμου („Licht der Welt") bezeichnet die Jünger Jesu im weitesten Sinn des Wortes. So nimmt ihn der johanneische Jesus für sich in Anspruch (Joh 8,12). Schon der Knecht Jahwes wird „Licht der Völker" genannt (Jes 42,6). Und im Matthäusevangelium kann Jesus das Jesajawort vom Aufgehen des Lichtes in der Finsternis auf sich beziehen (4,15f; vgl. Jes 9,1f). Im Hinblick auf die Jüngerschaft besagt der Ausdruck: Zum Jüngersein gehört die Ausstrahlung wesenhaft hinzu[81]. Licht ist nicht wahrzunehmen, wenn man von seiner Funktion zu leuchten absieht. Nur indem es ausstrahlt, ist es Licht. Die anthropologische Anwendung dieses Ausdrucks wird im Neuen Testament auch an anderer Stelle paränetisch ausgewertet (Röm 2,19; Phil 2,15). Mit V. 14a ist V. 16 vorweggenommen. Schon hier ist die missionarische Aufgabe der Gemeinde Jesu Christi ausgesagt.

Daß Jüngerschaft Jesu nicht im Winkel gelebt werden kann und der matthäische Jesus nicht eine esoterische Belehrung bringt, geht auch aus dem Bildwort von der Bergstadt hervor. Die ältere Exegese leitete es von einem profanen Sprichwort ab, das eine allgemeine Wahrheit ausspricht, etwa in dem Sinn: Was in der Welt hervorragend ist, das wird auch seine

[79] Das Verb μωραίνεσθαι hat die Bedeutung von „fade, nutzlos, unbrauchbar werden"; im Hintergrund steht das Wort μωρός (= „töricht, unschmackhaft").

[80] Ob das Salzwort im Munde Jesu ursprünglich den „Geist der Opferbereitschaft und der Selbstverleugnung als *conditio sine qua non* für den Jünger" ansprechen wollte, wie O. Cullmann meint (Gleichnis 199), und eine „Mahnung zur Opferbereitschaft in der Nachfolge" war, wie M. G. Steinhauser behauptet (Doppelbildworte 349), sei hier dahingestellt.

[81] Das Bild vom Lichtsein hat einen weiten religionsgeschichtlichen Hintergrund; vgl. Test. Levi 14,1; ferner Bill I 237; H. Conzelmann, ThWNT IX 302–334.

gebührende Anerkennung finden. G. v. Rad entdeckte hier ein apokalyptisches Motiv. Danach handelt es sich um die Stadt auf dem Berg des Heils, dem Zion. Sie ist das Ziel der endzeitlichen Völkerwallfahrt[82]. Matthäus versteht es als ein Bild, das nicht apokalyptisch, sondern paränetisch-ethisch ausgelegt werden will: Die Jünger sind durch ihre Gerechtigkeit aus der Welt herausgehoben. Durch die eschatologische Forderung Jesu sind sie von anderen geschieden. Daß Jesus ihnen sein Gesetz gegeben hat, schärft ihr Gewissen. Sie sind zur verantwortlichen Tat gerufen. Niemand kann ihnen diese Aufgabe abnehmen.

Die Bildworte von der Bergstadt und dem Leuchter sind auch im Thomasevange- 15
lium miteinander verbunden (ThEv 32 und 33). Dies könnte ein Hinweis sein, daß Matthäus diese Verbindung in seiner Q-Tradition vorgefunden hat. Jedoch ist das Thomasevangelium eine gnostische Bearbeitung der synoptischen Evangelien und daher im wesentlichen nur auslegungsgeschichtlich von Bedeutung[83].

Es handelt sich um zwei Bildworte, von denen das zweite zwar ausführlicher gestaltet ist[84], aber in der inhaltlichen Aussage dem ersten entspricht. Das Wort λύχνος bezeichnet eine „Öllampe", ein Ölgefäß mit einem Docht, ohne Fuß oder Ständer. Die brennende Lampe wird unter den μόδιος gestellt[85]. Luther übersetzt diesen Ausdruck mit „Scheffel", der dem bäuerlichen Leben seiner Zeit entnommen ist und im Deutschen auf der Grundlage unseres Verses einen sprichwörtlichen Rang erhalten hat. Nach J. Jeremias[86] besteht ein Kontrast zwischen dem ‚Scheffel', dem er die Funktion zuschreibt, Licht auszulöschen, und dem Anzünden der Lampe. So ergibt es für Matthäus einen guten Sinn[87]: Wie das Licht verlöscht oder zumindest seiner Aufgabe nicht gerecht wird, wenn man es unter den Scheffel stellt, so verliert auch Jüngerschaft ihren Sinn, wenn sie nicht tätig ist. Das Sein des Jüngers besteht in seiner Aktivität; Sein und Handeln sind nicht voneinander ablösbar.

[82] G. v. Rad deutet das Wort von der Stadt auf dem Berg ekklesiologisch als Bezeichnung für die „eschatologische Jüngergemeinde" (a.a.O. 447); ähnlich R. Schnackenburg, Salz 191; K. M. Campbell, SJTh 31, 1978, 363 („The new community of Zion"). – Anders P. R. Berger zu 5,14: „bildliche Bezugnahme auf reale Wirklichkeit"; die Nachfolge ist „naturnotwendig" (Stadt 84).

[83] Eine Variante zu Mt 5,14b findet sich auch in dem Oxyrhynchuspapyrus 1,37–42. – Vgl. zur Diskussion: M. G. Steinhauser, Doppelbildworte 338f.

[84] J. Jeremias denkt bei V. 14b–15 an ein „Doppelgleichnis" (Die Gleichnisse Jesu 89).

[85] Das lateinische Lehnwort („modius") bezeichnet das römische Getreidemaß von 8,75l Inhalt.

[86] Die Lampe unter dem Scheffel, ZNW 39, 1940, 237ff. – Anders G. Schneider, Bildwort 185; M. G. Steinhauser, Doppelbildworte 361–363; vgl. aber F. Hahn, Worte vom Licht 112.

[87] Der Kontrast zwischen ‚Anzünden' und dem vorausgesetzten ‚Verlöschen' ist von Matthäus eingetragen; bei Lk 11,33 und Mk 4,41 par Lk 8,16 ist noch nicht vom καίειν („anzünden") die Rede; dort handelt es sich nur um das Verbergen des Lichts (so auch Mk 4,22; vgl. Ri 7,16).

Das Anzünden der Lampe hat nur den Sinn, sie leuchten zu lassen. Hierzu bedarf es des Lampenständers (λυχνία). Von diesem Platz aus kann die Lampe ihre Funktion erfüllen. Allein Matthäus betont, daß es „allen" im Hause leuchtet (anders Lk 11,33: die Hineingehenden sehen das Licht). Ist vorausgesetzt, daß das palästinische Haus nur aus einem Raum besteht? Dies aber hätte die betonte Herausstellung des πᾶσιν („allen") nicht nötig gemacht. Matthäus hebt bewußt die Universalität der Ausstrahlung des Lichtes hervor. Die gemeinte Sache wirkt in das Bild hinein; sie wird im folgenden matthäischen Vers noch deutlicher ausgesprochen werden.

16 Die Partikel οὕτως („so") bezieht sich auf das Voraufgehende zurück und verbindet das Bild mit der nun folgenden Anwendung[88]. Zum Wesen des Salzes gehört es, daß es salzt, zum Wesen der Bergstadt, daß sie nicht verborgen bleibt, zum Wesen des Lichtes, daß es leuchtet. Ebenso gehören zum Wesen der Jüngerschaft καλὰ ἔργα („gute Werke")[89]. Matthäus unterscheidet also nicht zwischen dem Licht, das die Gemeinde als solche ist, und dem, das sie leuchten lassen soll[90]; er differenziert nicht zwischen Gabe und Aufgabe. Vielmehr soll die Nutzanwendung verdeutlichen, daß die Kirche sichtbar in Erscheinung treten muß[91]. *Ecclesia visibilis* heißt für Matthäus: Die christliche Gemeinde muß durch den Einsatz für die Gerechtigkeit unter den Menschen der Forderung Jesu entsprechen. Nur so kann sie für sich in Anspruch nehmen, „Licht der Welt" zu sein; nicht als einen Besitz, über den man verfügen könnte, sondern die Qualität des Lichtseins steht jeden Tag neu auf dem Spiel und muß jeden Tag neu errungen werden.

V. 16 ist demnach Auslegung und Anwendung der Verse 13–15. Jüngerschaft spielt sich im konkreten Raum menschlicher Wirklichkeit ab. Die geforderten „guten Werke" sind im Dienst am Menschen zu vollziehen. Jedoch ist der letzte Zielpunkt der Jesusnachfolge nicht der Mensch – nicht der Nächste, selbstverständlich erst recht nicht das eigene Ich –, sondern „euer Vater, der in den Himmeln ist". Die Taten der Jünger Jesu verherrlichen nicht die Täter (so wird es in der antipharisäischen Auseinandersetzung 6,1ff verdeutlicht werden), sondern den, der die Verheißung der Sohnschaft gegeben hat (5,9).

Als redaktioneller Vers hat V. 16 ein besonderes Gewicht. Er führt

---

88 So oft in einer Gleichniserzählung vor dem Anschluß der Deutung: 12,45; 13,49; 18,14; 20,16. – Daß V. 16 eine die matthäische Interpretation zusammenfassende Bedeutung hat, sieht zu Recht M. G. Steinhauser, Doppelbildworte 345.

89 Der Ausdruck auch 26,10 par Mk 14,6 („Ein gutes Werk hat sie an mir getan"); vgl. 23,5.

90 Anders J. B. Souček, der eine indikativische Erwählung der Gemeinde ihrem Auftrag, durch den sie ihrem Sein zu entsprechen habe, gegenüberstellt (ThZ 19, 1963, 169–179).

91 Vgl. auch D. Bonhoeffer, wonach dieser Vers einen Zuruf an die Jünger darstelle, sich nicht zu verbergen (Nachfolge 66).

nicht nur die Verse 13–15, sondern auch die voraufgehende Makarismenreihe (Verse 3–12) zu einem Höhepunkt und bestätigt, daß der gesamte Auftakt der Bergpredigt eine paränetische Spitze hat. So wird es durch die zweite Person des Plurals (ὑμεῖς: V. 13) verdeutlicht, die bis zum Ende der Bergpredigt die Darstellung beherrschen wird. Inhaltlich nimmt die Forderung der „guten Werke" die grundsätzliche Feststellung von V. 20 vorweg. Von hier aus ist es nicht mehr so wichtig, ob V. 16 als Thema der Bergpredigt bezeichnet wird oder V. 20[92]. Beide Verse stellen heraus, daß das Wesen der Nachfolge nicht im Hören der Worte des Bergpredigers besteht, sondern in der Verbindung von Hören und Tun. Alles ist auf die konkrete Tat der Jüngerschaft abgestellt.

2.2.3 5,17–20 Die neue Gerechtigkeit

E. Arens, The HΛΘON-Sayings in the Synoptic Tradition, OBO 10, 1976.
R. Banks, Matthew's Understanding of the Law: Authenticity and Interpretation in Matthew 5,17–20, JBL 93, 1974, 226–242.
G. Barth, Das Gesetzesverständnis des Evangelisten Matthäus, in: G. Bornkamm u.a., Überlieferung und Auslegung im Matthäusevangelium, WMANT 1, 7 1975, 54–154.
H. D. Betz, Die hermeneutischen Prinzipien in der Bergpredigt (Mt 5,17–20), in: Verifikationen, FS G. Ebeling, hg. v. E. Jüngel u.a., 1982, 27–41.
I. Broer, Freiheit vom Gesetz und Radikalisierung des Gesetzes, SBS 98, 1980, 11–74.123–130.
H. Giesen, Christliches Handeln. Eine redaktionskritische Untersuchung zum δικαιοσύνη-Begriff im Matthäus-Evangelium, 1982.
G. Harder, Jesus und das Gesetz (Matthäus 5,17–20), in: Antijudaismus im Neuen Testament?, hg. v. W. P. Eckert u.a., 1967, 105–118.
C. Heubült, Mt 5,17–20. Ein Beitrag zur Theologie des Evangelisten Matthäus, ZNW 71, 1980, 143–149.
H. Hübner, Gesetz 15–39.
H. Ljungman, Das Gesetz erfüllen, Lunds Univ. Årsskr. NF 50, 1954.
U. Luz, Die Erfüllung des Gesetzes bei Matthäus (Mt 5,17–20), ZThK 75, 1978, 398–435.
D. Marguerat, Jugement 110–141.
J. P. Meier, Law and History in Matthew's Gospel, AnBib 71, 1976, 41–124.
A. Sand, Gesetz 33–39.183–187.203.
E. Schweizer, Matth. 5,17–20. Anmerkungen zum Gesetzesverständnis des Matthäus, in: ders., Neotestamentica 1963, 399–406.
Ders., Noch einmal Mt 5,17–20, in: ders., Matthäus und seine Gemeinde, SBS 71, 1974, 78–85.
W. Trilling, Das wahre Israel 167–186.

17 *Meinet nicht, daß ich gekommen bin, das Gesetz oder die Propheten aufzulösen; nicht bin ich gekommen aufzulösen, sondern zu erfüllen.* 18 *Amen, ich sage euch nämlich, bis daß Himmel und Erde vergehen, ein Jota oder ein Häkchen wird vom Gesetz nicht vergehen, bis daß alles geschieht.* 19 *Wenn also jemand eines dieser sehr kleinen Gebote auflöst und so die Menschen lehrt, der wird sehr klein genannt werden*

[92] Dazu oben S. 28 Anm. 12 und im folgenden S. 61.

im Himmelreich. Wer aber sie tut und lehrt, dieser wird groß genannt werden im Himmelreich. [20]*Denn ich sage euch: Wenn eure Gerechtigkeit nicht viel umfassender ist als die der Schriftgelehrten und Pharisäer, werdet ihr nicht in das Himmelreich eingehen.*

Als Abschluß und Höhepunkt des Auftaktes der Bergpredigt weisen die Verse 17–20 besonders starke redaktionelle Eingriffe auf. Sowohl V. 17 als auch V. 20 sind von Matthäus abgefaßt, wie sprachliche Gründe darlegen können[93]. Aber auch in den Versen 18 und 19 ist mit matthäischer Gestaltung zu rechnen.

Der Übergang von V. 16 zu V. 17 ist leicht zu vollziehen: Die Forderung der guten Werke (V. 16) ist nichts anderes als Verpflichtung auf „das Gesetz oder die Propheten", die Jesus nicht auflösen, sondern erfüllen will. Rechte Haltung der Jünger Jesu ist Toragehorsam. Das Gesetz des Kyrios und die Tora des Alten Testaments stehen nicht im Widerspruch zueinander, sondern beide sprechen die eschatologische Forderung aus, deren Befolgung die Jüngerschaft Jesu Christi kennzeichnet.

17 Mit dem Ausdruck μὴ νομίσητε („Meinet nicht!") ist eine Formulierung aufgenommen, die auch in 10,34 erscheint und dort ebenfalls ein ἦλθον-Wort Jesu einführt („Meinet nicht, daß ich gekommen bin, Frieden zu bringen..."). Sind solche „Ich bin gekommen"-Worte Bildungen der Gemeinde, so blickt diese hierdurch auf die schon geschehene Sendung Jesu Christi zurück. An unserer Stelle wird ein Mißverständnis des Auftretens Jesu abgewehrt, indem gegen die Ansicht Stellung genommen ist, Jesus habe das Gesetz oder die Propheten auflösen wollen. Νόμος ἢ προφῆται enthält eine bei Matthäus häufige Verbindung und hat eine Entsprechung in νόμος καὶ προφῆται („Gesetz und Propheten": 7,12; 22,40; auch im griechischsprachigen Judentum: 2 Makk 15,9; 4 Makk 18,10). Dieser Ausdruck bezeichnet das ganze Alte Testament. Er kann grundsätzlich in zweifacher Hinsicht gebraucht werden: a) offenbarungsgeschichtlich (so 11,13 par Lk 16,16 = vormatthäische Formulierung, welche das ganze Alte Testament als Weissagung auf das Christusgeschehen bezieht); b) nomologisch und ethisch, wonach das Alte Testament als die verbindliche Forderung Gottes verstanden ist. So ist es 7,12 und 22,40 matthäische Absicht und auch hier vorauszusetzen. Jesus wendet sich gegen die Unterstellung, er wolle das Gesetz als den fordernden Gotteswillen aufheben. Stehen mit dieser Aussage Matthäus und seine Gemeinde in Auseinandersetzung mit einer gegnerischen Gruppe von „Antinomisten"? Wird Jesus dieses Wort in den Mund gelegt, um die gegnerische Ansicht, er selbst habe sich für die Auflösung des Alten Testaments ausgesprochen, zu widerlegen? Jedoch ist das Problem von antinomisti-

[93] Dazu unten S. 57 und 61.

schen Gegnern des Matthäus häufig überschätzt worden[94]. Zu unserer Stelle ist eindeutig festzustellen, daß Matthäus eine nur theoretische Möglichkeit abweist und nicht konkrete Gegner im Auge hat. So geht es aus der Einführung „Meinet nicht!" hervor; denn in dem Parallelausdruck 10,34 handelt es sich nicht um eine konkrete Polemik. Der Evangelist bringt eine Grundsatzerklärung, die Jesus eindeutig auf die Seite der alttestamentlichen Tora stellen läßt und für alle Nachfolger Jesu verbindlich ist.

Die Verben καταλύειν und πληροῦν sind demnach auf das alttestamentliche Gesetz zu beziehen; sie sprechen zwei einander ausschließende Möglichkeiten aus: a) ein Gesetz „auflösen" bzw. „abschaffen"; oder b) „ein Maß vollmachen" (so 23,32), d.h. „bejahen", „bestätigen" oder „verwirklichen". Πληροῦν (wörtlich = „vollmachen", „erfüllen") ist ein matthäisches Vorzugswort und sagt häufig, so in den Einführungen der Reflexionszitate, die Erfüllung alttestamentlicher Verheißung aus. Aber es findet sich auch in dem Sinn „eine Gesetzesforderung verwirklichen" (so 3,15 red.). Der matthäische Jesus steht demnach in einer grundsätzlich positiven Beziehung zur Tora; er bejaht das alttestamentliche Gesetz und ‚erfüllt' es auch in seinem vorbildhaften Auftreten. Dennoch ist das Verb „erfüllen" an dieser Stelle nicht primär auf das Tun Jesu zu beziehen[95], sondern auf die Lehre Jesu. Denn auch in V. 19 wird von der Lehre die Rede sein und das Folgende (V. 20ff) wie allgemein die Situation der Bergpredigt stellen Jesus als Lehrer dar. Seine Verkündigung besagt, daß er als der Gottgesandte Gesetz und Propheten „zum vollen Maß bringt", d.h. in ihrer eigentlichen Bedeutung bestätigt. Die alttestamentliche Tora trägt ihre Gültigkeit nicht in sich selbst, sondern bedarf des verwirklichenden Nachvollzugs und der autorisierenden Bestätigung durch Jesus Christus. Das Verb πληροῦν enthält dabei auch ein kritisches Moment. Der Bergprediger wiederholt in seiner Lehre keineswegs nur die Tora des Alten Testaments; aber er bringt auch nicht eine *nova lex*, die das Alte Testament ersetzt. Er „erfüllt" oder „verwirklicht" vielmehr den im Alten Testament ausgesprochenen Gotteswillen. Kraft seiner Autorität offenbart er als der Gottgesandte den gemeinten Sinn der alttestamentlichen Tora und führt sie so zu ihrer Eigentlichkeit (vgl. 19,8).

In einem feierlichen „amen"-Satz bekennt sich Jesus zur Gültigkeit des 18
Gesetzes. V. 18 geht auf vormatthäische Tradition (Q) zurück. So ergibt es sich aus der Parallele Lk 16,17. Umstritten ist das Problem, welche Gestalt die Matthäusvorlage hatte. K. Berger und U. Luz rekonstruieren aus der synoptischen Überlieferung die Folge eines ἀμήν-Spruches: ἀμήν – οὐ μή – ἕως („amen – nicht – bis"; so auch Mk 9,1; 13,30; 14,25; Mt 10,23). Dies würde besagen, daß der erste ἕως („bis")-Satz eine matthäi-

[94] Vgl. unten zu 7,15ff. (S. 167).
[95] Anders U. Luz, ZThK 75, 1978, 145.

sche Bildung ist[96]. Jedoch spricht gegen diesen Vorschlag, daß Lk 16,17 den Inhalt des ersten ἕως-Satzes als vormatthäisch bezeugt und für die Q-Quelle belegt. Auf der Grundlage der Q-Überlieferung lassen sich als sekundäre Eingriffe erkennen: V. 18a (ἀμήν) und V. 18d (zweiter ἕως-Satz). Matthäus hat danach in seiner Quelle ein altes Logion vorgefunden, das vielleicht ursprünglich aramäisch abgefaßt war und die unverbrüchliche Geltung des Gesetzes aussagte. Möglicherweise hat dieser judenchristliche Spruch schon in Q^{Mt} Veränderungen erfahren (gegenüber Lk 16,17). Sein Sinn ist in jedem Fall deutlich: Selbst das Jota als der kleinste Buchstabe im hebräischen Alphabet, selbst ein Häkchen als das „Strichlein", das einen Buchstaben von einem anderen unterscheidet oder als Zierrat hinzugesetzt wird, soll nicht vergehen. Die ganze Tora hat Bestand!

So bestätigt es der erste ἕως („bis")-Satz. Hierbei ist keine Begrenzung der Tora ausgesagt, daß sie etwa bis zum Weltende, aber nicht darüber hinaus gelte – dies widerspräche der jüdischen Lehre von der Ewigkeit der Tora und würde im Sinne des Matthäus zu Unrecht zwischen der Geltungsdauer des alttestamentlichen Gesetzes und der Worte Jesu unterscheiden lassen (vgl. 24,35). Vielmehr ist V. 18b als Umschreibung für „niemals" zu verstehen, wie ja nach dem volkstümlichen Verständnis Himmel und Erde eine ewige Dauer haben und ihr Ende nicht vorstellbar ist. Die Gültigkeit der alttestamentlichen Tora hat Matthäus durch die Einleitung hervorgehoben[97], und auch der Schlußsatz betont diese Aussagerichtung[98]. Ἕως („bis") hat einen finalen Sinn. Das Gesetz kann und darf nicht vergehen, damit alles verwirklicht werde, was es fordert. Γένηται („es soll geschehen") ist also nicht offenbarungsgeschichtlich auszulegen, als ob die Absicht ausgesprochen sei, der heilsgeschichtliche Wille Gottes möge in Erfüllung gehen[99], sondern hat einen ethischen Sinn. So geht es aus dem Gesamtverständnis des Begriffes ‚Gesetz' im Matthäusevangelium hervor[100] und steht nicht im Widerspruch zu der Feststellung, daß die ganze Forderung des Gesetzes getan werden muß. Vielmehr liegt in der matthäischen Fassung des Wortes der Ton auf der unbedingten Geltung der Tora. Allerdings bedarf der Ausdruck πάντα („alles") einer Interpretation. Sie wird sich aus den Antithesen ergeben (5,21 ff). Matthäus denkt nicht daran, daß Jesus und seine Nachfolger sklavisch am Wortlaut des alttestamentlichen Gesetzes hängen. Aufgrund seiner Auto-

96 In Anlehnung an Mk 13,30f; vgl. auch E. Schweizer, NTD 2, 64; D. Marguerat, Jugement 114.

97 Die ἀμήν-Formel ist häufig redaktionell; vgl. 5,26; 8,10; 10,15; 11,11; 18,13 u.ö. (gegen Q); 19,23; 24,2 (gegen Mk).

98 V. 18d ist vielleicht von Matthäus unter Verwendung eines Motivs aus 24,34 (par) gebildet worden.

99 So H. Ljungman, Gesetz 42.47.

100 Anders U. Luz, ZThK 75, 1978, 420 Anm. 99; H. Hübner, Gesetz 18.

rität als Gottessohn (1,18ff) steht Jesus nicht unter, sondern über der Tora. Darin unterscheidet sich die Auslegung des Evangelisten von der judenchristlichen Gemeinde, aus der dieses Logion hervorgegangen sein wird, in der man sich an jede Einzelheit der alttestamentlichen Tora klammerte, um durch die Treue zum alttestamentlich-jüdischen Gesetz den Zusammenhang mit der Synagoge zu bewahren. Solche vormatthäische judenchristliche Position steht sachlich, teilweise ausdrücklich, im Gegensatz zur Verkündigung des Paulus wie auch der heidenchristlichen Kirche, in der Jesus Christus nicht nur als Erfüllung, sondern auch als das Ende des Gesetzes Moses verkündigt wird[101].

Auch der anschließende Vers hat die Gültigkeit des Gesetzes zum Thema. 19
Er gehört zum Sondergut des Matthäus. Matthäische Eingriffe sind nicht auszuschließen[102], aber dem Inhalt nach ist dieses Logion vormatthäischer Herkunft[103]. Dabei kann offenbleiben, ob es der Q^{Mt}-Quelle, vielleicht schon in der Verbindung mit V. 18, angehört oder ob es der Evangelist als isolierten Einzelspruch vorgefunden hat. Jedenfalls handelt es sich der Struktur nach um einen kasuistischen Rechtssatz (ὅς ἐάν-Konstruktion: „wenn jemand…"). E. Käsemann versteht ihn als einen der Sätze heiligen Rechts, in denen durch urchristliche Propheten eschatologisches Recht gesprochen wird, d.h. als einen Rechtsspruch der urchristlichen Gemeinde, der durch den Ausblick auf das Eschaton begründet wurde[104]. Zweifellos werden in der vormatthäischen Fassung judenchristliche Gesetzesdebatten reflektiert. Der Ausdruck „sehr kleine Gebote" impliziert die Vorstellung von großen, wichtigen Geboten. Im Hintergrund steht die rabbinische Differenzierung von (einerseits) leichten, geringen, d.h. unbedeutenden und (andererseits) schweren, großen, d.h. wichtigen Geboten. So wurden 613 Einzelsatzungen (מצוות *mizwoth)* in der Tora, und zwar 248 Gebote und 365 Verbote gezählt. Als leichte Gebote galten die Satzungen, die nur geringe Anforderungen stellen; umgekehrt waren mit schweren Geboten hohe Anforderungen verbunden[105]. Solche Unterscheidung war der Auslegung überlassen und wurde

[101] Vgl. hierzu G. Lüdemann, Paulus der Heidenapostel, Bd. 2. Antipaulinismus im frühen Christentum, FRLANT 130, 1983 und A. Lindemann, Paulus im ältesten Christentum, BHTh 58, 1979.

[102] Allerdings ist matthäische Einwirkung nur im Ausdruck βασιλεία τῶν οὐρανῶν verhältnismäßig sicher festzustellen; vgl. 3,2; 5,3; 8,11; 11,12 u.ö.

[103] Gegen C. Heubült, ZNW 71, 1980, 144.

[104] A.a.O. [s.o. Anm. 49] 79. – Zur Bestreitung von Sätzen heiligen Rechts durch K. Berger wendet U. Luz zu Recht ein, daß Rechtscharakter und weisheitliche Paränese sich nicht auszuschließen brauchen; das erste bezeichnet den „Sitz im Leben", das zweite die formgeschichtliche Gattung (ZThK 75, 1978, 409).

[105] Vgl. S. Dt. 12,23 §76; p. Qid. 1,58.61b. Als leichte Gebote galten z.B. Dtn 12,23 (Verbot des Blutgenusses); Lev 23,42 (Laubhüttengebot); Dtn 22,7 (Gebot der Freilassung der Vogelmutter). Als schwere Gebote z.B. Ex 20,12 (Gebot der Elternehre); Gen 17,10 (Beschneidungsgebot).

kontrovers diskutiert. Auch leichte Gebote waren verpflichtend, selbst wenn die jüdische Praxis oft anders entschied als die rabbinische Theorie.

Was ist mit der Unterscheidung von kleinen und großen Geboten in der *vormatthäischen* Überlieferung des Logions ursprünglich gemeint gewesen? E. Schweizer denkt an das Aposteldekret (Apg 15,20.28f; 21,15), das in der syrischen Kirche diskutiert worden sei[106]. Danach wird von den Heidenchristen im Unterschied zum Judenchristentum die Beobachtung von Minimalforderungen verlangt, nämlich die Enthaltung von Götzenopfer, Blut, Ersticktem und Unzucht. Sollten diese Forderungen als große Gebote bezeichnet worden sein, gegenüber denen andere, spezifisch jüdische Gebote zurücktreten konnten? Jedoch würde man erwarten, daß von den Geboten des Judentums als den wichtigen gesprochen worden wäre. Außerdem ist die Geltung des Aposteldekrets in der Alten Kirche abgesehen von der Apostelgeschichte und den Pseudoklementinen so gut wie nicht belegt.

Wahrscheinlicher ist, daß sich die „sehr kleinen Gebote" auf die urchristlichen Debatten beziehen, die durch Paulus, aber auch durch Markus (7,1ff) und durch die Apostelgeschichte bekannt sind. Problematisierte man die Geltung des jüdischen Zeremonialgesetzes, so ließen sich die jüdischen Kultgesetze als kleine Gebote definieren. Die Gemeinde, die dieses Logion geschaffen hat, steht demnach auf der Schwelle zwischen Judenchristentum und Heidenchristentum. Sie akzeptiert es, wenn Heidenchristen die Zeremonialgebote außer Kraft setzen (λύειν im Unterschied zu καταλύειν: „außer Kraft setzen", „aufheben"); aber sie selbst hält grundsätzlich an der Tora fest. Wer sich den Anforderungen des jüdischen Zeremonialgesetzes entzieht, der wird ἐλάχιστος („sehr klein") im Himmelreich genannt werden. Die superlativische Form hat hier wie in V. 19a die Bedeutung des Elativus[107]. Der Betreffende wird nicht aus dem Himmelreich ausgeschlossen werden[108], sondern er muß sich mit einem kleinen, bescheidenen Platz zufrieden geben; denn daß das Himmelreich durch eine Rangordnung gekennzeichnet wird, ist eine alte rabbinische Anschauung[109]. Sie steht im Hintergrund von einigen Textstellen im Matthäusevangelium (18,4; 11,11; 19,28; 20,23). Im Verhältnis zur vormatthäischen Tradition von V. 18 ergibt sich, daß die judenchristliche Gemeinde nach V. 19 eine tolerante Haltung einnimmt: Nicht jede Einzelheit des alttestamentlichen Gesetzes ist verbindlich, sondern der Toragehorsam kann um der Einheit der Kirche willen eingeschränkt werden. Juden- und Heidenchristen können trotz unterschiedlicher Be-

---

106 NTD 2,63.

107 Elativus bezeichnet einen absoluten Superlativ ohne Vergleich („sehr klein"); entsprechend kann das Positiv μέγας in V. 19b verstanden werden („sehr groß").

108 Mit Recht: J. Broer, Freiheit vom Gesetz 52f.

109 Vgl. Bill I 249f; IV 2, S. 1138 (sieben Abteilungen von Gerechten im Garten Eden).

wertung des alttestamentlichen Gesetzes miteinander leben und kirchliche Gemeinschaft praktizieren. Dennoch ist klar, daß die Träger dieses Logions ihre judenchristliche gesetzestreue Position nicht aufgegeben haben.

Was veranlaßt *Matthäus*, dieses Logion weitgehend unverändert zu zitieren? Will der Evangelist nicht Teile der Tora abschaffen, sondern nur von Fall zu Fall zurückstellen, wenn sie in Konflikt mit dem zentralen Liebesgebot geraten[110]? Wie aber ließen sich bei dieser Annahme die „sehr kleinen Gebote" näher bestimmen? Matthäus kennt nicht eine am Liebesgebot orientierte kasuistische Ethik. Auch steht er nicht auf dem Standpunkt der judenchristlichen Tradition mit ihrer eingeschränkten Bejahung der jüdischen Zeremonialgesetzlichkeit. Der Anlaß, dieses Logion zu übernehmen, ist in der letzten Vershälfte angedeutet: Das Tun und Lehren der Toragebote zieht die Verheißung des kommenden Himmelreiches nach sich. So stimmt es zur grundsätzlichen Bejahung des alttestamentlichen Gesetzes im Kontext, auch wenn Matthäus hier nicht ausschließt und schon im voraufgehenden andeutet, daß die Bejahung des Gesetzes an die Auslegung des Gottessohnes gebunden ist, der die nahende Gottesherrschaft in Vollmacht ansagt[111].

Wie das begründende γάρ („denn") zeigt, ist V. 20 als Abschluß der 20
voraufgehenden Worte abgefaßt. Hier spricht Matthäus, wie das Vokabular erkennen läßt. Die Einführung λέγω γὰρ ὑμῖν („denn ich sage euch") erinnert an die redaktionelle Einleitung von V. 18 (vgl. 18,10 red?). Matthäisch ist der „Gerechtigkeits"-Begriff, auch die Aussage über das „Eingehen in das Himmelreich" (vgl. 18,3 par; auch 7,21 red).

Matthäus schließt mit diesem Vers die Argumentation ab, indem er eine Begründung für das Voranstehende bringt. Die Bejahung von Gesetz und Propheten durch Jesus (V. 17), die unverbrüchliche Geltung der Tora (V. 18), die Einheit von Tun und Lehren (V. 19) – dies alles hat seinen letzten Grund darin, daß allein die „Gerechtigkeit" den Eingang ins Himmelreich ebnen kann. Hiermit ist sogleich das Folgende vorbereitet. Dies meint nicht, daß dieser Vers von einem Gesetzesverständnis zu einem anderen überleitet[112]. Vielmehr geht es Matthäus um die eine Aussage, daß Jesu Gesetzesforderung auf dem Boden der alttestamentlichen Tora steht, aber diese in ihrer eigentlichen Bedeutung entdeckt. –

---

[110] So U. Luz, ZThK 75, 1978, 420.

[111] Mit H. Hübner läßt sich feststellen, daß durch die Verbindung V. 19/V. 18 die (gesetzespositive) Aussage von V. 18 „abgeschwächt" worden ist (Gesetz 27), dies gilt um so mehr, wenn man die übergeordnete Stellung des πληρῶσαι („erfüllen") in V. 17 als auslegungsrelevant einrechnet (a.a.O. 32–35.234; vgl. ders., EWNT II 1166).

[112] Zu U. Luz, wonach V. 20 von der jüdischen, an der Erfüllung der Einzelgebote orientierten (V. 17–19) zu einer zweiten Gerechtigkeitsauffassung überleitet; letztere spreche sich in den Antithesen aus und sei durch das Liebesgebot Jesu bestimmt (a.a.O. 423).

Für die Einheitlichkeit dieses Abschnittes im übergreifenden Textzusammenhang spricht, daß Matthäus' Ethik zwar nicht ausschließlich, aber doch erheblich futurisch-eschatologisch motiviert ist. So wird im Summarium 4,17 Jesus als ein Prediger dargestellt, der die Nähe des Himmelreiches ankündigt. Was für die Verkündigung Jesu zutrifft, das gilt auch für die Nachfolger Jesu, die seiner Forderung entsprechen. Ihr Handeln ist auf das Eschaton ausgerichtet, das in der Person Jesu schon nahe gekommen ist.

Die geforderte Haltung mißt sich antitypisch am Bild der Schriftgelehrten und Pharisäer. Erstere sind die Vertreter des jüdischen Rabbinats; sie vermitteln verbindliche Toraauslegung. Die Pharisäer sind dagegen eine religiöse Partei, die im politischen Leben des Judentums des ersten Jahrhunderts einen großen Einfluß besaß. Sie verbinden die schriftliche Tora mit der mündlichen Tradition und zeigen sich darin flexibler als die Sadduzäer, die eher das konservative Element des Judentums vertraten[113]. Schon bei Markus sind Pharisäer und Schriftgelehrte die theologischen Repräsentanten des Judentums zur Zeit Jesu (7,1.5). Daß beide Gruppen gemeinsam genannt werden, beinhaltet eine Unschärfe; in Wahrheit ist zwischen Schriftgelehrten und Pharisäern nicht stringent zu unterscheiden; bezeugt sind sowohl sadduzäische als auch pharisäische Schriftgelehrte (vgl. Mk 2,16). Matthäus reflektiert also nicht ein historisch getreues Bild. Auch inhaltlich verzeichnet er die Haltung der Rabbinen zur Zeit Jesu. Sie werden nicht in ihrem Selbstverständnis dargestellt, sondern unterliegen der Polemik. Dabei befindet sich Matthäus nicht so sehr in Auseinandersetzung mit dem Judentum seiner Zeit, sondern bemüht sich, in seinem Evangelium das Leben Jesu als zurückliegendes, vergangenheitliches Ereignis darzustellen. Die hier genannten Schriftgelehrten und Pharisäer gehören demnach primär der Zeit Jesu an. Sie werden nicht historisch getreu, sondern schematisierend dargestellt; sie werden als Antityp gezeichnet. Auf diesem Hintergrund stellt Matthäus die rechte christliche Haltung dar, wie sie von Jesus gefordert wird.

Der Ausdruck περισσεύσῃ ... πλεῖον ist ein Pleonasmus; er bezeichnet das „reichlichere Vorhandensein", das quantitative Mehr. Im Hintergrund mag die jüdische Anschauung stehen, daß beim Endgericht eine Abrechnung stattfinden wird. Gemeint ist: Dann sollen die guten Taten der Jünger Jesu in reicherem Maße vorhanden sein und gegenüber den Pharisäern einen Überschuß aufweisen. Sind die Schriftgelehrten und Pharisäer als Antityp des rechten christlichen Verhaltens gesehen, dann ist nicht zu fragen, welches Maß an „Gerechtigkeit" der Evangelist den

113 Die Sadduzäer waren eine privilegierte Gruppe im politischen Spektrum des Judentums bis zum Jahr 70 n.Chr.; für sie war lediglich das alte schriftliche Gesetz verbindlich; vgl. dazu J. Wellhausen, Die Pharisäer und Sadduzäer, 1874; E. Schürer, Geschichte des jüdischen Volkes im Zeitalter Jesu Christi, ^{4}1907, 475–489.

Repräsentanten des Judentums zugesteht. Es geht in unserem Text nicht darum, ihnen einen geringen Rest von „Gerechtigkeit" zuzubilligen, sondern der Ton liegt einseitig und ausschließlich auf der paränetischen Aussage: Eure Gerechtigkeit soll sich erheblich von der Haltung der Schriftgelehrten und Pharisäer unterscheiden!

Die Vorstellung von der quantitativen Steigerung der Gerechtigkeit macht deutlich, daß die Haltung der Nachfolger Jesu nicht ein Abstraktum und nicht in einem außermenschlichen Bereich angesiedelt ist. Der christliche Gerechtigkeitsbegriff stimmt in materieller Hinsicht weitgehend mit der jüdischen und heidnischen Gerechtigkeitsvorstellung überein. Das Besondere der christlichen Ethik ist nicht durch andersartige ethische Inhalte zu demonstrieren. Die folgenden Antithesen werden zeigen, daß die ethischen Forderungen Jesu auf dem Gegebenen aufbauen[114]. Wie in der Verkündigung, so gibt es auch in der Ethik Jesu und der christlichen Gemeinde die Möglichkeit und die Notwendigkeit der ‚Anknüpfung'. Hier hat die christliche Weltzuwendung ihren sachlichen Grund. Das, was im jüdischen oder paganen Raum ‚gut' ist, kann und soll auch in der christlichen Gemeinde anerkannt werden. So wird es sich im folgenden ergeben (zu 6,1 ff). Matthäus geht es freilich im Gegensatz zur heidnischen und jüdischen Umwelt um eine Steigerung: Christliches Verhalten soll sich durch ein περισσόν („mehr") auszeichnen (vgl. 5,47). Das Ziel der Nachfolger Jesu ist die „Vollkommenheit" (5,48). Die umfassende Erfüllung der Gerechtigkeitsforderung wird auch am Ende der Bergpredigt mit der Goldenen Regel gefordert werden (7,12). Ist die Gerechtigkeit der Nachfolger Jesu die Verwirklichung des im alttestamentlichen Gesetz und in den Propheten ausgesprochenen Gotteswillens (5,17–19), so ist sie nach matthäischer Anschauung auch mit der Gottes- und Nächstenliebe identisch; diese wird in unterschiedlicher Weise arti-

---

[114] Den Zusammenhang von Mt 5,17–20 mit den Antithesen hebt J. P. Meier hervor. In seiner eindringenden Untersuchung unserer Perikope stellt er zum matthäischen Gerechtigkeitsbegriff (vgl. auch oben zu 5,6.10) überzeugend fest: „dikaiosynē always and everywhere in Mt means one and the same thing: that ethical or moral conduct which is in keeping with God's will" (Law and History 77). S. auch J. Dupont, Béatitudes III 211–384. – Anders noch M. Fiedler, wenn dieser in seiner unveröffentlichten Dissertation (Der Begriff DIKAIOSYNE im Matthäusevangelium auf seine Grundlagen untersucht, Halle 1957) den eschatologischen Charakter der matthäischen „Gerechtigkeit" zwar zu Recht betont, aber hieraus die Folgerung ableitet: „Sie hat ihre Voraussetzung und Ermöglichung im Tun des Messias", und zu ihrer „Verwirklichung (ist) allein die Gemeinde des Messias fähig" (Theologische Versuche VIII, 1977, 68). Jedoch reflektiert Matthäus weder über eine Ermöglichung der Gerechtigkeit durch den Messias noch über die Befähigung der Gemeinde zu einem gerechten Tun (vgl. vielmehr u.a. Mt 13,24–30; 18,15–20; 25,31–46). – B. Przybylski bezeichnet den Gerechtigkeitsbegriff des Matthäus als „essentially a Jewish concept" (Righteousness in Matthew and his world of Thought, MSSNTS 41, 1981, 123). Sein Versuch, δικαιοσύνη als typische Kennzeichnung des Handelns der Jünger dem Evangelisten abzusprechen (a.a.O. 114f), verfehlt völlig die Textbasis.

kuliert und erscheint mehrfach als Zusammenfassung der Forderungen von Gesetz und Propheten (7,12; 22,40).

Der Zusammenhang mit dem Gebot der Liebe zeigt an, daß die Andersartigkeit der Gerechtigkeit der Jünger Jesu nicht einfach quantitativ meßbar ist; sie ist vielmehr auch qualitativ eine andere, daher eine neue Gerechtigkeit. Nur sie eröffnet den Eingang in die Basileia; nur diese Gerechtigkeit hat die Zusage, daß das Reich der Himmel ihr gehört. Das qualitative Anderssein dieser Gerechtigkeit ist also dadurch begründet, daß sie ein eschatologisches Phänomen ist, sosehr sie *hic et nunc* zutage treten muß. Die qualitative Andersartigkeit ist aber vor allem durch die Person dessen begründet, der die Forderung der Gerechtigkeit erhebt: Der Bergprediger ist der mit eschatologischer Vollmacht lehrende Kyrios-Gottessohn; er ist der Gekreuzigte und Auferstandene, der gegenwärtige Herr seiner Gemeinde. Seine Forderung ist unverwechselbar mit seiner Person und mit seinem Anspruch verbunden. Es ist also die christologische Dimension, welche die geforderte Haltung der Gerechtigkeit zu einer neuen, anderen, besseren macht.

2.3 5,21–48: Die Antithesen

I. Broer, Die Antithesen und der Evangelist Matthäus, BZ NF 19, 1975, 50–63.

Ders., Freiheit vom Gesetz und Radikalisierung des Gesetzes, SBS 98, 1980, 75–113.123–130.

A. Descamps, Essai d'interprétation de Mt. 5,17–48, StEv I, TU 73, 1959, 156–173.

Chr. Dietzfelbinger, Die Antithesen der Bergpredigt, TEH 186, 1975.

Ders., Die Antithesen der Bergpredigt im Verständnis des Matthäus, ZNW 70, 1979, 1–15.

R. Guelich, The Antitheses of Matthew V. 21–48: Traditional and/or Redactional?, NTS 22, 1976, 444–457.

V. Hasler, Das Herzstück der Bergpredigt. Zum Verständnis der Antithesen in Matth. 5,21–48, ThZ 15, 1959, 90–106.

H. Hübner, Gesetz 40–112.230–236.

E. Lohse, „Ich aber sage euch", in: Der Ruf Jesu und die Antwort der Gemeinde, FS J. Jeremias, hg. v. E. Lohse u.a., 1970, 189–203 (= ders., Die Einheit des Neuen Testaments, 1973, 73–87).

D. Marguerat, Jugement 142–167.

J. P. Meier, Law and History in Matthew's Gospel, AnBib 71, 1976, 125–161.

G. Strecker, Die Antithesen der Bergpredigt (Mt 5,21–48 par), ZNW 69, 1978, 36–72.

M. J. Suggs, The Antitheses as Redactional Products, in: Jesus Christus in Historie und Theologie, FS H. Conzelmann, hg. v. G. Strecker, 1975, 433–444.

Im folgenden überliefert Matthäus sechs Antithesen. Er nimmt hierbei eine geprägte Redefigur aus der jüdischen Tradition auf. Sie ist gekennzeichnet durch eine *These*, in der eine Lehraussage zitiert wird, und eine *Gegenthese*, in welcher der zitierten Lehrmeinung widersprochen wird. Die Einführung der These lautet in der ausführlichsten Fassung ἠκούσατε ὅτι ἐρρέθη τοῖς ἀρχαίοις („Ihr habt gehört, daß zu den Alten gesagt wurde“: V. 21.33). Diese Einführung kann bis zu einem bloßen ἐρρέθη δέ („Es ist aber gesagt worden“) verkürzt werden (V. 31). Daran schließt sich im allgemeinen ein alttestamentliches Zitat an. Die Gegenthese wird jeweils durch ἐγὼ δὲ λέγω ὑμῖν („Ich aber sage euch“) eingeführt und enthält eine torakritische Feststellung Jesu. Hierdurch wird das im voraufgehenden zitierte Toragebot bzw. -verbot radikalisiert oder aufgehoben. In jedem Fall bringt die Gegenthese eine neue Weisung; in ihr artikuliert sich das Gesetz des Kyrios.

E. Lohse hat nachgewiesen, daß die antithetische Redeweise eine Argumentationsform des Rabbinats, genauer: der tannaitischen Schriftgelehrten ist. Im Zusammenhang von Schriftgelehrtendiskussionen wird einer herrschenden Lehrmeinung mit den Worten widersprochen: „Ich aber sage euch“[1]. Der Jesus der Bergpredigt übernimmt also eine bekannte rabbinische Redeform und gibt sich hierdurch als „Lehrer“ zu erkennen. Hierzu stimmt, daß auch die Inhalte der Antithesen zu einem großen Teil in der jüdischen ethischen Überlieferung belegt sind. Andererseits ist Jesus einem jüdischen Rabbi nicht vergleichbar. Die jüdischen Schriftgelehrten treten dem mosaischen Gesetz nicht gegensätzlich gegenüber, sondern konfrontieren verschiedene Toraauslegungen miteinander. Dagegen steht Jesus in Distanz zur Tora Moses. Der Kyrios steht über der Tora; seine Autorität ermöglicht es, Torakritik zu üben, die bis zur Auflösung von Einzelgeboten und bis zur Aufstellung von neuen Weisungen führt.

Bei der Untersuchung der Urtradition ist zu unterscheiden zwischen der antithetischen Rahmung und der Substanz der Antithesen. Die lukanische Feldrede hat nur in 6,27–36 eine Parallele (zu Mt 5,39b–48). Dies besagt, daß in der Matthäus und Lukas gemeinsamen Q-Tradition eine antithetische Formung nicht vorliegt[2]. Wohl aber ist die Materie der fünften und sechsten Antithese hierdurch für Q belegt. Auch für die dritte Antithese (Mt 5,31f) läßt sich Q-Überlieferung erschließen, obwohl hier nicht nur Lk 16,18, sondern auch Mk 10,11f (par Mt 19,9) eine Parallele bietet.

Von hier aus ist mit M.J. Suggs und I. Broer die Frage zu stellen, ob die antithetische Rahmung von dem Redaktor Matthäus geschaffen wurde. Für diese Vermutung ist geltend zu machen, daß eine vergleichbare antithetische Überlieferung im Neuen Testament nicht nachzuweisen ist

[1] E. Lohse, „Ich aber sage euch“, 189–203.

[2] Lk 6,27[a] (ἀλλὰ ὑμῖν λέγω: „aber ich sage euch“) ist nicht für die Annahme geltend zu machen, Lukas habe die antithetische Rahmung gekannt; vielmehr ist die Stellung des Pronomens vor dem Verb typisch lukanisch (vgl. 11,9; 16,9; 12,22). Das ἀλλά korrespondiert dem vorangestellten πλήν in V. 24 (vgl. 11,41f). Als Q-Bestand sind in Lk 6,27a nur die Worte ὑμῖν λέγω zu erheben (vgl. Mt 5,44a).

und die erste, zweite und vierte Antithese allein im Matthäusevangelium belegt sind, also dem Sondergut des Matthäus angehören. – Wahrscheinlicher ist, daß gerade die Antithesen des matthäischen Sondergutes in Q^{Mt} vorhanden waren. So entspricht es dem Konservativismus des ersten Evangelisten, der auch in anderen Fällen nicht unabhängig von der Tradition arbeitet[3]. Darüber hinaus läßt sich eine Folgeordnung für die drei Antithesen des Sondergutes feststellen. Sie alle zitieren in der These ein Verbot des Dekalogs: Nr. 1 das fünfte, Nr. 2 das sechste und Nr. 4 das achte Gebot. Dies läßt vermuten, daß Matthäus diese Folge von drei Antithesen als Einheit in seinem Q-Exemplar vorgefunden hat. Die Dreizahl hat auch an anderer Stelle vormatthäische Überlieferung geprägt (vgl. z.B. 6,1–18). Der Evangelist hat dann durch die Komposition von drei weiteren Antithesen die Reihe auf 2 x 3 = 6 Antithesen erweitert.

Demnach ergibt die traditionsgeschichtliche Differenzierung das folgende Bild:

Q^{Mt}	Mt/Lk	
1. V. 21ff: Vom Töten (fünftes Gebot)		
2. V. 27ff: Vom Ehebrechen (sechstes Gebot)		
	3. V. 31f par Lk 16,18 (Mk 10,11f par Mt 19,9): Von der Ehescheidung	
4. V. 33ff: Vom Schwören (achtes Gebot)	5. V. 38ff: Von der Wiedervergeltung	par Lk 6,27–36
	6. V. 43ff: Von der Feindesliebe	

Die redaktionelle Gliederung der Antithesenreihe wird durch πάλιν („wiederum") in V. 33a angedeutet. Dieses Wort trennt die dritte von der vierten Antithese. Matthäus scheint bewußt eine erste Dreierreihe von einer zweiten absetzen zu wollen. Nur die erste und die vierte Antithese beginnen mit einer ausführlichen Einführung, und formal unterscheidet

[3] Die Parallele Mk 10,2ff unterscheidet sich formal erheblich von den Antithesen in Mt 5 und kann aus diesem Grund nicht zur traditionsgeschichtlichen Ableitung herangezogen werden (gegen K. Berger, Gesetzesauslegung 587).

sich die erste Dreiergruppe von der zweiten dadurch, daß die Gegenthese jeweils mit πᾶς („jeder") beginnt. Inhaltlich ist zu unterscheiden zwischen Nr. 1–3: das Verhältnis zu den Mitchristen (= innergemeindliche Probleme), und Nr. 4–6: das Verhältnis zu den Nichtchristen (= extensive Gemeindeethik).

2.3.1 5,21–26 Die erste Antithese: Vom Töten

R. A. Guelich, Mt 5,22: Its Meaning and Integrity, ZNW 64, 1973, 39–52.
J. Jeremias, „Laß allda deine Gabe" (Mt 5,23f), ZNW 36, 1937, 150–154 (= ders., Abba, 1966, 103–107).
H. Merklein, Gottesherrschaft 260–262.
M. Weise, Mt 5,21f – ein Zeugnis sakraler Rechtssprechung in der Urgemeinde, ZNW 49, 1958, 116–123.
D. Zeller, Mahnsprüche 62–67.

21 *Ihr habt gehört, daß zu den Alten gesagt wurde: Du sollst nicht töten; wer aber tötet, der wird dem Gericht verfallen sein.* 22 *Ich aber sage euch: Ein jeder, der seinem Bruder zürnt, wird dem Gericht verfallen sein. Wer aber zu seinem Bruder sagt ‚Raka!', wird dem Synhedrium verfallen sein; wer aber sagt ‚Narr!', der wird der Feuerhölle verfallen sein.* 23 *Wenn du nun deine Gabe zum Opferaltar bringst und dich dort daran erinnerst, daß dein Bruder etwas gegen dich hat –* 24 *laß dort deine Gabe vor dem Altar und gehe zuerst hin und versöhne dich mit deinem Bruder, und darauf komm und bringe deine Gabe dar.* 25 *Sei deinem Gegner schnell wieder freund, solange du mit ihm auf dem Wege bist, damit der Gegner dich nicht dem Richter übergebe und der Richter dem Diener und du ins Gefängnis geworfen wirst.* 26 *Amen, ich sage dir, nicht wirst du von dort herauskommen, bis du den letzten Pfennig bezahlt hast.*

Es gibt gute Gründe anzunehmen, daß die Urform der Antithesen in V. 21–22a, V. 27–28 und V. 33–34a vorliegt und auf den historischen Jesus zurückgeht[4]. Hier kommt ein hervorragender eschatologischer Anspruch zur Sprache, den man zwar nicht als „messianisch" bezeichnen sollte[5], der aber doch das Selbstbewußtsein eines endzeitlichen Propheten erkennen läßt. Jesus stellt seine Autorität gegen die des Mose! Entsprechend sind die ἀρχαῖοι („Alte") zunächst die Angehörigen der Sinaigeneration unter Einschluß von Mose und Aaron. Nach anderer Auslegung ist allgemeiner an die „früheren Generationen" zu denken[6]. Auf jeden Fall 21-22a

[4] R. Bultmann hatte nicht entscheiden wollen, ob die von Matthäus vorgefundene antithetische Dreiheit Gemeindebildung sei oder auf Jesus zurückgehe (Synoptische Tradition 157f). E. Käsemann findet in den Antithesen den Kernpunkt der Verkündigung Jesu: Jesus habe den Anspruch erhoben, die messianische Tora zu bringen, und stehe mit solchem messianischen Selbstbewußtsein in Auseinandersetzung zur Mose-Tora (Das Problem des historischen Jesus, Exegetische Versuche und Besinnungen II 206).

[5] Gegen E. Käsemann, a.a.O. 206; auch der Begriff „messianische Tora" ist für die Zeit Jesu nicht vorauszusetzen (zu W. D. Davies, Setting 108).

[6] So z.B. P. Billerbeck (I 253f). – Vgl. aber O. Merk: „Es sind die Sinaigeneration und

bezieht sich dieser Ausdruck auf die Garanten der jüdischen Gesetzestradition, die bis in die Zeit Jesu Geltung besitzt. Ἠκούσατε („Ihr habt gehört") setzt voraus, daß die zitierte Überlieferung auf mündliche Tradition zurückgeht. Daher trifft die antithetische Aussage mit der Tora, der Wurzel der jüdischen Überlieferung, auch das zeitgenössische Judentum.

Wenn die Mose-Tora im Dekalog spricht: „Du sollst nicht töten" (Ex 20,15; Dtn 5,18), so bedroht sie den Mörder mit dem Gericht. Nach verbreiteter Anschauung ist κρίσις mit einer jüdischen Gerichtsinstanz, dem Gerichtshof der Dreiundzwanzig identisch[7]. Nach anderen Auslegern bezeichnet das Wort die „Todesstrafe", die über den Mörder verhängt wird[8]. Jedoch könnte in diesem Fall in der anschließenden Gegenthese diese Bedeutung nur bildlich gebraucht sein. Jesus denkt entsprechend seiner Gottesreichverkündigung an das Endgericht (so auch Mt 10,15; 12,41f). Es ereignet sich mit dem Kommen des Gottesreiches (Mt 19,28 par) und trifft die Täter des Unrechts[9].

Dem Satz alttestamentlich-jüdischen Rechts und seiner Gerichtsandrohung setzt Jesus sein eigenes Recht gegenüber: Nicht erst der Mord, sondern schon der Zorn läßt den Menschen dem Gericht verfallen! Hiermit verändert sich der Sinn des alttestamentlichen Verbots. Nicht nur der (heimtückische) Mord ist unter das Verdikt Jesu gestellt, sondern alles, was den Nächsten schädigen kann[10]. Das neue Gebot Jesu, das offenbar mit dieser kurzen Gegenthese (V. 22a) ursprünglich endete, bezieht sich auf das Verhältnis zum Mitmenschen. Das Wort ἀδελφός meint den (jüdischen) Volksgenossen und ist erst in späterer Überlieferung auf den christlichen Glaubensbruder interpretiert worden.

Jesus gibt also eine neue Weisung, die das Toraverbot radikalisiert. Damit tritt er noch nicht aus dem Bereich des Judentums heraus. Daß der

---

alle weiteren Geschlechter gemeint, die sowohl die Sinaitradition empfangen als auch weitergegeben haben" (Verantwortung 134).

[7] Diese „Synhedrien der Dreiundzwanzig" befanden sich in allen Orten mit mehr als einhundertzwanzig Einwohnern und urteilten über Mörder und Totschläger ihres Bezirkes. Das große Synhedrium in Jerusalem mit einundsiebzig Mitgliedern trat nur in Aktion, wenn einer der Hohenpriester eines Kapitalverbrechens beschuldigt wurde; vgl. San 1,4–6.17b; Mak. 7a und Bill I 257f.

[8] Mit Berufung auf Ex 21,12; Lev 21,17; vgl. J. Jeremias, ThWNT VI 975; Chr. Dietzfelbinger, ZNW 70, 1979, 14f.

[9] Es entspricht einer verbreiteten apokalyptischen Anschauung, daß die Mörder der Gerichtsstrafe Gottes anheimfallen: Apk 21,8; 22,15; Apk. Petr. 25. – Das Rabbinat kann vom „Gericht des Himmels" (= Gottes) sprechen, das dort eingreift, wo irdische Gerichte des Verbrechers nicht habhaft werden können; vgl. Bill I 273ff.

[10] Die Intention des Textes verfehlen die Versuche, den ursprünglichen Sinn abzuschwächen; etwa: Jesus habe sich nur gegen das Morden, nicht aber gegen das Töten ausgesprochen (entsprechend dem Unterschied zwischen φονεῖν und ἀποκτείνειν). Hierbei handelt es sich um eine unzulässige Harmonisierung, welche die Unbedingtheit und Radikalität der eschatologischen Forderung Jesu außer acht läßt.

Zorn etwas Verwerfliches sei, ist Allgemeingut jüdischer Ethik[11]. Insofern erscheint Jesus als Lehrer von jüdischer Weisheit, die durch eine futurisch-eschatologische Perspektive, wie sie sich in der jüdischen Weisheitsliteratur so nicht findet, spezifisch akzentuiert ist. So stände es in Übereinstimmung mit anderen weisheitlich geprägten Worten Jesu, und von hier aus gewinnt die liberal-theologische Auslegung Argumente, um die Ethik der Bergpredigt als eine „Gesinnungsethik" zu erklären, die als Aufruf zur rechten Innerlichkeit verstanden werden müsse. Jesus hätte danach zu der sittlichen Haltung aufgerufen, die er selbst vorbildhaft verwirklichte, indem er nicht Zorn, sondern Liebe übte und seinen Feinden vergab.

Jedoch ist mit einer solchen Zuordnung zur jüdischen Weisheit die Dynamik der Predigt Jesu verkannt. Jesus mißt die Vertreter der alttestamentlich-jüdischen Überlieferung an ihrem eigenen Verhalten. Sie können sich in ihrer sittlichen Wohlanständigkeit auf den Wortlaut des Gesetzes Moses berufen. Dem hält Jesus entgegen: Dieses Gesetz reicht tiefer; es verurteilt nicht nur die böse Tat, sondern auch Gedanken und Gefühle. Vor solcher Unbedingtheit der Gesetzesforderung können die Hörer Jesu nur sich ihres Versagens schuldig bekennen; sie erkennen, daß sie zwar den wörtlichen, nicht aber den eigentlichen Sinn des mosaischen Gesetzes beobachtet haben. Die Torakritik Jesu ist also Kritik an den Tora-Gläubigen. Ihr ‚gutes Gewissen' wird in Frage gestellt. Wenn schon der Zorn den Menschen schuldig macht und ihn dem vernichtenden Urteil Gottes ausliefert, wer wird dann bestehen? Hier kommt der theologische Sinn des Gesetzes zur Sprache. Daß Jesus die vernichtende Gewalt des Gesetzes gekannt und gelehrt hat, stimmt zu der Tatsache, daß er wie Johannes der Täufer die Menschen zur Umkehr rief. Die unbußfertigen Städte sind dem Gericht verfallen (Mt 11,20). „Hier ist mehr als Jona", der doch mit seinem Ruf die Einwohner von Ninive zur Umkehr bewegen konnte (12,41). Der historische Jesus ist nicht nur der Freund der Zöllner und Sünder, sondern er ist auch der Prediger des Gerichts. So stimmt es zu seiner Ankündigung der kommenden Gottesherrschaft. Diese Herrschaft bringt Gnade und Gericht!

Schon die Urgemeinde hat sich solchem kompromißlosen Bußruf zu 22b-c
entziehen versucht. Daß sie ihm die dynamische Spitze abzubrechen suchte, zeigt die zweite Traditionsstufe dieses Wortes, die nun in Form einer Klimax ethische Verfehlungen und ihre Strafen aneinanderreiht. Als Anfangspunkt dieser Steigerung wird der Zorn als ein nur inneres Übel angesehen; er wird mit der niedrigsten Strafe belegt: κρίσις heißt hier im Unterschied zu seiner Bedeutung in der Verkündigung Jesu das „Lokalgericht". Dies wird überboten durch die Beschimpfung des Bruders als des Mitchristen. Wer zu seinem Bruder „Raka" (= Dummkopf)

[11] Vgl. Bill I 276ff.

sagt, der wird dem Synhedrium, dem Hohen Rat als der übergeordneten jüdischen Gerichtsinstanz überstellt. Wer aber seinen Bruder als einen μωρέ („Narr") bezeichnet, der ist dem Höllenfeuer verfallen. Auch die beiden Schimpfworte mögen eine Steigerung einschließen, indem „Raka" als unfähig zur zwischenmenschlichen Beziehung erklärt, dagegen „Narr" den Menschen meint, der unfähig zur Gottesbeziehung, d.h. ungehorsam, gottlos ist. In jedem Fall ist deutlich, daß an dieser Stelle die palästinische Gemeinde spricht, die der jüdischen Gerichtsbarkeit unterworfen und mit semitischer Vorstellungswelt vertraut ist[12]. Sie schafft sich ein kasuistisches Recht, wie denn die Relativsätze juridischen Stil erkennen lassen. Stellen die Zeilen V. 22b–c einen alten Zuwachs dar, welcher der ursprünglichen Antithese sekundär angeschlossen wurde, so kann diese selbst in die Zeit vor der Urgemeinde datiert werden. Die Erweiterung besagt, daß das ursprüngliche Jesuswort einem Wachstumsprozeß unterworfen wurde, nämlich ethisierend ausgelegt worden ist. Die Gemeinde hat es ihrer Situation angepaßt und leitet von dem Umkehrruf Jesu für sich weisheitlich-ethische Weisung ab[13].

23-24 Die anschließenden Verse 23–24 sind vermutlich ursprünglich selbständig tradiert worden. Sie enthalten eine Gemeinderegel[14], die Matthäus vielleicht schon an dieser Stelle vorgefunden hat. Der Anschluß οὖν („nun") zeigt an, daß eine Folgerung aus dem Voraufgehenden gezogen werden soll. Auf die Weisung zum rechten Umgang mit dem christlichen Bruder folgt hier ein Beispiel aus der Opferpraxis. Es enthält die Mahnung: Versöhnung geht vor Kultdienst! Nach jüdischem Verständnis ist sowohl die Versöhnung als auch die Opferdarbringung jeweils Gegenstand des Pflichtgebotes. Dabei ist Versöhnung nicht nur mit ‚Verzeihung', sondern auch mit ‚Wiedergutmachung' identisch[15]. Dieses Pflichtgebot wird dem Kult gegenübergestellt: Rechter, Gott wohlgefälliger Gottesdienst kann nur von Versöhnten geschehen! Solche jüdisch-rabbinische Gottesdienstordnung ist hier bekannt und mit der Mahnung, sich zu versöhnen, verbunden. Diese Gemeinderegel setzt das Bestehen des zweiten Tempels und ein ungebrochenes Verhältnis zum Opferkult in der urchristlichen Gemeinde zu Jerusalem voraus. So hat es Matthäus vorgefunden. Er selbst lebt in der Zeit nach der Zerstörung des Tempels und nach der Beendigung des Jerusalemer

[12] Vgl. die Wörter γέεννα πυρός und ῥακά, die auf einen hebräisch-aramäischen Urbestand hinweisen.

[13] Eine sekundäre ethisierende Überarbeitung wird auch in der v.l. εἰκῇ erkennbar: Wer seinem Bruder „ohne Grund" zürnt, der wird dem Gericht unterworfen sein (V. 22a).

[14] Auch diese Regel nimmt „Intentionen der Weisheit" auf; vgl. D. Zeller, Mahnsprüche 63.

[15] So J. Jeremias, ZNW 36, 1937, 150–154.

Opferkultes. Für ihn ist diese Traditionseinheit wichtig, weil sie die Mahnung zur Versöhnung illustrieren kann. Diese Mahnung bestimmt auch das Folgende.

Die anschließenden Verse, „ein aus einem Bildwort entwickeltes Gleichnis“[16], sind durch Lk 12,57–59 belegt und hierdurch für die Q-Tradition ausgewiesen. Der ursprüngliche Skopus ist eschatologisch. Der Sinn des „Krisisgleichnisses“[17] ist die Ankündigung des Gerichtes: Es steht unmittelbar vor der Tür! Wer dem Richter ausgeliefert ist, der wird der Gerichtsstrafe nicht entkommen. Von hier aus begründet sich die Mahnung, sich mit seinem Prozeßgegner zu versöhnen. Noch Lukas hat diese futurisch-eschatologische Spitze nachvollzogen; denn der Kontext (Lk 12,49ff) handelt von den Zeichen des Endes. Die gleiche Ausrichtung gilt für die Q-Quelle; denn das abschließende ἕως... ἀποδῷς („bis du... bezahlt hast“) findet sich sonst in futurisch-eschatologischen Gleichnissen (vgl. Mt 18,30.34). 25-26

Der Evangelist Matthäus hat also das futurisch-eschatologische Krisisgleichnis in der Tradition vorgefunden. Er hat es in einer doppelten Weise ausgelegt: 1. Der Ausdruck ἴσθι εὐνοῶν hat die Bedeutung von „Sei freund!“; er nimmt das voraufgehende διαλλάγηθι („Versöhne dich!“) auf (V. 24). Matthäus sprengt das vorgegebene anschauliche Bild des richterlichen Prozesses. Anstelle des konkreten ἀπαλλάχθαι (Lk 12,58 = „loskommen“ von dem Prozeßgegner) meint der Ausdruck „Sei freund!“ nicht mehr nur das Verhalten im Prozeß, vielmehr ist Gegenstand der Mahnung die Versöhnung überhaupt.

2. Das Bild vom Prozeß ist auch an einer anderen Stelle deutlich überwunden. Spricht Lk 12,58 vom Gang zum ἄρχων („Vorsteher“), so Matthäus absolut vom ὁδός. Dieses Wort hat nicht mehr die konkrete Bedeutung ‚Weg zum Gerichtshaus‘, sondern den allgemeinen Sinn von ‚Lebensweg‘. Die ursprüngliche Vorstellung ist spiritualisiert worden und auf die Länge des Lebens bezogen. So wird es durch die Partikel ἕως ὅτου („während“, „solange“) unterstrichen. Matthäus denkt an die Zeitdauer des menschlichen Lebens. Solange man lebt, hat man die Möglichkeit, sich mit seinem Gegner zu versöhnen. Entsprechend der vorliegenden Komposition meint dies mit dem Mitchristen, auch wenn im weiteren Kontext klar ist, daß die Bergpredigt über den Horizont der Jüngerschaft hinausgreift und das Volk einbezieht. Hier ist eine Lebensregel aufgestellt, die unbeschadet ihrer pri-

---

[16] R. Bultmann, Synoptische Tradition 185. – Vgl. aber D. Zeller: „Die Tatsache, daß ein Gleichnis in Gestalt eines Mahnwortes ein formgeschichtliches Unikum ist, spricht doch für die... Auffassung, daß... ein gängiger jüdischer Spruch auf seiner späteren Stufe durch Zusatz von V. 26 eschatologischen Hintersinn bekam“ (Mahnsprüche 66).

[17] J. Jeremias, Gleichnisse Jesu 40.

mären Zuordnung zur Gemeindewirklichkeit den Rang einer allgemeinen, Christen und Nichtchristen gemeinsam angehenden Maxime hat.

Daß Matthäus an die Zeitdauer des menschlichen Lebens denkt, macht deutlich: Eine unmittelbare, absolute Parusieerwartung besteht nicht. Die ursprünglich brennende Naherwartung, wie sie die Urgemeinde beherrschte, ist gebrochen. Dennoch behält Matthäus das Eschaton im Blickfeld; die Gerichtsdrohung ist beibehalten (V. 26). Auch der Kontext enthält in unterschiedlicher Terminologie diese Vorstellung (V. 20: Eingehen ins Himmelreich; V. 22: Feuerhölle; V. 29f: Geenna). Das einleitende „Amen" betont die Absolutheit der Gerichtsdrohung.

Darüber hinaus ist freilich nicht zufällig, daß Matthäus in V. 25 nicht wie Lukas πράκτορι („Gerichtsbeamter") liest, sondern ὑπηρέτῃ („Diener"). Das Gleichnis ist allegorisierend interpretiert worden. Der „Diener" bezeichnet den Engel des Endgerichts, haben doch die Engel eine besondere Aufgabe am Jüngsten Tag (13,41f.49f).

Der Redaktor Matthäus hat also seine Tradition bewußt bearbeitet und ihr seine eigene theologische Konzeption aufgeprägt. Einerseits historisiert er seine Vorlage, indem er unter dem Eindruck einer veränderten Situation, dem Ausbleiben der Parusie, nun die Länge des menschlichen Lebens einrechnet. Solange der Mensch lebt, hat er die Möglichkeit, sich zu versöhnen. Diese Chance gilt es zu nutzen! – Andererseits ist der futurisch-eschatologische Zielpunkt nicht verlorengegangen, sondern durch die allegorische Deutung der Gestalt des Gerichtsdieners auf den Engel des Gerichts noch verstärkt worden. Die eschatologische Perspektive bestimmt das ethische Verhalten! Aus dieser Spannung ist die eschatologische Tugend der Versöhnung nicht herausgenommen. Es gilt sie in einer Gemeinde wahrzunehmen, welche die Geschichte als den Ort ihres Handelns entdeckt, wie es der Missionsbefehl des Auferstandenen deutlicher aussprechen wird (28, 16–20). Im konkreten Raum der Geschichte ist es notwendig, auf das Wort des Kyrios zu hören. Als der Bergprediger gibt er rechte Weisung für den Lebensweg des einzelnen wie für die Ordnung der Gemeinde insgesamt. So wurde es schon in den Makarismen gesagt. Die Forderung der Versöhnung konkretisiert den Heilsruf über die „Sanftmütigen" (V. 5) wie auch über die „Friedensstifter" (V. 9). Der Blick ist auf das zwischenmenschliche Verhältnis gerichtet. Wie die Gemeinde vor ihm ist Matthäus also zeitlich und sachlich von dem apodiktischen Umkehrruf Jesu entfernt. Er sieht die Notwendigkeiten der Gemeindeordnung. Er ist darum bemüht sicherzustellen, daß die Gemeinde des Christus im Wandel der Zeit ihre Identität nicht verliert. Deshalb ist praktikable Weisung geboten.

2.3.2 5,27–30 Die zweite Antithese: Vom Ehebrechen

K. Haacker, Der Rechtssatz Jesu zum Thema Ehebruch (Mt 5,28), BZ NF 21, 1977, 113–116.
H. Merklein, Gottesherrschaft 262–265.
K. Niederwimmer, Askese und Mysterium, FRLANT 113, 1975, 24ff.
Siehe auch zu 5,31–32.

27 *Ihr habt gehört, daß gesagt wurde: Du sollst nicht ehebrechen.* 28 *Ich aber sage euch: Ein jeder, der eine Frau ansieht, um sie zu begehren, hat schon die Ehe mit ihr gebrochen in seinem Herzen.* 29 *Wenn nur dein rechtes Auge dir Anstoß gibt, reiß es aus und wirf es von dir; denn es ist für dich von Vorteil, daß eines deiner Glieder verlorengeht und nicht dein ganzer Leib in die Hölle geworfen wird.* 30 *Und wenn deine rechte Hand dir Anstoß gibt, schlage sie ab und wirf sie von dir; denn es ist für dich von Vorteil, daß eines deiner Glieder verlorengeht und nicht dein ganzer Leib in die Hölle kommt.*

Formal unterscheidet sich die zweite Antithese von der ersten durch eine 27-28
verkürzte Einführung. Die ausdrückliche Erwähnung der „Alten" fehlt; auch ist eine Strafe nicht genannt, welche die Übertretung des alttestamentlichen Verbots ahndet[18]. Dennoch ist die Parallelität zur ersten Antithese offenkundig. Auch hier handelt es sich um eine Weisung der alttestamentlichen Tora, genauer: des Dekalogs (6. Gebot: Ex 20,13 bzw. Dtn 5,17), die durch die mündliche Tradition des Judentums übermittelt worden ist. Sie folgte vermutlich ursprünglich auf die Urfassung der ersten Antithese; denn es handelt sich um das nächstfolgende Gebot des Dekalogs.

Das jüdische Eherecht ist die Grundlage der These. Das Verb μοιχεύειν heißt „zur Ehebrecherin machen"[19]; es setzt die patriarchalische Gesellschaftsstruktur des antiken Orients voraus. Der Mann, der die Frau eines anderen verführt, zerstört ihre Ehe, nicht seine eigene. Er ist grundsätzlich berechtigt, mehrere Frauen zu haben (Dtn 21,15ff). Diese alttestamentlich-jüdische Rechtspraxis steht also auf dem Standpunkt der Polygamie. Eine Frau kann daher ihren Ehemann auch nicht wegen Übertretung der Ehe zur Rechenschaft ziehen.

Diese Position wird von Jesus nicht bestritten. Sie ist in der Gegenthese vorausgesetzt, wenn nicht erst die Tat, sondern schon der verlangende Blick als ehezerstörend gewertet wird. Schon der Mann – sagt Jesus –, der die Frau eines anderen begehrlich anblickt, zerstört ihre Ehe. Der Mann ist also als verantwortlicher Täter angesprochen, auch wenn das Rechts-

[18] Nach Dtn 22,22 wird Ehebruch mit dem Tode bestraft; vgl. auch Lev 20,10 und Mekh. Ex. 20,14; S. Lev 20,10; S. Dt. 22,22; Sanh. 7,9.

[19] Entsprechend die Verwendung des Passiv μοιχευθῆναι (V. 32): ein Mann, der seine Frau entläßt, veranlaßt sie zum Ehebruch (dadurch nämlich, daß sie eine zweite Ehe eingeht und hiermit ihre erste Ehe zerstört).

delikt des Ehebruchs sich nur auf die Frau bezieht. – Ebenso stimmt Jesus in der Aussage, daß der begehrliche Blick als Ehebruch gewertet wird, mit der jüdischen Lehre überein[20]. Dennoch führt die Gegenthese aus dem Bereich des alttestamentlichen und zeitgenössischen Judentums heraus. Hier bringt Jesus seine Vollmacht zur Sprache, die über der Tora des Mose steht. Sein Anspruch begründet sich aus der kommenden Gottesherrschaft, die in seiner Person nahegekommen ist. Das eschatologische Recht, das Jesus aufrichtet, ist also nicht welthaft orientiert, sondern von der kommenden Gottesherrschaft bestimmt. Das Nahen des Gottesreiches schließt alle Kasuistik aus und fordert den Menschen total. Es deckt die Zerspaltenheit des menschlichen Seins auf, weil es den Menschen in seiner Ganzheit in Anspruch nimmt. Hier gibt es nichts, was der Mensch zwischen sich und Gott stellen könnte.

Auf Matthäus geht vermutlich der Zusatz ἐν τῇ καρδίᾳ zurück. Das „Herz" ist der Sitz des menschlichen Willens (5,8; Lk 21,4; 2Kor 9,7). Nicht allein die Tat des sündhaften Blicks, auch der verkehrte Wille des Menschen wird von dem Urteilsspruch Jesu getroffen. Für den Christen, der zum Gehorsam gegenüber dem absoluten Gotteswillen aufgerufen ist, genügt es nicht, etwas zu unterlassen. Entscheidend ist, daß äußeres Tun und innere Willensrichtung übereinstimmen. Jesus fordert die Ganzheit und Ungeteiltheit, d.h. die Vollkommenheit des Menschen (5,48). Dies meint: Überwindung der pharisäischen Hypokrisis, die durch den Widerspruch zwischen dem scheinbar einwandfreien äußeren Auftreten und der falschen inneren Willensrichtung gekennzeichnet ist (6,1 ff).

29-30 Als eine weitere Überlieferungseinheit ist der Doppelspruch vom Anstoßnehmen des rechten Auges und der rechten Hand angeschlossen. Dieser Spruch wird auch in Mt 18,8f überliefert[21]. Neben der Markusüberlieferung ist also hier ein zweiter Traditionsstrang einflußreich, vermutlich Q^{Mt}, so daß denkbar ist, daß der Evangelist die Sprucheinheit an dieser Stelle vorgefunden hat. Der Zusammenhang ist durch die Verbindung von βλέπων (V. 28: „sehend") und ὀφθαλμός (V. 29: „Auge") sachlich begründet. Diese Tradition führt auf palästinischen Boden zurück. So zeigt es die semitische Wortwahl, die auch in der Parallele Mk 9,43–48 par Mt 18,8f aufweisbar ist[22]. Die beiden griechischen Fassungen, die dem-

[20] Vgl. Lv. R 23; Tr. Kalla 1; Berakh. 43b, 61a; Mak. 24 (Bill I 299f); anders E. Lohmeyer: Jesus habe als erster „eine unbedingt bindende Vorschrift" gegeben (KEK Sonderband, ²1958, 128).

[21] Die Parallele Mk 9,43–48 bietet eine ausführlichere Fassung; so wird als zweites Beispiel das Ärgernis des Fußes ausdrücklich ausgeführt, die Höllenstrafe wird erläutert, ein Schlußzitat (Jes 66,24) angefügt u.a.m. – Daß die Eigenheiten von Mt 5,29f „durch den dortigen Zusammenhang bedingt sind und wahrscheinlich auf den Redaktor zurückgehen" (D. Zeller, Mahnsprüche 74), ist schwerlich anzunehmen.

[22] γέεννα (schon V. 22); auch συμφέρει (~ Mt 18,8f: καλόν σοί ἐστιν); vgl. LXX zu Jer 33,14 (= 26,14 MT): συμφέρει = טוב *(thob)*.

nach auf eine gemeinsame hebräische oder aramäische Grundlage zurückführen, sind von Matthäus im wesentlichen unverändert übernommen worden. Nur der Zusatz ὁ δεξιός („der rechte") bzw. ἡ δεξιά („die rechte") mag als Verdeutlichung von ihm stammen[23].

Beide Sprüche sagen das gleiche aus. Bei Markus stehen sie im Zusammenhang des Anstoßgebens und verdeutlichen ein radikales Entweder-Oder. Angesichts des drohenden Gerichts ist die äußere Unversehrtheit des Menschen unwichtig, wenn sie einschließt, daß sie zum „Fallholz" wird. Eine unbedingte Entscheidungsforderung, die zu radikalen Konsequenzen ruft. Wie seine Vorlage bezieht Matthäus dies auf das Beispiel des begehrlichen Blicks, der Ehebruch verursacht. Die Radikalität der Entscheidungsforderung wird gesteigert. Selbst wenn die (wertvollere) rechte Hand Anstoß gibt, ihr Verlust wiegt leicht angesichts der Drohung des Gerichts, das den ganzen Menschen treffen wird. Σῶμα („Leib") kennzeichnet den Menschen umfassend als irdisch-personenhaftes Wesen. Die Parallele 18,8f spricht nur von zwei Gliedern. Demgegenüber wird hier die Totalität des Menschen betont. Das rechte ethische Verhalten wird vom ganzen Menschen gefordert. Der apokalyptische Gerichtsaspekt, der schon im ursprünglichen Jesuswort enthalten sein dürfte, ist ausgeführt. Das ‚Bild' ist ganz von der ‚Sache' durchdrungen.

2.3.3 5,31–32 Die dritte Antithese: Von der Ehescheidung

H. Baltensweiler, Die Ehebruchklauseln bei Matthäus, ThZ 15, 1959, 340–356.
Ders., Die Ehe im Neuen Testament, AThANT 52, 1967, 87–102.
J. B. Bauer, Bemerkungen zu den matthäischen Unzuchtklauseln (Mt 5,32; 19,9), in: Begegnung mit dem Wort, FS H. Zimmermann, hg. v. J. Zmijewski und E. Nellessen, BBB 53, 1980, 23–33.
J. Bonsirven, Le divorce dans le Nouveau Testament, 1948.
J. Dupont, Mariage et divorce dans l'Évangile. Matthieu 19,3–12 et parallèles, Bruges 1959.
J. A. Fitzmyer, The Matthean Divorce Texts and Some New Palestinian Evidence, TS 37, 1976, 197–226.
H. Greeven, Ehe nach dem Neuen Testament, in: Theologie der Ehe, hg. v. G. Krems und R. Mumm, 1969, 37–79.
G. Lohfink, Jesus und die Ehescheidung. Zur Gattung und Sprachintention von Mt 5,32, in: Biblische Randbemerkungen, FS R. Schnackenburg, hg. v. H. Merklein und J. Lange, ²1974, 207–217.
J. Moignt, Ehescheidung „auf Grund von Unzucht" (Matth 5,32/19,9), in: J. David/F. Schmalz (Hg.), Wie unauflöslich ist die Ehe?, 1969, 178–222.
U. Nembach, Ehescheidung nach alttestamentlichem und jüdischem Recht, ThZ 26, 1970, 161–171.
K. Niederwimmer, Askese und Mysterium, FRLANT 113, 1975, 13–24.
W. Rordorf, Marriage in the New Testament and in the Early Church, JEH 20, 1969, 193–210.

[23] So auch 5,39; die rechte Hand ist die wertvollere; entsprechend ist der Ausdruck „das rechte Auge" entweder eine Angleichung, oder es ist vorausgesetzt, daß das rechte Auge das schärfere ist (vgl. Bill I 302; W. Grundmann, ThHK 1, ⁴1975, 161).

A. Sand, Die Unzuchtsklausel in Mt 5,31.32 und 19,3–9, MThZ 20, 1969, 118–129.
B. Schaller, Die Sprüche über Ehescheidung und Wiederheirat in der synoptischen Überlieferung, in: Der Ruf Jesu und die Antwort der Gemeinde, FS J. Jeremias, 1970, 226–246.
R. Schnackenburg, Die Ehe nach dem Neuen Testament (1969), in: ders., Schriften zum Neuen Testament, 1971, 414–434.
G. Schneider, Jesu Worte über die Ehescheidung in der Überlieferung des Neuen Testaments, TThZ 80, 1971, 65–87.
G. Schürmann, Neutestamentliche Marginalien zur Frage nach der Institutionalität, Unauflösbarkeit und Sakramentalität der Ehe, in: Kirche und Bibel, FS E. Schick, hg. v. A. Winter u.a., 1979, 409–430 (Lit.).
Ders., Die Verbindlichkeit konkreter sittlicher Normen nach dem NT, bedacht am Beispiel des Ehescheidungsverbotes und im Licht des Liebesgebotes, in: Sittliche Normen. Zum Problem ihrer allgemeinen und unwandelbaren Geltung, hg. v. W. Kerber, 1982, 107–123.

[31]*Es ist aber gesagt worden: Wer seine Frau entläßt, der soll ihr einen Scheidebrief geben.* [32]*Ich aber sage euch: Jeder, der seine Frau entläßt – mit Ausnahme einer Angelegenheit von Unzucht –, der macht, daß mit ihr die Ehe gebrochen wird, und wer eine Geschiedene heiratet, der bricht die Ehe.*

31 Mit der dritten Antithese nimmt Matthäus das vorgegebene Thema auf. War im voraufgehenden vom Ehebruch die Rede und das sechste Gebot des Dekalogs antithetisch verschärft worden, indem auch der begehrliche Blick unter das Verbot gestellt wurde, so bezieht sich nun die Radikalität der ethischen Forderung Jesu auf die Ehescheidung. Beide Antithesen handeln also vom Verhältnis des Menschen zur Ehe, primär des christlichen Mannes zur Frau.

Formal fällt diese Antithese aus der Reihe der beiden voraufgehenden heraus. Nicht ein Verbot des Dekalogs, sondern ein alttestamentliches Gebot wird zitiert. Der These wird ein anderes, neues Gebot gegenübergestellt. Der Sache nach geht V. 31 auf Dtn 24,1.3 zurück. Danach ist der Ehemann berechtigt, seine Frau durch Scheidebrief zu entlassen, wenn er ein πρᾶγμα ἄσχημον (= ערות הדבר *ärwat dabar)* an ihr findet. Der Sinn dieses Ausdrucks ist in der rabbinischen Schriftgelehrsamkeit oft diskutiert worden. Rabbi Hillel verstand ihn als „irgendeine schandbare Angelegenheit". Demnach sind alle möglichen Vergehen als Scheidungsgrund anzuerkennen; zum Beispiel kann sich der Ehemann dann von seiner Frau trennen, wenn sie das Essen hat anbrennen lassen[24]. Anders Rabbi Schammai; er grenzt den Begriff ein und versteht ihn als „eine bestimmte schandbare Sache"[25].

[24] Vgl. Git. 9,10.90aBar; p. Git. 9,50d,29; S. Dt. 24,1 § 269.

[25] Gegen P. Billerbeck, der diesen Begriff mit „Unzuchtsünde" identifiziert (I 313), bemerkt H. Hübner, daß eine solche Eingrenzung nicht zwingend ist, vielmehr auch „Verstöße gegen die damaligen guten Sitten" gemeint sein können (Gesetz 52). Vgl. auch R. Neudecker: „Also erstreckt sich *'erwa* als Grund für obligatorische Scheidung auf alles, was ‚Blöße' der Frau ist, angefangen bei bestimmten entblößten Körperteilen (leicht als Zeichen einer Frau von lockeren Sitten zu deuten) bis hin zum schwerwiegenden Fall des

Matthäus zitiert die These nicht aus dem Alten Testament, sondern aufgrund der christlichen Überlieferung, wie sie sich auch Mk 10,11 findet[26]. Hierdurch ist das jüdische Eherecht richtig getroffen. Danach ist die Ehescheidung weitgehend in das Belieben des Mannes gestellt. Primäres Ziel ist schwerlich der „Schutz der Frau“[27], sondern die Festsetzung des Rechtes des israelischen Mannes, wodurch freilich auch dessen Grenzen erkennbar werden.

Die Gegenthese Jesu macht den Standpunkt der Gemeinde sichtbar. 32
Matthäus folgt der Q-Überlieferung, wenn er hier wie schon in V. 31 ἀπολύειν als *terminus technicus* für „aus der Ehe entlassen“ versteht[28]. Jedoch verändert er diese Überlieferung, wenn er V. 32b mit der Partikel eines konditionalen Relativsatzes (ὅς ἐάν = „wer auch immer“) einleitet und hierdurch an V. 31 angleicht. Die Form eines kasuistischen Rechtssatzes ist dadurch deutlicher akzentuiert worden.

Sekundär eingefügt ist auch der Ausdruck παρεκτὸς λόγου πορνείας („ausgenommen im Fall von Unzucht“). Eine Entsprechung findet sich in 19,9 (μὴ ἐπὶ πορνείᾳ: „außer wegen Unzucht“) und ist dort ohne Zweifel von dem Redaktor Matthäus in die Markusvorlage eingetragen worden. An unserer Stelle kann man fragen, ob Matthäus selbst den Zusatz einfügte oder ihn schon in diesem Zusammenhang vorfand. Auf jeden Fall kennzeichnet die Klausel die eherechtliche Position des Matthäus und damit auch die seiner Gemeinde. Sie steht der Auslegung des Rabbi Schammai näher als der des Rabbi Hillel und mag von dort beeinflußt sein. Πορνεία kann in der frühchristlichen Überlieferung die allgemeine Bedeutung von „Unzucht“ haben, bezieht sich hier jedoch auf die eheli-

---

Ehebruchs“ (Frührabbinisches Ehescheidungsrecht. Der Tosefta-Traktat Giṭṭin, biblica et orientalia 39, Rom 1982, 5).

26 Auch der Begriff ἀποστάσιον ist nicht ausschließlich auf Dtn 21,1 zurückzuführen, sondern auch Mk 10,4 belegt.

27 So E. Schweizer, NTD 2, 74; ähnlich zu Dtn 24,16f H. W. Wolff, Anthropologie des AT ^{2}1974, 256; H. Baltensweiler, Ehe 34.

28 Ein Überblick über die Parallelen ergibt folgendes synoptisches Bild:

Matthäus 19,9	Markus 10,11–12	Lukas 16,18
Ich aber sage euch, daß ein jeder, der seine Frau entläßt außer bei Unzucht	[11] *Und er sprach zu ihnen: Wer seine Frau entläßt*	*Ein jeder, der seine Frau entläßt*
und eine andere heiratet, die Ehe bricht.	*und eine andere heiratet, der bricht ihr gegenüber die Ehe.*	*und eine andere heiratet, bricht die Ehe,*
	[12] *Und wenn sie ihren Mann entläßt und einen anderen heiratet, bricht sie die Ehe.*	*und wer eine von ihrem Mann Geschiedene heiratet, der bricht die Ehe.*

Für die Einwirkung von Q auf Mt 5,32 ist der Ausdruck πᾶς ὁ ἀπολύων („ein jeder, der entläßt...“) in Lk 16,18 geltend zu machen. Auch daß in der zweiten Vershälfte vom Mann aus argumentiert wird, geht auf Q zurück; anders Mk 10,12, wo die Frau als Subjekt dargestellt und vielleicht römische Rechtspraxis reflektiert ist.

che Untreue der Frau[29]. Daher ist das Wort dem üblichen Sprachgebrauch von μοιχεία („Ehebruch“) gleichzusetzen[30].

Was sagt solche Änderung über die Eherechtspraxis des Matthäus und seiner Gemeinde aus? Voraufgegangen ist eine mehrstufige traditionsgeschichtliche Entwicklung, die bei dem absoluten Scheidungsverbot Jesu einsetzt (1Kor 7,10f*; Mk 10,2–9*)[31]. Dieses Verbot gehört in den Bereich der ethischen Radikalismen Jesu, z.B. der ersten und der zweiten Antithese, und ist wie diese zu beurteilen: eine Weisung, die aus dem Nahen der Gottesherrschaft begründet ist; sie konfrontiert den Menschen dem Anspruch des Eschaton und ruft ihn zur Umkehr. Diese absolute Forderung ist nicht geeignet, menschliches Leben zu regeln, vielmehr stellt sie grundsätzlich die Funktion des Gesetzes in Frage, Gemeinschaftsleben zu konstituieren.

Eine weitere Stufe wird durch Mk 10,11f par Lk 16,18 markiert. Hier ist nicht allein die Ehescheidung, vielmehr sind Scheidung und Wiederheirat verboten. Beides zusammen genommen ist mit „Ehebruch“ identisch[32]. Die Ehescheidungsklausel bei Matthäus steht am Ende dieser traditionsgeschichtlichen Skala. Sie setzt die urchristliche Diskussion voraus und interpretiert sie in einem spezifischen Sinn. Das Adverb παρεκτός hat nicht einen inklusiven („selbst im Fall von“)[33], sondern einen exklusiven

---

[29] Der Versuch, πορνεία (= „Unzucht“) mit dem hebräischen זנות (*senut* = „Verwandtenehe“) zu identifizieren, ist wenig aussichtsreich, da dieses Verständnis für Matthäus sonst nicht belegt ist; gegen H. Baltensweiler, Ehe 33; J. A. Fitzmyer, TS 37, 1976, 197–226; J. P. Meier, Law and History 147–150; zu Recht verweist W. Rordorf demgegenüber auf die Diskussion der Pharisäer nach Mt 19,3 und auf die patristische Auslegung (JEH 20, 1969, 196).

[30] Daß der Ausdruck μοιχεία („Ehebruch“) vermieden ist, mag sich aus der Tatsache erklären, daß das Verb μοιχεύειν im Kontext eine rechtliche Bedeutung hat, nämlich das Rechtsdelikt bezeichnet; demgegenüber geht es hier um das Vergehen, dessen Qualität juridisch festgestellt werden soll.

[31] Zur Sache: B. Schaller, Sprüche 226–246 (Lit.). Die Einschränkung in 1Kor 7,11a bezieht sich vielleicht auf eine schon getrennte Ehe (zu H. Lietzmann, An die Korinther I, HNT 9, [5]1969, 31).

[32] Mk 10,12 bringt diese Verbindung unter dem Blickwinkel der Frau zur Sprache (s.o. Anm. 28). – Die Lukasparallele gehörte vielleicht der vorlukanischen Sprucheinheit 16,16–18 an (so A. Polag, Fragmenta 74; H. Schürmann, Untersuchungen 137; anders P. Hoffmann, Studien 54f). Nach F. W. Horn steht μοιχεία (V. 18: „Ehebruch“) parallel zu φιλαργυρία (V. 14: „Habsucht“) und bezeichnet wie letzteres im lukanischen Verständnis eine Grundforderung des Gesetzes (vgl. Lk 8,14; Apg 24,25): Glaube und Handeln in der Theologie des Lukas (s.o. S. 33 Anm. 20) 70ff.

[33] So die ältere römisch-katholische Exegese; vgl. U. Holzmeister, Die Streitfrage über die Ehescheidungsgesetze bei Mt 5,32; 19,9, Biblica 26, 1945, 133–146; F. Vogt, Das Ehegesetz Jesu, 1936. Dagegen spricht vor allem die Parallele Mt 19,9, die nur unter Schwierigkeiten inklusiv ausgelegt werden kann. Die neuere römisch-katholische Auslegung anerkennt weitgehend den exklusiven Charakter der Klausel, bezieht ihn jedoch entweder nur auf die Trennung von Mann und Frau oder auf eine nach jüdischem Recht illegitime Ehe (vgl. oben Anmerkung 29 und H. Schürmann, Marginalien 421f.). Nach R.

Sinn („mit Ausnahme des Falles von"). Die ursprüngliche rigorose Regelung ist hierdurch erweicht worden. Es wird eine Ausnahme zugestanden, in der Scheidung und Wiederheirat gestattet sind. Im Fall der ehelichen Untreue greift also die urchristliche Regelung nicht. Matthäus legt im Einklang mit seiner Gemeindeüberlieferung eine praktikable Weisung fest, mit deren Hilfe die aktuellen Ordnungsprobleme gelöst werden können.

Scheinbar haben Matthäus und seine Gemeinde mit der Scheidungsklausel die Auslegung des Rabbi Schammai übernommen. Jedoch geht die rabbinische Regelung grundsätzlich von der Möglichkeit der Scheidung aus, wie diese ja auch in Dtn 24 ausdrücklich zugestanden ist. Demgegenüber ist die neutestamentliche Auffassung durch das absolute Scheidungsverbot Jesu bestimmt. Die Ausnahmeklausel im Matthäusevangelium setzt das Verbot der Ehescheidung nicht grundsätzlich außer Kraft, so sehr sie dieses auch den Erfordernissen der Gemeindesituation anpaßt.

Wie verhält sich diese Regelung zum Alten Testament? Es kann nicht bestritten werden, daß Jesu absolutes Scheidungsverbot im Gegensatz zu der Anordnung von Dtn 24 steht. Dies wird durch Mk 10,2ff par ausdrücklich bestätigt, wo Jesus das Toragebot der Ehescheidung als Zugeständnis Moses bezeichnet; denn „von Anfang an ist es nicht so gewesen" (Mt 19,8). Hier steht die Schöpfungsordnung der mosaischen Tora gegenüber. Die Torakritik Jesu führt also zur Auflösung eines Toragebotes. So ist es durch die alles überragende „Vollmacht" Jesu motiviert. Gegenüber der Tora als dem geltenden Gesetz des Judentums vertritt Jesus den heiligen Gotteswillen; gegenüber dem Recht der Welt repräsentiert er die Forderung des Gottesreiches. Dennoch handelt es sich nicht um ein neues Recht im welthaften Sinn, das Jesus aufrichten, oder um eine neue Gesetzesordnung, die Jesus etablieren will. Seine Botschaft macht vielmehr auf die Fragilität und Relativität der bestehenden Rechtsordnungen aufmerksam.

Auch auf der Ebene des Matthäus ist der Unterschied zu Dtn 24 nicht zu bestreiten. Anders als das Gesetz Moses, jedoch in Übereinstimmung mit der urchristlichen Tradition geht der erste Evangelist von der grundsätzlichen Unauflöslichkeit der Ehe aus. Nur eine Ausnahme ist zugestanden, indem analog der Regel des Rabbi Schammai Dtn 24,1.3 verhältnismäßig eng ausgelegt wird. Was das Problem der Wiederheirat angeht, so ist im Einklang mit der rigorosen urchristlichen Ethik einem Mann die Heirat einer geschiedenen Frau nicht gestattet. Auch der getrennt leben-

---

Neudecker steht unser Text unter dem Oberbegriff „reconciliation" (The Sermon on the Mount as a Witness to „Inculturation". The first two Antithetical Cases [Mt 5:21–32], in: Inculturation. Working Papers on Living Faith and Cultures, ed. P. Beauchamp u. a., Rom 1982, 73–89).

de christliche Mann darf sich nicht wiederverheiraten, da seine Ehe als noch bestehend gilt (vgl. Mt 19,9) – dies im deutlichen Unterschied zu Dtn, wo selbst der geschiedenen Frau Wiederverheiratung ausdrücklich zugestanden wird (Dtn 24,2)[34].

So sehr also auch die jüdische schriftgelehrte Überlieferung auf die Matthäusfassung der dritten Antithese eingewirkt hat, der matthäische Jesus formuliert hier ein eigenes Gesetz. Darin erweist er sich als Erfüller von „Gesetz und Propheten" und als Verkünder des im Alten Testament niedergelegten fordernden Gotteswillens. Anders als der historische Jesus steht der Bergprediger nach matthäischem Verständnis auf dem Boden des Gegebenen und Möglichen. Toraverschärfung und Praktikabilität stehen nicht im Gegensatz zueinander, sondern verbinden sich zu der einen eschatologischen Forderung, die im Namen des Kyrios an Gemeinde und Welt ergeht.

2.3.4 5,33–37 Die vierte Antithese: Vom Schwören

O. Bauernfeind, Eid und Frieden, FKGG NF 2, 1956, 91–142.
Ders., Der Eid in der Sicht des Neuen Testaments, in: Eid. Gewissen. Treupflicht, hg. v. H. Bethke, 1965, 79–112.
G. Dautzenberg, Ist das Schwurverbot Mt 5,33–37; Jak 5,12 ein Beispiel für die Torakritik Jesu?, BZ NF 25, 1981, 47–66.
Ders., Art. Eid IV. Neues Testament, TRE IX, 1982, 379–382.
T. Klauser, Art. Beteuerungsformeln, RAC II, 1954, 219–224.
E. Kutsch, „Eure Rede aber sei ja ja, nein nein", EvTh 20, 1960, 206–218.
H. Merklein, Die Gottesherrschaft als Handlungsprinzip, fzb 34, 1978, 265–267.
P. S. Minear, Yes or No: The Demand for Honesty in the Early Church, Nt 13, 1971, 1–13.
J. Schneider, Art. ὀμνύω, ThWNT V, 1954, 177–185.
G. Stählin, Zum Gebrauch von Beteuerungsformeln im Neuen Testament, NT 5, 1962, 115–143.
D. Zeller, Mahnsprüche 124–126.
Vgl. auch die Kommentare zu Jak 5,12 (M. *Dibelius*, KEK 15, [11]1964; F. *Mußner*, HThK 13/1, [2]1967 u.a.).

[33]*Wiederum habt ihr gehört, daß den Alten gesagt wurde: Du sollst nicht falsch schwören, du sollst aber dem Herrn deine Eide halten.* [34]*Ich aber sage euch, daß ihr überhaupt nicht schwören sollt; weder beim Himmel, denn er ist Gottes Thron;* [35]*noch*

[34] Anders C. Dietzfelbinger, wonach πορνεία den schon vollzogenen Bruch der Ehe kennzeichne. Daher stelle der matthäische Jesus mit der Klausel den ursprünglichen Sinn von Dtn 24 wieder her: Scheidung ist nur dann möglich, wenn die Ehe zerbrochen ist. Der Mann, der seine Frau angesichts einer nicht mehr bestehenden Ehe entläßt, handle auch nicht gegen das absolute Scheidungsverbot Jesu, und „auch 5,32b, das Verbot, eine widergesetzlich entlassene Frau zu heiraten, widerspricht nicht Dtn, da dort von der zu Recht entlassenen Frau und ihrer Wiederverheiratung die Rede ist" (ZNW 70, 1979, 9). Jedoch ist im Verständnis Jesu jede Scheidung „widergesetzlich", weil sie dem Schöpfungswillen Gottes widerspricht; daher kann auch von einer Entlassung, die im Einklang mit dem Gottesrecht stehen würde, nicht ursprünglich die Rede sein.

bei der Erde, denn sie ist der Schemel seiner Füße; noch bei Jerusalem, denn sie ist die Stadt des großen Königs. [36]*Auch sollst du nicht bei deinem Kopf schwören, denn du kannst nicht ein einziges Haar weiß oder schwarz machen.* [37]*Eure Rede soll ‚ja ja', ‚nein nein' sein; was über dieses hinausgeht, das ist vom Bösen.*

Mit der vierten Antithese beginnt Matthäus die zweite Dreierreihe des Abschnittes V. 21–48. Die Zäsur ist deutlich durch πάλιν („wiederum") markiert. Die Einführung ist neben V. 21 nur hier ausführlich: „Wiederum habt ihr gehört, daß den Alten gesagt wurde". Schon zur dritten Antithese zeigte sich, daß der Evangelist nicht immer den zugrundeliegenden alttestamentlichen Text zitiert, sondern bei der Formulierung der These auf mündliche frühchristliche Überlieferung zurückgreift. Daß mündliche Tradition jedenfalls auch Grundlage der vierten These ist, bestätigt das Wort ἠκούσατε („ihr habt gehört"). Dies erklärt, weshalb der exakte Wortlaut im Alten Testament nicht zu belegen ist. Setzt man voraus, daß die vormatthäische Antithesenreihe der Struktur des Dekalogs folgt, so ist an dieser Stelle ein Bezug auf das achte Gebot am wahrscheinlichsten (Ex 20,16; Dtn 5,20: „Du sollst nicht falsches Zeugnis reden wider deinen Nächsten")[35]. 33

Möglich ist auch, an andere alttestamentliche Texte zu denken. Das Verbot des Meineides, d.h. beim Namen Gottes falsch zu schwören, ist z.B. Ex 20,7 (Lev 19,12) ausgesprochen. – Die Mahnung, die Eidschwüre einzulösen, ist inhaltlich Ps 50,14 (MT = 49,14 LXX) belegt; sie bezieht sich auf Gelübde (= promissorisch, im Unterschied zu assertorischen Schwüren); dort auch der Ausdruck ἀπόδος τῷ ὑψίστῳ τὰς εὐχάς σου („erfülle dem Höchsten deine Gelübde"); das Verb ἀποδίδωμι bedeutet eigentlich „bezahlen", im übertragenen Sinn „erfüllen", „halten" (auch Num 30,3; Dtn 23,21)[36].

Nach antiker Vorstellung wird der Schwur bei einer höheren Macht abgelegt. Ihre Vergeltung schwört der Mensch auf sich herab, wenn er seiner Eidesschuld nicht nachkommt. So ist es auch im Alten Testament bezeugt. Jahwe ist der Schützer des Eides; er ahndet den Falscheid und fordert, daß die bei seinem Namen abgelegten Gelübde eingehalten werden (Lev 6,1ff; Ex 16,59; Sach 8,17).

Daß ein alttestamentliches Verbot zitiert wird, reiht die vierte Antithese in die vormatthäische Folge von erster und zweiter Antithese ein. Wie dort, so ist auch hier eine Kurzfassung als Urtradition zu erschließen. Diese umfaßte V. 33–34a; sie enthielt also in der Gegenthese Jesu ein 34a

[35] So kann es z.B. auf alttestamentliche Reinigungseide bezogen werden, wonach der Beschuldigte durch eine eidliche Aussage, welche die Wahrheit und nicht „falsches Zeugnis" enthält, die gegen ihn erhobene Anklage zurückweisen kann (vgl. Ex 22,11). Auch der Bruch eines Gelübdes ist zum Falscheid zu zählen (Num 30,3; vgl. Weish 14,28).

[36] Andere Auslegungsmöglichkeit bei W. Bauer, Wb[5] 178f; J. Schneider, ThWNT V 463 Anm. 32: ἀποδοῦναί τινι ὅρκον = „sich eines Eides entledigen", d.h. Gott einen (wahren) Eid leisten. – Hier müßte jedoch das Wort „wahr" ergänzt werden.

absolutes Schwurverbot[37]. Hierzu bietet Jak 5,12 eine wichtige Parallele, in der das Schwurverbot in imperativischer Form erscheint (μὴ ὀμνύετε = „schwöret nicht!“)[38]. Es ist zu vermuten, daß Jak 5,12 auf eine Parallelüberlieferung zurückgeht, die zwar nicht mehr die alte antithetische Form bewahrt hat, aber in anderen Stücken älter als die matthäische Fassung ist.

Die Einzigartigkeit des Schwurverbotes Jesu wird auf dem religionsgeschichtlichen Hintergrund sichtbar. Im antiken Judentum wie auch im Griechentum und im Hellenismus ist der Eid eine weithin unbestritten geübte Gewohnheit[39]. Andererseits wird in der antiken Literatur geraten, nicht leichtfertig zu schwören. Insbesondere empfiehlt der hellenistische Jude Philo Zurückhaltung bei der Anrufung Gottes als eines Schwurzeugen[40]. Ein absolutes Schwurverbot ist jedoch allein für Jesus belegt. Sein Verbot zu schwören (V. 34a) deckt die Unwahrhaftigkeit des Menschen auf, auch ohne daß es durch die Mahnung ergänzt wird, wahrhaftig zu reden. Darin steht es in Einklang mit den übrigen ethischen Radikalismen Jesu. Wie diese ist es durch die Ansage der nahen Gottesherrschaft und durch die eschatologische Autorität Jesu motiviert. Jesus fordert radikale Umkehr: Wer sich dem unbedingten, ursprünglichen Gotteswillen öffnet, der bedarf nicht des Schwures, mag dieser auch in der Tora zugestanden sein. Auch hier befindet sich Jesus im Gegensatz zum Alten Testament und zu einer auf das Alte Testament sich berufenden Schwurpraxis. Das Recht der alten Ordnung zerbricht, wo der unbedingte, eigentliche Got-

---

[37] Vgl. aber die engagierte Gegendarstellung von G. Dautzenberg, wonach die vierte Antithese nicht auf Jesus, sondern auf eine sekundäre judenchristliche Überlieferung zurückgehe (ausführlich: BZ NF 25, 1981, 47–66). Hierfür wird geltend gemacht: 1. Die antithetische Form ist künstlich, da V. 33 kein wörtliches Zitat bringt; 2. These und Antithese sind inkongruent; 3. Es handelt sich weder um Tora-Verschärfung noch um Tora-Aufhebung, da V. 33 sich nicht auf von der Tora vorgeschriebene Eide bezieht (TRE IX 380f). – Jedoch: Das Argument der „Künstlichkeit“ bzw. der „Inkongruenz“ postuliert eine gereinigte Antithesenform, die auch aus den authentischen Antithesen Nr. 1 und 2 nicht rekonstruiert werden kann. Darüber hinaus will V. 21b nicht allein ein Toraverbot wiedergeben, sondern zunächst eine jüdische mündliche Tradition (s.o. 67f.). Diese führt aber letztlich auf das alttestamentliche Gesetz zurück und setzt Traditions- und Torakritik in eins. Dabei ist für das absolute Schwurverbot bezeichnend, daß nicht nur der Falscheid, sondern jeder Schwur ohne Ausnahme abgelehnt und hierdurch die gesamte alttestamentlich-jüdische Schwurpraxis in Frage gestellt wird. Sachlich stimmt es zu den übrigen ethischen Radikalismen Jesus. Daß es im Urchristentum nicht eingehalten wurde (s. unten S. 84 Anm. 44), hat das Schwurverbot mit anderen absoluten Forderungen Jesu gemeinsam (vgl. 5,44; 7,1).

[38] Vgl. Jak 5,12: „Vor allem aber, meine Brüder, schwöret nicht, weder bei dem Himmel noch bei der Erde noch irgendeinen anderen Eid. Vielmehr euer Ja sei Ja, und (euer) Nein sei Nein, damit ihr nicht unter (das) Gericht fallt.“ (Sonstige Parallelen: Justin, Apol. I 16,5; Ps. Clem., Hom III 55,1; 56,3; XIX 2,4.)

[39] Vgl. die Stellensammlung bei J. Schneider, ThWNT V 177–185.458–467.

[40] Vgl. de decal. 84; leg. all. III 207; spec. leg. II 2.4f.

teswille zur Geltung gebracht wird[41]. Die Schwurpraxis einer jeden menschlichen Gesellschaft wird auf der Basis dieses Textes zu befragen sein, ob sie solcher Unbedingtheit Raum läßt.

Die Parallele Jak 5,12 macht deutlich, daß auch die folgenden Verse der vormatthäischen Überlieferung angehören. Sie zeigen, daß auch das Schwurverbot Jesu einem ‚Wachstumsprozeß' unterworfen, nämlich durch die Aufzählung von Beispielen aus jüdischer und paganer Praxis sekundär ergänzt worden ist. Für die ersten drei Beispiele ist eine alttestamentliche Grundlage nachzuweisen. Der Schwur beim Himmel und bei der Erde wird durch den Verweis auf Jes 66,1 abgelehnt. Der Schwur bei Jerusalem wird mit Bezug auf Ps 47,3 (LXX) abgewiesen. Zugrunde liegt die jüdisch-rabbinische Lehre, wonach durch derartige Umschreibungen die direkte Nennung Gottes vermieden werden könne. Demgegenüber lautet die Gegenthese: Selbst solche Umschreibungen beleidigen die Majestät Gottes; denn letztlich wird durch sie Gott selbst repräsentiert. 34b-35

Das letzte Beispiel, der Schwur beim eigenen Kopf, ist nicht nur im jüdischen Bereich belegt, sondern auch in der griechischen und römischen Schwurpraxis in Gebrauch gewesen. Daher mag das Beispiel vom Schwur beim eigenen Kopf ein sekundärer Zuwachs aus der hellenistisch-christlichen Gemeinde sein. Dieser Schwur wird hier abgewiesen, nicht wie im voraufgehenden mit der Aussage, daß auch darin letztlich Gott selbst angerufen werde, sondern mit der Feststellung, daß der Mensch seiner selbst nicht mächtig ist. Auch wenn der Mensch bei sich selbst oder bei einem seiner Körperteile schwört, ist er ein abhängiges Wesen, angewiesen auf Gottes Walten und Schöpfermacht. So ist auch der Schwur beim Kopf als Versuch entlarvt, sich Gott, den Schöpfer, verfügbar zu machen. 36

Die zitierten vier Beispiele wollen besagen, daß jeder Eid, auch wenn in ihm der unmittelbare Bezug auf Gott vermieden wird, gegen Gottes Hoheit verstößt. Jeder Eid erniedrigt Gottes Allmacht zum Objekt menschlicher Manipulation. Solche Feststellung ist eine konsequente Ausführung des absoluten Schwurverbotes Jesu. Dennoch zeigt sich hier eine Stufe theologischer Reflexion, die von dem Umkehrruf des historischen Jesus Abstand gewonnen hat. In dieser Traditionsschicht wird argumentiert, nicht mehr nur proklamiert.

Der abschließende Vers ist in Jak 5,12 durch eine Parallele ausgewiesen, welche die uneingeschränkte wahrheitsgemäße Rede gebietet. Das Ja soll mit dem Ja, das Nein mit dem Nein identisch sein[42]. Die unbedingte Forderung der wahrhaftigen Rede ist als Schlußwort der vormatthäischen 37

[41] Zu Recht zieht S. Westerholm aus unserem Text die Folgerung: „...it is a misunderstanding of Jesus' intent to treat his words as a new statute" (Jesus and Scribal Authority, CB. NT 10, Lund 1978, 113).

[42] Vgl. auch 2Kor 1,17: „...damit bei mir das Ja und Nein (gleichzeitig) sei" (P^{46} u.a.).

Antithese vorstellbar. Sie gehört der letzten vormatthäischen Schicht im Prozeß der Erweiterung der ursprünglichen Antithese an. Jesu Eidverbot ist also als ethische Forderung der Wahrhaftigkeit interpretiert worden. Diese Mahnung wurde mit dem Hinweis auf das Endgericht abgeschlossen. Das Gebot der wahrhaftigen Rede fordert eine Haltung, die vor dem Endgericht bestehen läßt.

Matthäus hat diese Vorlage in einer doppelten Hinsicht verändert:

1. Der Artikel ist gestrichen worden, so daß gelesen wird ναὶ ναί, οὒ οὔ („ja ja, nein nein"). Hierdurch wird eine Formel überliefert, die so wohl schon in der matthäischen Gemeinde gebräuchlich war. Die doppelte Verneinung oder Bejahung ist in jüdischer Literatur als Beteuerungsformel belegt (so slav. Hen. 49,1: „Wenn unter den Menschen nicht Wahrheit ist, so mögen sie schwören mit dem Wort ‚ja, ja', wenn aber, so ‚nein, nein'..."). Mit der Zitierung dieser Formel vermeidet die Gemeinde des Evangelisten, gegen das Schwurverbot Jesu verstoßen zu müssen, da es sich nicht um eine Eides-, sondern um eine Beteuerungsformel handelt. Andererseits kann hierdurch die wahrheitsgemäße Rede bekräftigt werden, wie dies etwa bei richterlichen Untersuchungen vor der Gemeinde erforderlich gewesen sein wird (vgl. Mt 18,17; 1Kor 6,2). Stärker als dies in der vorredaktionellen Überlieferung der Fall gewesen ist, hat Matthäus die Jesusüberlieferung den Erfordernissen des Gemeindelebens seiner Zeit angepaßt und das Schwurverbot Jesu teilweise rückgängig gemacht[43].

2. Der Zusatz τὸ δὲ περισσὸν τούτων ἐκ τοῦ πονηροῦ ἐστιν („was über dieses hinausgeht, das ist vom Bösen") stammt von Matthäus; so zeigen es die matthäischen Vorzugswörter περισσόν („mehr") und πονηροῦ („Böses"). Eine Mindestformel soll verwendet werden, nicht jedoch ein Wort, das darüber hinausführt und dem jüdischen oder heidnischen Schwur nahekommt. In Aufnahme der Praxis seiner Gemeinde verrechtlicht Matthäus das Traditionsgut und paßt es den juridischen Notwendigkeiten des Gemeindelebens an. Aus dem Schwurverbot Jesu ist die Weisung zu einem Schwurersatz geworden[44].

---

[43] Auch G. Dautzenberg erkennt, daß Matthäus eine „Schwurersatzformel" bringt, welche die entscheidenden Merkmale des Eides vermeiden und die wahrheitsgemäße Aussage bekräftigen soll (TRE IX 381). Daß die genannten Belege (außer slav. Hen. 49,1f Rez. A auch b. Schebuoth 36a; Mekh. Ex. 20,1 u. a.; vgl. Bill I 336f; M. Dibelius, Jak 230f) literarisch verhältnismäßig spät anzusetzen sind, kann ihre sachliche Bedeutung nicht mindern; vgl. R. Banks, Jesus and the Law 195.

[44] Vgl. auch C. Dietzfelbinger, ZNW 70, 1979, 10. – Das Urchristentum hat sich an das Schwurverbot Jesu nicht gehalten: Paulus ruft Gott häufig zum Schwurzeugen an (1Thess 2,5.10; 2Kor 1,23; 11,31; Röm 1,9; 9,1; Phil 1,8). Nach Mt 26,64 hat Jesus selbst vor dem Hohenpriester eine eidliche Aussage gemacht, und nach Mt 26,72.74 hätte Petrus seine Verleugnung durch Schwur bekräftigt. – Mt 23,16ff überliefert eine vormatthäische christliche Tradition, welche die Undiszipliniertheit des Eidgebrauchs im Judentum bekämpft.

2.3.5 5,38–42 Die fünfte Antithese: Von der Wiedervergeltung

P. Fiebig, ἀγγαρεύω, ZNW 18, 1917/18, 64–72.
J. Rausch, The Principle of Nonresistance and Love of Enemy in Mt 5,38–48, CBQ 28, 1966, 31–41.
L. Schottroff, Gewaltverzicht und Feindesliebe in der urchristlichen Jesustradition. Mt 5,38–48; Lk 6,27–36, in: Jesus Christus in Historie und Theologie, FS H. Conzelmann, hg. v. G. Strecker, 1975, 197–221.
G. Theißen, Gewaltverzicht und Feindesliebe (Mt 5,38–48/Lk 6, 27–38) und deren sozialgeschichtlicher Hintergrund, in: ders., Studien zur Soziologie des Urchristentums, WUNT 19, 1979, 160–197.
D. Zeller, Mahnsprüche 55–60.
Vgl. auch unten zu 5,43–48.

Matthäus 6	Lukas 6
38 *Ihr habt gehört, daß gesagt wurde: Auge für Auge und Zahn für Zahn.* 39 *Ich aber sage euch, daß ihr dem Bösen Widerstand nicht leisten sollt, sondern wer dich auf die rechte Wange schlägt, dem halte auch die andere hin.*	29 *Dem, der dich auf die Wange schlägt, biete auch die andere dar,*
40 *Und wer mit dir prozessieren und dein Untergewand nehmen will, dem laß auch den Mantel.*	*und dem, der dir den Mantel nimmt, verweigere auch das Untergewand nicht.*
41 *Und wer dich zwingt, eine Meile (mitzugehen), mit dem gehe zwei.*	
42 *Dem, der dich bittet, gib, und von dem, der von dir leihen will, wende dich nicht ab.*	30 *Einem jeden, der dich bittet, gib, und von dem, der dir das Deine nimmt, fordere es nicht zurück.*

Wie der Vergleich mit Lk 6,27–36 verdeutlichen kann, geht die Substanz der fünften und sechsten Antithese auf die Q-Überlieferung zurück, in der diese Tradition jedoch nicht antithetisch geformt war. Aller Wahrscheinlichkeit nach hat der Redaktor Matthäus die antithetische Formung (V. 38–39a und V. 43–44) geschaffen. Von ihm stammt auch die Gliederung des ursprünglich einheitlichen Stoffes in zwei Abschnitte: in die Antithese von der Wiedervergeltung und die von der Feindesliebe; denn in der Q-Quelle ist zwischen beidem nicht unterschieden worden.
Die These zitiert das alttestamentliche *ius talionis* aus Ex 21,24 (bzw. aus 38
den wörtlichen Parallelen Lev 24,20; Dtn 19,21). Zugrunde liegt der LXX-Text, wobei die Akkusative ὀφθαλμόν („Auge") und ὀδόντα („Zahn") sich aus der Tatsache erklären, daß ein δώσει („er soll geben") mitzudenken ist. Der alttestamentliche Hintergrund ist der einer israelischen Rechtsordnung. Der Grundsatz der Wiedervergeltung fordert „Leben für Leben, Auge für Auge, Zahn für Zahn, Hand für Hand, Fuß für

Fuß...". Der Schaden, der durch einen Verbrecher verursacht wird, ist dadurch zu sühnen, daß dem Schädiger ein gleiches zugefügt wird. Dieser Rechtssatz stellt sich einer blindwütigen Rachsucht entgegen. Er ist schon im Kodex Hammurabi (um 1700 v.Chr.), auch im griechischen, römischen und rabbinischen Recht belegt. Es handelt sich um eine staatlich sanktionierte Regelung, die keineswegs als Aufruf zur Selbstjustiz verstanden werden darf, auch wenn solches Mißverständnis durch unseren Text nahegelegt zu sein scheint, da im folgenden persönliche Verhaltensweisen zur Sprache kommen.

39 Die Gegenthese ist von Matthäus selbst gebildet worden. Πονηρός („böse") ist ein matthäisches Vorzugswort. Es bezeichnet den bösen Menschen (ergänze: ἀνθρώπῳ); denn es wird durch ὅστις („welcher") im folgenden aufgenommen. Der Infinitiv μὴ ἀντιστῆναι („nicht widerstehen") ist dem voraufgehenden Infinitiv μὴ ὀμόσαι ὅλως (V. 34: „überhaupt nicht schwören") nachgebildet. Ist demnach die Aussage von V. 39a auf den Evangelisten zurückzuführen, so gibt sie doch zusammenfassend wieder, was im folgenden, der Q-Überlieferung anschließend, ausgesagt wird.

Der Bergprediger stellt dem Rechtsgebot der Tora sein eigenes Gesetz gegenüber: nicht Vergeltung, sondern Racheverzicht, nicht Bekämpfung des Bösen, sondern Hinnahme der gegnerischen Gewalt! Dies gilt nicht nur für den Raum der Gemeinde (nur die Antithesen 1–3 beziehen sich primär auf innergemeindliche Verhältnisse), sondern für das persönliche Leben der Christen allgemein. Die Mahnung, auf Widerstand zu verzichten, darf also nicht auf ein „Widerstehen vor Gericht" eingeschränkt werden[45]. Die christliche Gemeinde soll vielmehr die Forderung des Kyrios ernst nehmen, indem sie dem feindlichen Nächsten nicht gewaltsam entgegentritt. Dabei rät Matthäus nicht zur Nachgiebigkeit gegenüber der Macht des Bösen. Wie Jesus in seiner Versuchung (4,1–11) soll selbstverständlich jeder Christ dem „Verführer" Widerstand leisten. Die Kirche muß sich als die Gemeinschaft der „Berufenen" in ethischer Reinheit darstellen. Hierzu soll auch diese Mahnung verhelfen.

Die Mahnung zur Nachgiebigkeit ist im Rahmen der Religionsgeschichte nicht ein neues Gebot. Nachgiebigkeit und Demut werden auch in der rabbinischen Literatur als vorbildhafte Haltungen gerühmt[46]. Matthäus geht über die rabbinische Verhaltensnorm hinaus, indem er die Weisung zur Nachgiebigkeit der alttestamentlich-jüdischen Rechtsordnung entgegenstellt. Geboten ist im gegebenen Fall nicht ‚Rechtsnahme', sondern ‚Rechtsverzicht', entsprechend dem deutschen Sprichwort: „Lieber Unrecht leiden als Unrecht tun" (vgl. 1Kor 6,1ff). Sachlich ist diese

[45] Gegen E. Schweizer, NTD 2,79.

[46] Vgl. T. San. 25b; Meg. 28a; Berakh. 17a; Schabb. 88b (mit Zitat von Ri 5,31b). – Weitere, auch hellenistisch-jüdische Belege bei D. Zeller, Mahnsprüche 57f.

Weisung eine Variation der voraufgehenden Mahnungen zu Demut (V. 3), Sanftmut (V. 5), Friedenstiften (V. 9) und Versöhnungsbereitschaft (V. 22ff). Christliches Recht ist das Recht der Liebe, das sich nicht gegenüber dem anderen durchzusetzen sucht, sondern auch dem bösen Mitmenschen Raum geben kann. Selbst im Überwältigtwerden vom Bösen, auch in der Niederlage weiß der Glaubende sich von der Agape Gottes getragen.

Die Gegenthese V. 39a steht an erster Stelle einer Folge von Beispielen, die in der Form einer Antiklimax angeordnet sind. Sie bilden eine absteigende Linie vom größeren Übel bis zum geringeren: gewalttätige Auseinandersetzung – gerichtlicher Prozeß – Nötigung – Bitte. Von hier aus könnte man die Bedrängung durch den bösen Mitmenschen als das vorangestellte allergrößte Übel ansehen. Wahrscheinlicher ist jedoch, daß hierdurch eine allgemeine Aussage ausgesprochen ist, die allem folgenden zugrundegelegt wird. Matthäus will sagen: Wo auch immer ein Mensch in böser Absicht dir entgegentritt, vergelte nicht Böses mit Bösem, sondern zeige dich als Jünger Jesu, beweise die Haltung der demütigen Liebe und der Nachgiebigkeit!

So erläutert es die folgende Antiklimax. Das Beispiel vom Schlag mit der Hand auf die Wange (V. 39b) ist durch Lk 6,29 für die Q-Überlieferung ausgewiesen. Matthäus fügt τὴν δεξιάν („die rechte") hinzu. Wenn es sich hierbei nicht nur um eine zufällige Konkretisierung handelt (vgl. 5,29f; 6,3; Did 1,4), so ist hierdurch das besonders Schimpfliche des Schlagens mit dem Handrücken bezeichnet[47]. Der Geschlagene soll auch die andere Wange hinhalten – als Beweis seiner vorbehaltlosen Nachgiebigkeit, die weder die eigene Ehre zu erhalten, noch die eigene Machtstellung durchzusetzen sucht.

An zweiter Stelle folgt das Prozessieren um den χιτών, das hemdartige 40
Untergewand, das weniger wertvoll ist als das ἱμάτιον, das Obergewand. Man soll seine Nachgiebigkeit dadurch beweisen, daß man auch den Mantel dem Gerichtsgegner überläßt. Umgekehrt erscheint die Reihenfolge im Lukasevangelium. Hier ist an den Räuber (αἴροντος) gedacht. Wenn dieser den Mantel wegreißt, dann soll man ihn auch nicht daran hindern, das Untergewand zu nehmen. In beiden Fällen sprengt die Forderung Jesu jede Klugheitsregel. Die Radikalität der Nachgiebigkeitsforderung ist durch nichts anderes motiviert als durch das Nahen des Gottesreiches, das alle menschlichen Sicherheiten zerschlägt, vor dem nichts bestehen kann und der Mensch nackt und bloß erscheint.

Das Beispiel von der Nötigung hat Matthäus vermutlich an dieser Stelle 41
vorgefunden. Das Verb ἀγγαρεύειν ist ein persisches Lehnwort; es bezieht sich ursprünglich auf den persischen Kurier (ἄγγαρος), der das Recht hatte, Spanndienst und Weggeleit zu fordern und gegebenenfalls zu

[47] Vgl. B. Q. 8,6; San 58b.

erzwingen. Von hier aus gewinnt das Verb die Bedeutung von „zwingen“ oder „nötigen“ (so auch 27,32 par). Gegenüber solchem Zwang zur Wegbegleitung gilt die Forderung, nicht nur eine Meile mitzugehen, sondern zwei. Die griechische Bezeichnung des Längenmaßes[48] kann verdeutlichen, daß diese Überlieferung auf hellenistischem Boden gewachsen ist.

42 Das letzte Beispiel, vom Bitten und Entleihen, ist durch Lk 6,30 für Q belegt. In der zweiten Vershälfte nimmt Lukas das Bild vom Räuber wieder auf. Selbst das gestohlene oder geraubte Gut soll man nicht zurückfordern. Ist dies eine lukanische Weiterführung des vorgegebenen Bildes, so bringt Matthäus demgegenüber eine realistischere Aussage: Von dem, der von dir leihen will, sollst du dich nicht abwenden[49]! Diese Mahnung stimmt zur matthäischen Tendenz, das Überlieferungsgut zu ethisieren und den faktischen Gemeindeverhältnissen anzupassen. Kein Zweifel, daß Matthäus auch die voraufgehenden Mahnungen als Weisungen versteht, die in der christlichen Gemeinde praktiziert werden sollen: Nachgiebigkeit, Demut, Selbstverzicht – dies alles sind Bestandteile der christlichen Haltung der besseren Gerechtigkeit, wie sie die Nachfolger Jesu anstreben sollen, die sie – soweit es an ihnen liegt – zu verwirklichen suchen. So sind sie „Licht der Welt“ und „Salz der Erde“. Solche Forderung ist nicht immanent begründet und nicht als Klugheitsregel zu verstehen. Sie ist nicht eine Maxime, mit der die Welt regiert werden soll – ein solches Mißverständnis würde zur Herrschaft der Gewalttäter führen. Wohl aber stellt die unbedingte Forderung Jesu die Welt vor die Frage, ob sie sich durch ein Mehr an Nachgiebigkeit und an Gewaltlosigkeit zum Besseren verändern lassen will.

2.3.6 5,43–48 Die sechste Antithese: Von der Feindesliebe

O. Bayer, Sprachbewegung und Weltveränderung. Ein systematischer Versuch als Auslegung von Mt 5,43–48, EvTh 35, 1975, 309–321.
J. Becker, Feindesliebe – Nächstenliebe – Bruderliebe, ZEE 25, 1981, 5–18.
W. Huber, Feindschaft und Feindesliebe, ZEE 26, 1982, 128–158.
O. Linton, St. Matthew 5,43, StTh 18, 1964, 66–79.
D. Lührmann, Liebet eure Feinde (Lk 6,27–36/Mt 5,39–48), ZThK 69, 1972, 412–438.
J. Moltmann, Feindesliebe, EK 15, 1982, 503–505.
J. Piper, ‚Love your enemies‘, MSSNTS 38, 1974.
H. R. Reuter, Liebet Eure Feinde!, ZEE 26, 1982, 159–187.
O. J. F. Seitz, Love your Enemies, NTS 16, 1969/70, 39–54.
W. C. van Unnik, Die Motivierung der Feindesliebe in Lukas VI 32–35, NT 8, 1966, 284–300 (= ders., Sparsa Collecta I, NTS 29, 1973, 111–126).
Vgl. auch oben zu 5, 38–42.

[48] Das Lehnwort μίλιον entspricht dem lateinischen *mille passum* (ca. 1500m); vgl. Did 1,4.

[49] So geht es auf die Q-Vorlage zurück; das Verb δανείζεσθαι („entleihen“) auch Lk 6,35.

G. Delling, Art. τέλειος, ThWNT VIII, 1969, 68–79.
J. Dupont, „Soyez parfaits“ (Mt 5,48), „soyez miséricordieux“ (Lc 6,36), in: Sacra Pagina II, hg. v. J. Coppens u. a., BEThL 12/13, 1959, 150–162.
E. Fuchs, Die vollkommene Gewißheit. Zur Auslegung von Matthäus 5,48 (1954), in: ders., Zur Frage nach dem historischen Jesus, GAufs. II, Tübingen 1960, 126–135.
G. Künzel, Gemeindeverständnis 218–250.
U. Luck, Die Vollkommenheitsforderung der Bergpredigt, TEH 150, 1968.
L. Sabourin, Why is God called „perfect“ in Mt 5:48?, BZ 24, 1980, 266–268.
R. Schnackenburg, Die Vollkommenheit des Christen nach Matthäus, in: ders., Christliche Existenz nach dem Neuen Testament I, 1967, 131–155.
E. Yarnold, Τέλειος in St. Matthew's Gospel, StEv IV, TU 102, 1968, 269–273.

Matthäus 5	Lukas 6
43 *Ihr habt gehört, daß gesagt wurde: Du sollst deinen Nächsten lieben und deinen Feind hassen.* 44 *Ich aber sage euch: Liebet eure Feinde und betet für eure Verfolger,*	27 *Aber ich sage euch, die ihr zuhört: Liebet eure Feinde, tut Gutes denen, die euch hassen,* 28 *segnet die, welche euch fluchen, betet für die, welche euch schmähen.*
45 *damit ihr Söhne eures Vaters werdet, der in den Himmeln ist; denn er läßt seine Sonne aufgehen über Böse und Gute und läßt regnen über Gerechte und Ungerechte.* 46 *Denn wenn ihr (nur) die grüßt, die euch lieben, welchen Lohn habt ihr (dann)?*	32 *Und wenn ihr liebt, die euch lieben, was für einen Dank habt ihr? Denn auch die Sünder lieben die, welche sie lieben.*
47 *Und wenn ihr (nur) eure Brüder grüßt, was tut ihr mehr? Tun nicht auch die Heidnischen dasselbe?*	33 *Und wenn ihr Gutes tut denen, die euch Gutes tun, was für einen Dank habt ihr? Auch die Sünder tun dasselbe.* 34 *Und wenn ihr denen leiht, von denen ihr zu nehmen hofft, was für einen Dank habt ihr? Auch die Sünder leihen den Sündern, damit sie das gleiche zurückerhalten.*
	35 *Liebet dagegen eure Feinde und tut Gutes und leiht, ohne etwas zurückzuerwarten. Dann wird euer Lohn groß sein, und ihr werdet Söhne des Höchsten sein; denn er ist gütig über Undankbare und Böse.*
47 *Ihr sollt also vollkommen sein, wie euer himmlischer Vater vollkommen ist.*	36 *Seid barmherzig, wie euer Vater barmherzig ist.*

Der synoptische Vergleich zwischen der Lukas- und Matthäusfassung[50] ergibt, daß Matthäus den Q-Stoff inhaltlich konservativer überliefert, dagegen die Reihenfolge im großen und ganzen bei Lukas der Q-Überlieferung nähersteht. Allein zu Lk V. 32–35 ist ein ‚Überschuß' (V. 27+35: Wiederholung des Liebesgebotes) festzustellen. – In Q ist das Gebot der Feindesliebe (Mt 5,44; Lk 6,27f) ein kompositorischer Ausgangspunkt; darauf folgt eine Reihe von Beispielen, die Matthäus in der fünften Antithese voranstellte (5,39b–42 par Lk 6,29f) und schon Q in die Goldene Regel ausmünden ließ (7,12 par Lk 6,31). Diese wurde durch das Beispiel von der Güte Gottes erläutert (5,45 par Lk 6,35b) und sodann durch das vom Gruß (5,46f par Lk 6,32–35a). Den Abschluß bildete der Aufruf zur Tat der Barmherzigkeit (Lk 6,36 par Mt 5,48)[51].

Matthäus hat demgegenüber aus dem Q-Stoff zwei Antithesen geformt. Die redaktionelle fünfte Antithese ist, wie eben gesagt wurde, durch Beispiele erläutert worden, die in Q auf das Gebot der Feindesliebe ursprünglich folgten. Bei der Gestaltung der sechsten Antithese nimmt Matthäus den übrigen Q-Stoff auf: Nach dem grundlegenden Imperativ (V. 44) bringt er eine finale Begründung (V. 45), die durch eine doppelte ἐάν-Periode erweitert wurde (V. 46f). Der zusammenfassende Imperativ „Seid vollkommen!" ist eine typisch matthäische Variation des Q-Gebotes der Barmherzigkeit (V. 48). Hat der Evangelist also neben das Gebot zur unbedingten Nachgiebigkeit (V. 39a) die Forderung der radikalen Feindesliebe (V. 44) gestellt, so läßt sich beides nur summarisch wie eine passive und eine aktive Haltung einander entgegensetzen; denn selbstverständlich verlangt die geforderte Nachgiebigkeit ein entschlossenes, selbstbewußtes Handeln des Menschen, wie umgekehrt die Liebe gegenüber den Feinden und das Gebet für die Verfolger nicht ausschließlich eine aktive Verhaltensweise umschreibt (und schon gar nicht eine aggressive Haltung), sondern Geduld und Erleiden einschließt.

43 Die These zitiert das alttestamentliche Gebot der Nächstenliebe (Lev. 19,18), und zwar wörtlich nach der LXX, so daß von hier aus die Vermutung, der Evangelist Matthäus habe diese Tradition antithetisch geformt, ein weiteres Mal gestützt wird. Das Liebesgebot bezieht sich nach alttestamentlichem Verständnis auf das Verhältnis zum israelitischen Volksgenossen, also nicht auf den Volksfremden. Die Erweiterung der These durch das Gebot des Feindeshasses ist im Alten Testament nicht zu belegen. Möglicherweise fügte der Redaktor Matthäus es als folgerichtige Ergänzung hinzu, vielleicht in Aufnahme einer jüdischen katechetischen Regel, wie denn auch die Qumransekte ein solches Gebot

[50] Zu den synoptischen Übereinstimmungen s. oben S. 65 und 85.

[51] Die ursprüngliche Stellung von 5,45 ist umstritten. Nach S. Schulz (Q 131) unterbrechen V. 46f den Gedankengang und sind als „traditionsgeschichtlich spätere Erläuterung" anzusehen (so auch G. Strecker, Antithesen 67). Denkbar ist aber auch, daß die Verse 46f eine ursprüngliche Fortsetzung zur Goldenen Regel (7,12 par Lk 6,31) darstellten und dies durch den allgemeinen Ausblick auf die Güte Gottes (V. 45 par Lk 6,35b) abgeschlossen wurde. – Lk 6,36 par Mt 5,48 ist nicht nur Abschluß dieses Abschnittes, sondern auch Überleitung zum folgenden (Lk 6,37ff).

tradierte (1 QS I 3f: Gott hat befohlen, „alles zu lieben, was er erwählt hat, aber alles zu hassen, was er verworfen hat")[52]. Matthäus will hierdurch kennzeichnen, daß das Liebesgebot im Judentum nur in einer begrenzten Weise zur Sprache kommt. Das Verb μισεῖν hat in seinem Verständnis den wörtlichen Sinn von „hassen" und nicht nur von „nicht lieben"[53]. Zwar kennt Matthäus das Verb auch im Sinn von „nicht lieben" oder „ablehnen"[54], aber überwiegend benutzt er es im eindeutigen Sinn von „hassen"[55]. Wie zu V. 21b und V. 33b ist also die These erweitert worden, offenbar, um die Forderung der Nächstenliebe auf ihren wörtlichen Sinn zu fixieren und hierdurch einzuschränken[56]. Auch das Gebot des Feindeshasses hat die Aufgabe, die alttestamentlich-jüdische Position vom Standpunkt des Evangelisten aus polemisch zu charakterisieren.
Andererseits besagt die Gegenthese Jesu, daß der durch ihn verkündigte 44
Gotteswille nicht nur gegenüber dem Nachbarn und Freund Liebe verlangt, sondern daß das Gebot der Liebe gerade gegenüber den Feinden Gültigkeit besitzt. So soll es im Fürbittgebet zum Ausdruck kommen; es gilt denen, welche die Nachfolger Jesu mit Fluch belegen[57]. Ist ἐχθρός der (persönliche) Feind in den Verhältnissen des alltäglichen Lebens (= *inimicus*)[58], so scheint aufschlußreich zu sein, daß das griechische Wort für den Kriegsgegner oder Staatsfeind (πολέμιος = *hostis*) im Neuen Testament nicht vorkommt. Dennoch besagt dies nicht, daß Jesu Gebot den Feind im Krieg bewußt ausspart. Eine spezifische Stellungnahme zu politisch handelnden Personen ist nicht intendiert. Jesu Forderung ist absolut und leidet keine Einschränkung durch irgendeine Staatsräson. Er sagt: Wer auch immer in feindlicher Absicht euch entgegentritt, der soll auf eure Liebe und Fürbitte stoßen!

Jesu Gebot der Feindesliebe gründet sich nicht auf menschliche Voraussetzungen. Weder bezieht es sich auf menschliche Klugheitsregeln, noch auf das stoische Humanitätsideal einer allgemeinen Menschenliebe. Auch ist nicht beabsichtigt, menschliche Aggressivität durch Berufung auf die Menschenrechte einzugrenzen. Jesus braucht menschliches Verhalten nicht illusionär zu humanisieren, sondern er kann es realistisch im Zusammenhang mit dem Bösen sehen (vgl. 6,13 par Lk 11,4; Mt 5,39). Nicht aus dem menschlichen, sondern aus dem göttlichen Bereich ist das Gebot der Liebe, als das sich die Forderung der Feindesliebe darstellt, zu

---

52 Vgl. auch 1 QS I 9f; IX 21ff u.ö.; Ansätze hierzu im Alten Testament (Ps 31,7; 139,21f).

53 Gegen J. Jeremias, Theologie I, 206 – der Ausdruck ist schon in Q vorgegeben, offenbar als Umschreibung des gegnerischen Handelns (vgl. Lk 6,27b).

54 So 6,24 par Lk 16,13; vgl. Spr 13,24 u.ö.; O. Michel, ThWNT IV 691.

55 10,22; 24,9f; 5,11 par Lk 6,22.

56 So C. Burchard, Versuch 423.

57 Wie Lk 6,28 las die Q-Quelle ἐπηρεαζόντων („die fluchen"); vgl. S. Schulz, Q 128.

58 So W. Foerster, ThWNT II 813.

verstehen: Sie alle, Freund und Feind, gehen dem kommenden Gottesreich entgegen. Sie alle werden sich verantworten müssen vor dem höchsten Richter. Es gibt kein Entrinnen! Wer dies weiß, kann von seinen Vorrechten und seiner Ehre, grundsätzlicher: von sich selbst absehen. Er wird wie sich selbst so auch die Mitmenschen, die angenehmen wie die unangenehmen, die gutwilligen wie die böswilligen, der Gnade und dem Gericht des Weltrichters überlassen. Hier gilt die unbedingte Solidarität der Sünder vor dem richtenden Gott.

Das Gebot der Feindesliebe ist ein Beispiel für die Selbständigkeit des ethischen Radikalismus Jesu sowohl gegenüber seiner jüdischen Umwelt als auch im Vergleich mit der christlichen Kirche. In dieser absoluten Ausrichtung ist es im *religionsgeschichtlichen Umfeld* nicht belegt. Aber Jesus kann an alttestamentlich-jüdische und an griechisch-hellenistische Vorbilder anknüpfen. Ex 23,4f wird gefordert, dem Feind in bestimmten Notlagen Beistand zu leisten. So ist es in der rabbinischen Literatur tradiert und angewendet worden[59]. Die stoische und kynische Philosophie kennt den Lehrsatz, daß man alle Menschen lieben solle[60]. Die weisheitliche Literatur des Judentums überliefert: „Wenn deinen Feind hungert, so speise ihn; dürstet ihn, so gib ihm zu trinken“ (Spr 25,21). So zitiert es Paulus in Röm 12,20 mit der anschließenden Begründung: „Wenn du dies tust, wirst du feurige Kohlen auf sein Haupt sammeln“ (Spr 25,22). Das weisheitliche Gebot, dem Feind Gutes zu tun, reflektiert auf göttliche Belohnung. Und auch der Ratschlag, Böses nicht mit Bösem zu vergelten (Röm 12,17)[61], steht in einem paränetisch-ethischen Umfeld und wird rational begründet[62]. Solche scheinbaren Parallelen haben keinen Bezug zum radikalen Umkehrruf, wie er für die Verkündigung Jesu kennzeichnend ist.

Auch das Gebet für die Feinde ist in der jüdischen, freilich nicht in der alttestamentlichen Literatur bekannt. Hier verbindet es sich mit der klar ausgesprochenen Absicht, daß die Feinde sich bekehren sollen[63]. Solche Zweckbestimmung ist dem absoluten Imperativ Jesu fremd. Nach frühchristlicher Überlieferung haben Jesus am Kreuz (Lk 23,34) und der Märtyrer Stephanus vor seinem Tod (Apg 7,60) für ihre Feinde ohne jede utilitaristische Tendenz gebetet. Mag dies auch im Sinn christlicher Märtyrerfrömmigkeit stilisiert worden sein und werden hierdurch die leidenden und sterbenden Christen zur imitatio Christi aufgerufen, so

---

[59] Vgl. Mekh. Ex. 23,4; T. BM. 2,26f (Bill I 368f).

[60] Vgl. A. Bonhoeffer, Die Ethik Epictets, 1968, 105 (Hinweis auf Seneca, Ant. 7,13 und Marc Aurel., ad se ipsum VI 27; VII 21 u.ö.).

[61] Vgl. Spr 3,7; Joseph und Aseneth 28,5.10.14.

[62] Vgl. auch Jub. 36,4.9: „Wenn du Böses gegen deinen Bruder planst, wirst du in seine Hände fallen.“

[63] Berakh. 10a; Sanh. 37a; Midr. Ps. 41 (Bill I 370f).

zeigt diese Überlieferung doch den Nachklang der unbedingten, allein eschatologisch begründeten Forderung Jesu, Feindesliebe zu üben[64].

Matthäus formuliert die letzte Antithese im Blick auf die Situation und die Aufgaben seiner Gemeinde. Sind im Alten Testament die „Feinde" mit den Gegnern des Gottesvolkes identisch, so gilt Entsprechendes für das neue Gottesvolk. Der Ausdruck „eure Feinde" steht parallel dem folgenden „die euch verfolgen". Das Verb διώκειν ist hier wie auch sonst bei Matthäus ein *terminus technicus* für das Verfolgen der christlichen Gemeinde. Das Gebot der Liebe und des fürbittenden Gebets hat also die Christenverfolger zum Gegenstand. Entsprechend sind unter den „Brüdern" (V. 47) die Mitchristen zu verstehen (auch 18,15.21; 23,8; 25,40 u.ö.). Daß die Situation der matthäischen Gemeinde durch Verfolgung geprägt ist, zeigte sich schon zu V. 10–12. Angesichts von Verfolgung und der Erfahrung von ungerechtfertigtem Leid steht die christliche Gemeinde in ihrem Sein auf dem Spiel. Wird sie sich von der ihr begegnenden Gewalt zu Haß und Gegengewalt provozieren lassen, oder ist sie in der Lage, beim Wort des Gottessohnes zu bleiben und dadurch an ihrer Berufung festzuhalten? Wird sie das übliche, in der menschlichen Gesellschaft ‚normale' Verhalten als für sich verbindlich gelten lassen, oder ist sie bereit, auf allzu verständliche, nur-menschliche Reaktionen zu verzichten und sich dem Ziel der schrankenlosen Liebe und Güte aktiv zu öffnen? Für den Evangelisten ist klar, daß das Gebot des Bergpredigers eine unbedingte Gültigkeit hat und ohne Wenn und Aber, auch ohne den Seitenblick nach möglichen positiven oder negativen Konsequenzen in der Welt anzunehmen und zu verwirklichen ist[65]. Darüber hinaus versuchen die folgenden Verse Motivationen aufzuzeigen, die es sinnvoll erscheinen lassen, den einmal beschrittenen Weg weiterzugehen.

Das Bildwort von der bedingungslosen, universalen Güte Gottes ist in der 45
Urtradition selbständig gewesen. Die darin geforderte *imitatio Dei* hat Parallelen im jüdischen und im hellenistisch-römischen Bereich[66]. Seneca gibt den Rat: „Wenn du die Götter nachahmst..., dann gib auch den Undankbaren Gutes; denn die Sonne geht auch über die Verbrecher auf und den Piraten stehen die Meere offen" (de benef. IV 26). Der stoische

---

[64] P. Pokorný bemerkt zu Recht, daß Jesu Gebot der Feindesliebe jede „rachgierige Einstellung" ausschließt, und vermutet, „daß die durch die apokalyptischen Erwartungen begründeten und bekräftigten Haßgedanken und Haßäußerungen den konkreten Hintergrund der Aufforderung zur Feindesliebe bilden" (Bergpredigt 25).

[65] Anders L. Schottroff, Feindesliebe 218–221. Ausgehend von der Forderung nach sozialer Differenzierung der urchristlichen Jesustradition versteht die Verfasserin Mt 5,39f als eine politische Apologie. Dabei werden hermeneutische Folgerungen aus der Bergpredigt gezogen, über die sich in jedem Fall diskutieren läßt, die aber so weder durch Jesu Feindesliebe-Gebot noch durch die Interpretation des Matthäus abgedeckt sind.

[66] Vgl. Platon, Leg. IV 713e, Phaedr. 253a/b, Theat. 176b; W. Michaelis, ThWNT IV 663–665.

Philosoph denkt hierbei freilich an das gesetzmäßige Walten der Natur, dem er in seinem Denken und Handeln sich anpassen soll, um das Ideal eines leidenschaftslosen Weisen zu erreichen. Anders die Q-Tradition unseres Wortes: Nicht ein Menschheitsideal, sondern die unbedingte Forderung Jesu, nicht die Gesetzmäßigkeit der Natur, sondern das von dem menschlichen Wirken unabhängige, mit sich selbst identisch bleibende Handeln des Schöpfers zeigen den Grund und das Beispiel für das rechte menschliche Tun an. Die Einleitung durch ὅπως („damit") kennzeichnet die Finalität der Begründung. Deutlicher als bei Lukas (V. 35b: folgerndes καί = „und") werden Ziel und Motiv des menschlichen Handelns ausgesprochen: das Sohnsein gegenüber dem himmlischen Vater! Der Konjunktiv γένησθε („werdet") bezeichnet nicht eine Entwicklung, wohl aber ein Werden zu Gottessöhnen (vgl. Mk 1,17; Joh 1,12). Ein Zustand der Gottessohnschaft ist also nicht vorausgesetzt (vgl. auch 5,9). Sachlich entspricht das Futur ἔσεσθε (Lk V. 35b) mit imperativischer Bedeutung: „Ihr sollt sein!"[67] Steht das Ziel der Gottessohnschaft für die Nachfolger Jesu[68] noch aus, ist es Gegenstand der Verheißung (vgl. 5,9; 13,38), so bestimmt es doch schon jetzt das gegenwärtige Tun. Gottes Sein als „euer Vater, der in den Himmeln ist"[69], motiviert das Handeln der Gemeinde. In seiner Person realisiert er das höchste Gebot der Liebe. Er erweist sich als fürsorgender Vater. Durch die Sonne spendet er Licht und Wärme, und durch den Regen läßt er die Erde Nahrung für die Menschen hervorbringen. Seine väterliche Güte richtet sich nicht nach Gut und Böse, nach Wert oder Unwert von Menschen[70]. Er ist gütig ohne Ansehen der Person. Als der Schöpfer trägt er alles Geschaffene. Solche schrankenlose Güte muß zur Imitatio Anlaß geben. Die geforderte Realisierung der Sohnschaft in der Liebe gegenüber den Feinden darf ebensowenig nach Gunst oder Ungunst der Verhältnisse fragen, sondern soll allein dem Gebot der Liebe folgen. Erwartet wird eine Haltung, die Gottes liebevolles Handeln als Vorbild anerkennt; sie wird im folgenden mit dem Imperativ „Seid vollkommen!" umschrieben werden (V. 48).

46 Schon in der Q-Tradition ist die Forderung der Feindesliebe durch eine zusätzliche Begründung ergänzt worden. Die beiden negativen Beispiele sind nach ihrem ursprünglichen Wortlaut bei Matthäus besser als bei Lukas erhalten. Insbesondere die Verse 34–35a sind dem dritten Evangelisten zuzuschreiben. Zweifellos hat Lukas die Q-Vorlage sekundär erwei-

[67] Vgl. Mt 5,48 (ἔσεσθε) mit der Parallele Lk 6,36 (γίνεσθε).

[68] In einem anderen Sinn für Jesus Christus; vgl. 1,18–2,23; 3,17; 4,3.6 u. ö. – Zur Sache: W. Grundmann, ThHK 1, Exkurs 7, 236–242.

[69] Der Ausdruck τοῦ ἐν οὐρανοῖς („der in den Himmeln") ist matthäisch (vgl. 5,16; 6,1.9; 7,11; 18,14).

[70] Die Phrase „Böse und Gute, Gerechte und Ungerechte" ist in der Form eines Chiasmus aufeinander bezogen (a + b/b + a), vielleicht vormatthäischer Herkunft; so S. Schulz, Q 129.

tert, indem er sie hellenisierend bearbeitete[71] und universalisierend auf die Situation der Kirche aller Zeiten ausrichtete[72]. Dennoch ist auch im dritten Evangelium der ursprüngliche Sinn deutlich erkennbar. Ein rationales Argument begründet das Gebot der Feindesliebe: Die Liebe, die sich nur denen zuwendet, von denen man wiedergeliebt wird, entspricht nicht der Liebe des Vaters. Sie ist nur ‚natürlich'; sie orientiert sich am Menschen und bleibt dem Menschlichen verhaftet. Die rhetorische Frage: „Welchen Lohn habt ihr dann?" setzt die negative Antwort (= „keinen") voraus[73]. Solches Tun ist nichts Außergewöhnliches. Auch die „Zöllner" verhalten sich in dieser Weise. Sie aber sind „Sünder" schlechthin, wie Lukas in sachlich richtiger Auslegung der zugrundeliegenden Tradition sagt[74]. Matthäus folgt hier wie auch sonst (vgl. 18,17) der Begrifflichkeit seiner Vorlage, die in seiner Gemeinde geläufig war. Im Unterschied zur Gleichnisüberlieferung im Sondergut des dritten Evangeliums[75] werden die Zöllner als Negativbeispiel gezeichnet. Sie sind die Vertreter der Liebe auf Gegenseitigkeit und können dem Anspruch Gottes nicht genügen.

Das zweite parallel konstruierte Beispiel spricht vom Gruß, der selbstver- 47
ständlich nicht nur eine höfliche Umgangsform darstellt, sondern entsprechend orientalischer Gewohnheit der Friedensgruß, also ein Segenswunsch ist. Solchem Grußwort wohnt eine segnende Kraft inne (vgl. 10,12f; Lk 10,5f). Das Grüßen der „Brüder" ist kein Proprium der Jesusnachfolge. Es hebt die Jünger Jesu nicht über die Stufe der „Heiden" hinaus. Es sprengt nicht das primitive do-ut-des-Prinzip, das besagt: Man gibt, um zurückzuerhalten. Diese Regel ist für den allgemeinen menschlichen Umgang gültig; sie kennzeichnet demnach die ἐθνικοί. Matthäus übernimmt hier (wie auch 6,7; 18,17) einen Ausdruck, welcher die jüdische Abwertung der Heidenwelt impliziert. Diese ursprüngliche Gegenüberstellung von Juden und Heiden trifft für den Evangelisten nicht mehr

[71] So zeigen es die Begriffe ὕψιστος („Höchster"), χάρις („Dank"), χρηστός („gütig"), ἀχάριστος („undankbar"). Die Ausführungen von J. Jeremias (Sprache 144f), die vorlukanische Terminologie nachweisen wollen, sind nicht überzeugend.

[72] Statt der altertümlichen Ausdrücke τελῶναι („Zöllner", dazu Mt 9,10f; 11,19, 18,17; 21,31f) und ἐθνικοί („Heidnische"; Mt 5,46f; 6,7; 18,17) bringt Lk 6,32 das Beispiel von den ἁμαρτωλοί („Sünder").

[73] Es ist der überirdische, himmlische Lohn gemeint (wie 5,12; vgl. Lk 6,23.35). – Lk V. 34 hat zu unserer Stelle χάρις („Gunst", „Dank"), ohne daß an einen Gnadenlohn zu denken ist. – Allenfalls läßt sich fragen, ob eine gemeinsame aramäische Tradition im Hintergrund steht, so daß μισθός („Lohn") und χάρις („Dank") als Übersetzungsvarianten verstanden werden können. Vgl. H.-T. Wrege, Überlieferungsgeschichte 88ff; W. Grundmann, ThHK 1, 179 Anm. 146; anders jedoch W. C. van Unnik, Motivierung 295ff; H. Hübner, Gesetz 87.

[74] V. 32.34. – Vielleicht denkt Lukas an das positive Bild des Zöllners, der als der Bußgesinnte dem selbstgerechten Pharisäer gegenübergestellt wird; vgl. Lk 18,10ff.

[75] Vgl. noch Lk 7,29; 15,1; 19,1–10.

zu, da er Heidenmission und Heidenkirche bejaht. Ähnlich wie die Zöllner sind auch die Heiden im ersten Evangelium Typen für die nichtchristlichen, sündigen Menschen. Gemeint sind also die „unbekehrten Heiden".

Demgegenüber gilt es, „mehr" zu tun[76]. Die Parallele 5,20 macht einen zentralen Gedanken matthäischer Ethik sichtbar. Ist dort die „Gerechtigkeit" als das (auch) quantitative Mehr im Verhältnis zu Schriftgelehrten und Pharisäern als den Repräsentanten der jüdischen Theologie gefordert, so kennzeichnet der gleiche Gedanke hier das christliche Verhalten im Vergleich mit den religiösen Außenseitern. Das Gebot der Liebe verlangt mehr als das Gewöhnliche und Normale. Es ist radikal, ohne daß solche Radikalität seine Sinnhaftigkeit und Intentionalität aufhebt – beides kommt im Lohngedanken zum Ausdruck.

48 Genuine matthäische Züge trägt der abschließende Vers. Zwar geht die Substanz auf Q zurück (vgl. Lk 6,36), aber das folgernde οὖν („nun", „also") ist redaktionell[77], ebenso das Adjektiv οὐράνιος („himmlisch")[78] und vor allem das zweifache τέλειοι/τέλειος („vollkommene"/„vollkommen"), das auch 19,21 als matthäisch ausgewiesen ist[79].

Die bis heute weithin anerkannte Interpretation des Wortes τέλειος ist durch R. Bultmann festgeschrieben worden[80]. Danach ist das Wort auf das semitische תמים *(tamim)* in der Bedeutung „heil", „ganz" zurückzuführen. Der matthäische Jesus fordert also die Ganzheit, Ungeteiltheit des Menschen. Nicht ein ‚Sowohl-Als-auch', sondern ein ‚Entweder-Oder' ist für dieses Verständnis charakteristisch. Der Mensch steht in der radikalen Entscheidung vor Gott. Dies läßt keine weitere Möglichkeit für ihn offen. Es gibt nur die Alternative Gehorsam oder Ungehorsam. Folglich darf die Ethik Jesu nicht „im Sinn einer idealistischen Pflichten- oder Tugendlehre oder einer Güte- oder Werteethik" begriffen werden; vielmehr sind „alle konkreten sittlichen Entscheidungen ganz der Verantwortung des Menschen zugeschoben"; sei-

---

[76] Das Wort περισσόν („mehr") schon V. 37; es ist wie auch das voraufgehende μόνον („nur") matthäisch; in seiner Vorlage hat der erste Evangelist wohl wie zu V. 46 gelesen: τίνα μισθὸν ἔχετε; („Welchen Lohn habt ihr?").

[77] Vgl. 6,31; 7,12.24; 22,21 u.ö.

[78] Vgl. 6,14.16 u.ö.

[79] Nach verbreiteter Anschauung (z.B. R. Bultmann, Jesus 103) sind allerdings die Wörter οἰκτίρμονες/οἰκτίρμων (Lk 6,36: „barmherzige"/„barmherzig") sekundär. Hierfür könnte sprechen, daß sie den folgenden Kontext, die Mahnung zum Nichtrichten, vorwegnehmen, so daß es sich um eine lukanische Überleitung handelt. Jedoch ist der Zusammenhang Lk 6,36.37ff vorlukanisch. Er gehört dem Mt und Lk gemeinsamen Q-Stadium an, da Mt 6,1–34 als sekundärer Einschub zu erkennen ist. Darüber hinaus ist οἰκτίρμων im Lukasevangelium ein Hapaxlegomenon, so daß vorlukanische und vormatthäische Herkunft vorauszusetzen ist.

[80] Jesus 102f.

ne Entscheidung hat einen definitiven Charakter; „er wird in ihr zum Gerechten oder zum Sünder“[81].

Es fragt sich allerdings, ob Matthäus bei dieser Alternative stehenbleiben möchte oder nicht richtiger den Ruf zur Vollkommenheit als eine zwar radikale, aber dennoch konkrete Weisung versteht. Aufschlußreich ist, daß die Qumranliteratur eine Fülle von Belegen bietet, in denen תמים nicht eine ausschließende, absolute Bedeutung besitzt, sondern sich auf einen Lebenswandel bezieht, der sämtliche Vorschriften umfaßt und besonders auf kultische Korrektheit ausgerichtet ist. Dort umschreibt dieser Ausdruck also ein menschliches Verhalten, das den Forderungen Gottes umfassend entspricht[82]. Der matthäische Aufruf, vollkommen zu sein, bezieht sich ausdrücklich auf das Sein Gottes zurück (V. 48b). Dieses ist jedoch nicht an sich reflektiert, sondern es kommt so zur Sprache, daß es als für das menschliche Handeln verbindlich dargestellt wird. Gottes gütiges Sein ist als Vorbild für die Tat der Liebe gewertet (V. 45).

Mit alldem bezeichnet das Wort „vollkommen“ nicht die höchste Stufe eines Ideals, das entsprechend etwa dem griechischen Idealbild der Kalokagathie von dem Christen angestrebt werden müsse. Auch ist nicht eine matthäische Vollkommenheitsethik, die nur einer Elite gilt, zu unterscheiden von einer allgemeinen christlichen Ethik, die von den übrigen Gemeindegliedern gefordert würde und sich auf das Halten der wichtigsten Gebote beschränkt. Matthäus vertritt nicht eine Zwei-Stufen-Ethik[83] und differenziert nicht zwischen überpflichtmäßigen *consilia* und notwendig einzuhaltenden *praecepta*. Der Sinn der Forderung der Vollkommenheit läßt sich am Beispiel des jungen Mannes im Dialog über die Gefahr des Reichtums verdeutlichen (19,16–30). Dieser behauptet, alle Gebote des Dekalogs gehalten zu haben, es fehlt ihm nach dem Wort Jesu nur noch eins: „Wenn du vollkommen sein willst, gehe hin und verkaufe deinen Besitz und gib ihn den Armen“ (19,21). Der Reiche scheitert an dieser Aufgabe, weil das eine, was ihm fehlt, das Ganze ist, was gefordert ist, nämlich er selbst. Jesu Ruf zur Vollkommenheit meint den Menschen ungeteilt und konkret. Solche ethische Vollkommenheit ist auch Jak 1,4 gefordert, wonach der vollkommene, ungeteilte Mensch das „vollkommene Werk“ der Geduld hervorbringt[84].

---

[81] Ebd.

[82] Vgl. 1 QS I 8, II 2, III 9, VIII 18.21, IX 6.9.19; auch H. Braun, Radikalismus II 43 Anm. 1.

[83] Mit Recht A. Sand (Gesetz 54–58.208f.) – von hier aus wird es fragwürdig, eine gerade Linie zwischen der Bergpredigt und dem syrischen Mönchtum (etwa mit „Wanderpredigern“ als Bindeglied) zu ziehen. Anders G. Kretschmar, Ein Beitrag zur Frage nach dem Ursprung frühchristlicher Askese, ZThK 61, 1964, 27–67, bes. 57ff; E. Schweizer, NTD 2, 129f.

[84] Vgl. auch Jak 3,2: Der vollkommene Mensch ist fähig, den ganzen Leib zu beherr-

Die Vollkommenheit steht trotz des absoluten göttlichen Anspruchs nicht im Gegensatz zur konkreten Forderung. Sie ist auch nicht eine menschliche Höchstleistung, die an der Spitze einer ethischen Wertskala stünde, sondern sie ist die menschliche Verwirklichung der Gesamtheit der Weisungen Jesu und daher mit der geforderten „Gerechtigkeit" (5,20) identisch. Das matthäische, die Vollkommenheitsforderung einleitende „also" weist nicht nur auf das Gebot der vorbehaltlosen Agape (V. 44), sondern bis auf den Anfang der Antithesenreihe zurück (V. 20). Es besagt, daß die Lehre Jesu, wie sie im Hauptstück der Bergpredigt vorgetragen wird, beides verlangt: Agape und Gerechtigkeit! In beiden sollen Gesinnung und Handeln, äußere und innere Haltung eins werden. Durch beides wird menschliche Hypokrisis überwunden und die eschatologische Forderung des Gottessohnes realisiert. Solches Handeln der Nachfolger Jesu versteht Matthäus nicht als Antwort auf eine geschenkte Gottesgerechtigkeit[85]. Die Unbedingtheit der Forderung läßt für die Unterscheidung und für eine Verhältnisbestimmung von Gabe und Aufgabe keinen Raum. Die Hörer Jesu sind zu einer uneingeschränkten Verantwortung aufgerufen, der sie nicht ausweichen dürfen.

Der Maßstab, an dem sich die Nachfolger ausrichten können, ist mit der Lehre und dem Verhalten Jesu gegeben. Die *Lehre Jesu*, wie sie in der Bergpredigt vorgetragen wird, stellt sich als souveräne Auslegung des Alten Testaments dar. Sie macht die bleibende ethische Verbindlichkeit der alttestamentlichen Tora, aber auch die Neuheit der in Vollmacht gesprochenen Weisungen des Bergpredigers sichtbar. Wie dies für die Verkündigung des historischen Jesus anzunehmen ist, so sind auch die Antithesen des Bergpredigers sowohl durch Torakritik bestimmt, indem alttestamentliche Forderungen durch neue ersetzt sind (5,31f.33–37.38–42), als auch durch Toraradikalisierung, indem alttestamentliche Weisungen verschärft werden (5,21–26.27–30.43–48). Dabei kann die traditionsgeschichtliche Entwicklung von einem absoluten torakritischen Verbot Jesu zu einer neuen matthäischen Gemeinderegel führen (z.B. 5,31f.33–37). Toraverschärfung oder -aufhebung stehen nach matthäischem Verständnis nicht in Widerspruch zu der Absicht Jesu, Gesetz oder Propheten nicht auflösen, sondern erfüllen zu wollen (5,17). In Hinsicht

schen. Die zitierten Texte aus dem Jakobusbrief verbieten es, die „Vollkommenheit" in Mt 5,48 als ein „Geschenk" aufzufassen; so entspräche es gerade nicht der theologischen Absicht des Matthäus, wie auch an der redaktionellen Einordnung des Vaterunsers aufgezeigt werden kann (zu R. Schnackenburg, Christliche Existenz I, 1967, 137). – Zu Recht betont auch E. F. Osborn (Ethical Patterns in early Christian Thought, Cambridge 1978, 40), daß die Bergpredigt, selbst wenn man ihre Weisung mehr als Gabe denn als Forderung begreift, „the challenge to perfection" ausspricht. So bestätigt es der Rabbi Trypho, wenn dieser gegen „die Lehren im sogenannten Evangelium" einwendet, daß „kein Mensch sie beobachten kann" (Justin, dial. 10,2).

[85] Gegen P. Stuhlmacher, Gerechtigkeit Gottes 188–191; E. Schweizer, NTD 2,85.

auf das Alte Testament und die Überlieferung der Schriftgelehrten und Pharisäer will der Bergprediger nicht eine ‚nova lex' lehren, sondern in und gegenüber der alttestamentlichen Tora den souveränen Gotteswillen zur Sprache bringen.

Darüber hinaus zeigt das *Verhalten Jesu*, wie es im Matthäusevangelium beschrieben wird, daß Jesus die Forderung der Gerechtigkeit als für sich verbindlich akzeptiert (3,15). Er meidet den Zorn (8,3; 12,12; 19,14 gegen Mk 1,43; 3,5; 10,14), übt Gewaltverzicht (26,52), Milde und Demut (11,28–30; 21,5) und unterwirft sich in Gehorsam dem Willen seines Vaters (26,46 gegen Mk 14,39). Matthäus will hierdurch sagen: Jesus selbst verwirklicht die von ihm gegebenen Weisungen. Von hier aus kann die christliche Gemeinde lernen, wie sie mit den Forderungen des Bergpredigers umgehen soll. Sie muß sich bemühen, dem Gebot der Gerechtigkeit nachzukommen und das, was gerecht ist, ohne Ansehen der Person, allein in Ausrichtung auf den Willen Gottes zu erfüllen. Vermag die antipharisäische Definition der „Gerechtigkeit" (5,20; 6,1 ff) ein nomistisches Verständnis nicht auszuschließen, so wird doch der Gefahr der Gesetzlichkeit entgegengewirkt, indem die Gerechtigkeitsforderung durch das Gebot der Liebe interpretiert ist. Die Agape überwindet die gesetzliche Frage nach dem, was Recht ist, indem sie nicht Gleiches mit Gleichem vergilt, sondern auch für den Feind den Segen Gottes erbittet. Ohne solche Agape würde die Gerechtigkeitsforderung Jesu zu einer neuen Rechtsnorm. Im Zusammenklang mit dem Liebesgebot spricht die Gerechtigkeitsforderung den Appell aus, daß die nachfolgende Gemeinde in der Freiheit der Gottessöhne das jeweils Notwendige tun möge. Als Kriterium des rechten Handelns sind nicht nur Lehre und Verhalten Jesu verbindlich, sondern zugleich wird auf das Bild vom gütigen, vollkommenen Handeln des Schöpfers verwiesen (V. 45.48). So wenig die geforderte Vollkommenheit als ganze im konkreten Alltag der Menschen aufzuzeigen ist, so sehr ist sie ein Ziel, das für das menschliche Leben einen unbedingten Maßstab setzt. Die Gemeinde Jesu Christi ist auf ihrem Weg durch die Zeiten aufgerufen, jeden Tag aufs neue sich an diesem Ziel zu orientieren.

2.4 6,1–18 Vom Almosengeben, Beten und Fasten

H. D. Betz, Eine judenchristliche Kult-Didache in Matthäus 6,1–18, in: Jesus Christus in Historie und Theologie, FS H. Conzelmann, hg. v. G. Strecker, 1975, 445–457.

A. George, La justice à faire dans le secret (Matthieu 6,1–6 et 16–18), Bibl. 40, 1959, 590–598.

B. Gerhardsson, Geistiger Opferdienst nach Matth 6,1–6.16–21, in: Neues Testament und Geschichte, FS O. Cullmann, hg. v. H. Baltensweiler und B. Reicke, 1972, 69–77.

E. Klostermann, Zum Verständnis von Mt 6,2, ZNW 47, 1956, 280f.

J. P. Maartens, The Cola Structure of Mt 6, Neotestamentica 11, 1977, 48–76.
W. Nagel, Gerechtigkeit – oder Almosen? (Mt 6,1), VigChr 15, 1961, 141–145.
E. Schweizer, „Der Jude im Verborgenen ..., dessen Lob nicht von Menschen, sondern von Gott kommt". Zu Röm 2,28f und Mt 6,1–18, in: ders., Matthäus und seine Gemeinde, SBS 71, 1974, 86–98.

Drei katechetische Stücke[1] bilden den Kern dieses Abschnitts. Jeweils durch einen ὅταν(„wenn")-Satz eingeleitet (V. 2.5.16), sind sie übereinstimmend strukturiert; sie handeln vom Almosengeben (V. 2–4), vom Gebet (V. 5–6) und vom Fasten (V. 16–18). Der Sache nach sind sie zweifach gegliedert:

I. Zunächst wird das abschreckende Beispiel der ὑποκριταί („Heuchler") vorgestellt. Der ὅταν-Satz (2. pers. plur.; anders V. 2a: 2. pers. sing.) benennt die Frömmigkeitsübung. Darauf folgen eine karikierende Beschreibung des Tuns der Heuchler und (mit ὅπως [„damit"] verbunden) die Darstellung ihrer unangemessenen Zielsetzung. Dieser Teil wird abgeschlossen durch das ἀμήν(„amen")-Wort: „Sie haben ihren Lohn erhalten!"

II. Sodann wird eine positive Anweisung formuliert. Sie ist in 2. pers. sing. konstruiert, benennt sodann die rechte Zweckbestimmung (ὅπως: V. 4a.18a; Infinitiv: V. 6c) und wird durch eine Verheißung abgeschlossen: „Dein Vater, der im Verborgenen sieht, wird dir wiedervergelten!"

Der Strukturvergleich ergibt das folgende Bild:

I.	6,2a	(„Wenn ...")	5a	16a
	2b–c	(das Tun der Heuchler)	5b–c	16b–c
	2d	(„damit ...")	5d	16d
	2e	(„Amen ...")	5e	16e
II.	6,3	(Positive Anweisung)	6a–b	17
	4a	(„damit ...")	6c (Infinitiv)	18a („damit ...")
	4b	(Verheißung)	6d	18b

Eingearbeitet in diese drei literarischen Einheiten sind eine Überschrift (V. 1), ferner die Wendung gegen das Gebetsplappern der Heiden (V. 7–8) und das Vaterunser als das beispielhafte Gebet (V. 9–13), erläutert durch ein Doppelwort über die Verpflichtung zu vergeben (V. 14–15). Es wird im folgenden zu fragen sein, welche Bedeutung diesen Zusätzen für die matthäische Interpretation zukommt.

[1] Andere Bezeichnungen: „Frömmigkeitsregeln" (R. Bultmann, Synopt. Trad. 156), „Gemeindekatechismus" (ders., a.a.O. 141 Anm. 1), „Kult-Didache" (H. D. Betz, Kult-Didache 446). Eine „Unterweisung über geistigen Opferdienst" sieht B. Gerhardsson in unserem Abschnitt, den er in den Versen 1–6 und 16–21 als vormatthäisch, von einem „urchristlichen Rabbi" abgefaßt verstehen möchte (Opferdienst 73.76).

2.4.1 6,1–4 Vom Almosengeben

[1]Achtet darauf, daß ihr eure Gerechtigkeit nicht vor den Menschen tut, um von ihnen gesehen zu werden; andernfalls habt ihr keinen Lohn bei eurem Vater, der in den Himmeln ist. [2]Wenn du nun Almosen gibst, so sollst du es nicht vor dir her ausposaunen, wie die Heuchler in den Synagogen und auf den Straßen tun, damit sie von den Menschen Ehre erhalten. Amen, ich sage dir, sie haben ihren Lohn empfangen. [3]Wenn du aber Almosen gibst, dann soll deine linke (Hand) nicht wissen, was deine rechte tut, [4]damit dein Almosen im Verborgenen geschehe, und dein Vater, der im Verborgenen sieht, wird dir wiedervergelten.

Der einleitende Vers ist als Überschrift für den Gesamtabschnitt von 1
Matthäus konzipiert. Die redaktionelle Abfassung ist sprachlich auszuweisen[2]; insbesondere die Bezeichnung Gottes als des „Vaters, der in den Himmeln ist" (auch 5,16.45; 6,9; 7,11; 18,14) und der Begriff „Gerechtigkeit"[3] sind typisch matthäisch, so daß kein Zweifel bestehen kann: Der erste Evangelist hat die folgenden Beispiele für das christliche Frömmigkeitsleben bewußt unter das Thema „Gerechtigkeit" gestellt.

Mit V. 1 verläßt Matthäus die mit Lukas gemeinsame Q-Tradition, deren Stoff er zu unserem Abschnitt nur im Vaterunser-Text (Lk 11,2–4) und sodann von V. 19 an heranzieht. Dagegen wird die durchlaufende, mit 5,38 verlassene Linie der Matthäus und Lukas gemeinsamen Q-Überlieferung erst wieder in 7,1ff (vgl. Lk 6,37ff) aufgenommen. Von hier aus ist denkbar, daß unser Abschnitt auf eine isolierte Sondertradition zurückgeht, aber auch nicht ausgeschlossen, daß er dem erweiterten Exemplar der Logiensammlung des Mt (Q^{Mt}) angehörte. Form und Inhalt sind im Vergleich zur übrigen Q-Überlieferung relativ eigenständig. Als Entstehungsgrund mag man den Katechismus einer judenchristlichen Gemeinde vermuten, deren Beziehungen zur jüdischen Synagoge noch recht eng waren (ähnlich 5,18f); denn die Auseinandersetzung mit den „Heuchlern" geht von jüdischen Prämissen aus und entspricht auch in den Ergebnissen dem vorausgesetzten jüdischen Denkschema. Man könnte von hier aus die judenchristlichen Träger dieser Überlieferung einem „Reformjudentum"[4] zuordnen. Freilich ist nicht erkennbar, inwieweit sie tatsächlich judenchristlich-gesetzlich geprägt waren und die jüdischen Reinheits-, Beschneidungs- oder Sabbatgebote beobachtet haben.

[2] Matthäischer Wortschatz: προσέχετε („achtet darauf"), ἔμπροσθεν („vor"); die Infinitivkonstruktion θεαθῆναι („gesehen werden") mit Dativ ist durch 23,5 für den Redaktor Matthäus ausgewiesen; μισθὸν οὐκ ἔχετε („ihr habt keinen Lohn") wiederholt fast wörtlich das τίνα μισθὸν ἔχετε (5,46).

[3] Vgl. zu 5,6.10.20. – Zu 6,1 liest eine größere Anzahl handschriftlicher Zeugen statt δικαιοσύνην („Gerechtigkeit") das Wort ἐλεημοσύνην („Almosen"), das vermutlich aus V. 2 eingedrungen ist; schwach bezeugt ist die Variante δόσιν („Gabe"), die ebenfalls nicht als ursprünglich gelten kann.

[4] So E. Schweizer, NTD 2, 88.

Daß die Verse 7–8 schon vor Matthäus der Traditionseinheit hinzugefügt waren, wird im folgenden wahrscheinlich werden. Daraus ergibt sich eine vormatthäische Änderung der Sprachrichtung: Neben den jüdischen „Heuchlern" ist nun auf die „Heiden" Bezug genommen. Demnach hat der Evangelist Matthäus die ihm vorliegende Überlieferung in dem Bereich kennengelernt, in dem Auseinandersetzungen mit den Heiden notwendig geworden waren und sich die Kirche aus Juden und Heiden als das „dritte Geschlecht"[5], als eigenständige Größe verstand. Dem Redaktor Matthäus ist abgesehen von der Überschrift (V. 1) nur die Einfügung von V. 9–15 zuzuschreiben.

Schon in 5,20 hatte der Begriff „Gerechtigkeit" eine thematische Funktion; so wird es hier aufgenommen, indem die Rechtschaffenheit der Jünger Jesu ausdrücklich als Ergebnis menschlichen „Tuns" (ποιεῖν) und nicht als göttliche Gabe gekennzeichnet wird[6]. Die im folgenden genannten guten Werke „Almosengeben, Beten und Fasten" gehören im Judentum zu den anerkannten Frömmigkeitsübungen[7]. Sie konnten in der Diaspora unabhängig vom Jerusalemer Tempelkult und im Judentum nach der Zerstörung des Tempels wahrgenommen werden und müssen nach Ansicht des ersten Evangelisten auch in der christlichen Gemeinde praktiziert werden. Die Mahnung, sie „nicht vor den Menschen zu tun, um von ihnen gesehen zu werden", nimmt den Vorwurf vorweg, der im folgenden stereotyp gegen die „Heuchler" gewendet werden wird und der Gemeinde ein warnendes Bild vor Augen stellt; denn das Sich-den-Menschen-zur-Schau-Stellen hat zur Folge, daß man des himmlischen Lohnes verlustig geht, der auch den Nachfolgern Jesu verheißen ist[8].

Nach T. Zahn (KNT 1, 260) ist zu unterscheiden: 5,21–48 wendet sich gegen die „Schriftgelehrten" und ihre Schriftauslegung, 6,1–18 gegen die „Pharisäer" und die von ihnen geübte Frömmigkeit. – Jedoch ist eine solche Zweiteilung nicht nahegelegt, zumal 6,19 trotz Themenwechsels einen neuen Gesprächspartner nicht nennt. Matthäus hat die Wendung „Pharisäer und Schriftgelehrte" in der Überlieferung vorgefunden (15,1; vgl. Mk 7,1.5) und selbständig verwendet (5,20; 23,2ff), ohne ausdrücklich zu differenzieren; gemeint sind die theologischen Repräsentanten des Judentums zur Zeit Jesu, deren Auftreten polemisch verzeichnet wird, um durch das negative Beispiel die wahre, dem Christen geziemende Haltung herauszustellen (s. auch o. S. 62).

---

[5] So ausdrücklich erst Petruskerygma 2 (1. Hälfte des 2. Jh.); weitere Belege bei A. v. Harnack, Die Mission und Ausbreitung des Christentums in den ersten drei Jahrhunderten I, [4]1924, 259–289; ähnlich Diogn. 1 („neues Geschlecht").

[6] Zur Sache: A. Schlatter, Evangelist Matthäus 199f.

[7] So Tob 12,8: Gebet, Fasten, Almosen, Gerechtigkeit; vgl. Sir 7,10f: Gebet und Almosen.

[8] Vgl. oben zu 5,12.46.

Das Wort ἐλεημοσύνη kann in der jüdischen Literatur die allgemeine Bedeutung von „Wohltätigkeit" haben (vgl. schon Dan 4,24 = 4,27 LXX), ist aber im Neuen Testament eine Wohltätigkeit, die man den Armen erweist, also „Almosen"[9]. Daß der Synagogendiener bei der Gabe von besonders großen Summen in das Horn stieß – wie A. Schlatter meint[10] – und solche Sitte hier vorausgesetzt wird, ist wohl nicht mehr als eine anregende Vermutung. Das Wort σαλπίζειν („ausposaunen") kann durchaus im bildlichen Sinn gebraucht sein[11]: „Du sollst es nicht lautschallend verkündigen", d.h. „du sollst dich nicht damit großtun". 2

So wird es freilich den „Heuchlern" vorgeworfen, die in den Synagogen und auf den Straßen und Gassen auftreten, damit sie von den Menschen Ruhm ernten. Der Vorwurf der Heuchelei gegenüber den jüdischen Gegnern Jesu ist hier wie auch sonst Bestandteil der vormatthäischen Überlieferung (vgl. 15,7 par Mk 7,9) und wird in der antipharisäischen Rede zu einem Zentralpunkt der christlichen Polemik (23,2ff). Die Pharisäer und die Schriftgelehrten leben in einem Widerspruch; ihr wohlanständiges äußeres Auftreten deckt sich nicht mit ihrer egoistischen Willensrichtung; sie gleichen getünchten Gräbern, die von außen schön anzusehen, aber innen voll von Totengebein sind (23,27f). Mit breiten Amuletten und langen Gewandquasten schmücken sie sich; sie beanspruchen in den Synagogen die vornehmsten Plätze; solches Auftreten ist ganz auf äußere Wirkung ausgerichtet (23,5f; auch 23,25f). Ihre Heuchelei ist der Versuch, mehr zu scheinen als zu sein, ein Image aufzurichten, das ihre wahren Absichten verbirgt. So sind sie Prototypen für den mit sich selbst zerfallenen, geteilten, also nicht vollkommenen Menschen. Die Vermutung, Matthäus zeichne mit solcher Beschreibung das Bild eines „objektiven Selbstwiderspruchs", in dem sich die Pharisäer und Schriftgelehrten ohne eigenes Zutun befänden[12], wird der Intention des ersten Evangelisten nicht gerecht. Er will nicht das dem Menschen unbewußte sündige Sein als solches schildern, sondern für ihn ist Heuchelei eine bewußte Verstellung, wie auch der Gegenbegriff Gerechtigkeit eine bewußte Stellungnahme des Menschen einschließt. Nicht zufällig ist die ursprüngliche Bedeutung des griechischen Wortes ὑποκριτής = „Schauspieler". Und E. Haenchen hat zu Recht geltend gemacht, daß der antipharisäischen Polemik im Matthäusevangelium die Spitze genommen wäre, wenn man Heuchelei in einem objektiven Sinn versteht[13]. Daß sich die Heuchler ihrer Haltung bewußt und als hierfür verantwortlich dargestellt sind,

[9] R. Bultmann, ThWNT II 482f; vgl. zum jüdischen Hintergrund: Bill IV 536–558 (Exkurs 22).

[10] Evangelist Matthäus 201.

[11] Vgl. W. Bauer, Wb[5] 1469; anders E. Klostermann, HNT 4, 53.

[12] So z.B. J. Schniewind, NTD 2,77.

[13] E. Haenchen, ZThK 48, 1951, 38–63 (58); differenzierter D. E. Garland, The Intention of Matthew 23, NT.S 52, 1979, 96ff.

wird auch an der Zweckbestimmung deutlich: Das heuchlerische Handeln verwirklicht sich in konkreten Taten, die auf den Beifall der Zuschauer abzielen. Hiermit aber ist – sagt Matthäus – der Sinn der guten Werke entstellt; denn sie werden im Blick auf Menschen, um des irdischen Vorteils willen getan.

Die feierliche, durch „amen" bekräftigte Schlußformulierung fällt das Urteil. Der für die himmlische Welt verheißene μισθός („Lohn") ist ausbezahlt. Ἀπέχειν stammt aus der Kaufmannssprache und heißt soviel wie „eine Rechnung quittieren", d.h. „einen Betrag empfangen haben"[14]. Matthäus setzt den Verdienstgedanken als selbstverständlich gültig voraus. Den Heuchlern wird der ihnen für ihre guten Werke gebührende Lohn nicht abgesprochen. Jedoch: Durch den von ihnen angestrebten Beifall der Zuschauer haben sie ihren Lohn schon erhalten; es bleibt nichts, was sie noch erwarten dürften.

3 Anders die Anweisung zur rechten Tat des Almosengebens. Das Entscheidende, was das rechte vom falschen Handeln unterscheiden läßt, ist die Zielrichtung, die nicht auf Menschen, sondern auf Gott weisen soll. Allein unter dieser Prämisse sind die folgenden beiden Sätze auszulegen. Gemeint ist: Das äußere Auftreten muß der inneren, auf Gott hin angelegten Willensrichtung entsprechen. Der Gehorsam gegenüber der Forderung Gottes und das äußere Handeln des Menschen dürfen nicht in Widerspruch zueinander stehen. Der rechte Wohltäter ist der ungeteilte, vollkommene Mensch. Er kann auf äußeren Schein und auf den Beifall von Zuschauern verzichten.

Von hier aus ist der strittige Satz „Deine linke (Hand) soll nicht wissen, was deine rechte tut" zu verstehen. Nach verbreiteter Auslegung würde er besagen, daß die rechten Täter sich ihrer guten Werke nicht bewußt sind[15]. Dies würde die Folgerung nahelegen, daß das gottgewollte Werk des Menschen allein von Gott selbst getan werden kann (vgl. Phil 2,13). Jedoch, der Bergprediger zielt mit seiner Gerechtigkeitsforderung auf das Tun des Menschen, der sich seiner selbst bewußt ist. Nicht der Verzicht auf das Wissen um das eigene Handeln ist gefordert[16], sondern die sprich-

[14] Vgl. Dit. Syll. ^{2}845,7 (200v); M. Ant. 9,42; häufig Papyri und Ostraka; vgl. W. Bauer, Wb^{5} 167f.

[15] Vgl. schon Clem. Al., Strom IV 138; T. Zahn, KNT 1,264f; G. Bornkamm, Der Lohngedanke im NT, Aufsätze II, 1959, 80; D. Bonhoeffer, Nachfolge 100 („selbstvergessene Liebe"); G. Eichholz, Bergpredigt 108f; A. Schlatter, Evangelist Matthäus 202 („vollendete Selbstlosigkeit"); E. Schweizer, NTD 2,89. – Zur Sache: M. Luther, Evangelienauslegung 2. Teil. Das Matthäusevangelium (Kap. 3–25), 1939, 125ff.

[16] Auch die Parabel vom Weltgericht (25,31–46) kann solche These nicht bestätigen; denn der Weltrichter spricht die Gerechten nicht auf das ihnen unbewußte Tun des Guten an, sondern erklärt ihnen, daß das, was sie an Gutem verantwortlich getan haben, ihm als dem Christus-Weltrichter erwiesen wurde, ohne daß dieser Zusammenhang den Tätern des Guten bewußt geworden wäre (gegen E. Schweizer, NTD 2,312).

wörtliche Wendung[17] veranschaulicht das geforderte Tun, das – indem es im Verborgenen geschieht – dem am Äußeren haftenden Verhalten der Heuchler entgegengesetzt ist. Nicht vor dem Täter selbst, sondern vor den Menschen soll das Tun des Guten verborgen bleiben, um äußerer Ehre als dem Surrogat des himmlischen Lohnes zu entgehen. Dies schließt ein, daß der Täter nicht sich selbst mit seinem Werk ehren will und auch sein Handeln sich nicht zugute hält. Das ist der Sinn auch der folgenden Anweisungen, wonach das fromme Werk im Verborgenen geschehen soll. Das Gebet im Kämmerlein kann selbstverständlich dem Beter ebensowenig verborgen bleiben (V. 6) wie dem Fastenden sein heimliches, vor den Menschen verborgenes Fasten (V. 17f). Matthäus will jeweils die Notwendigkeit herausstellen, daß gute Taten im Aufsehen zu Gott und nicht im Blick auf Menschen getan werden müssen.

In dieser Perspektive sind auch die Aussagen über das „Verborgene" 4
zu sehen. Formal erinnert der letzte Satz an den paulinischen Lobpreis des „Juden im Verborgenen", der die Beschneidung des Herzens im Geist übt, im Unterschied zum Juden „im Offenbaren", der die äußerliche Beschneidung am Fleisch beobachtet (Röm 2,28f). Dies läßt Parallelen zur jüdischen Frömmigkeit ziehen[18]. Auch stellt die ethische Weisung des ersten Petrusbriefes dem an der Äußerlichkeit haftenden Auftreten von sich schmückenden Frauen den „verborgenen Menschen des Herzens", der sanftmütig und stillen Geistes ist, entgegen (1Petr 3,4). In Wahrheit ist Matthäus um eine Ethik der Innerlichkeit gegenüber der Äußerlichkeit oder der Verborgenheit gegenüber der Öffentlichkeit nicht bemüht[19]. Entscheidend ist vielmehr der Gegensatz von irdischem Lohn, den die Heuchler erhalten haben, und der himmli-

---

17 Vgl. J. Wellhausen, Evangelium Matthaei 25; E. Klostermann, HNT 4,53. – Ginza R I 104 (S. 17, 27ff): „Wenn ihr Almosen gebt, meine Auserwählten, so bezeugt es nicht. Bezeugt ihr es einmal, so wiederholt es nicht. Gebet ihr mit eurer Rechten, so saget es nicht eurer Linken. Gebet ihr mit eurer Linken, so saget es nicht eurer Rechten."

18 So E. Schweizer, NTD 2,87.

19 Die Verborgenheit des rechten Handelns (6,1ff) steht in scheinbarem Widerspruch zu 5,16, wonach die Jünger vor den Menschen ihr Licht leuchten lassen sollen, damit diese ihre guten Werke sehen und den Vater im Himmel rühmen. Stände der Unterschied von ‚verborgen-öffentlich' im Vordergrund, so wäre eine Antinomie die Folge, die zwischen dem Tun vor den Menschen (5,16) und dem Tun im Verborgenen (6,1ff) nicht vermitteln läßt. In Wahrheit hat für unseren Text jedoch nicht der Gegensatz ‚verborgen-öffentlich' entscheidendes Gewicht, sondern der Unterschied zwischen der Haltung der Heuchelei, die in Ausrichtung auf Menschen, und der Tat der rechten Gesinnung, die im Hinblick auf Gott geschieht. Letztere ist auch für 5,16 vorauszusetzen, da das Handeln vor den Menschen diese zum Lobpreis Gottes führen soll. Das Tun des Guten bleibt also an Gott gebunden und dient nicht der Verherrlichung des Täters. Grundlegend ist beide Male der Blick auf Gott, der die Reinheit menschlichen Handelns gewährleistet. – Zur Sache: E. Schweizer, „Der Jude im Verborgenen...", bes. 92ff.

schen Entlohnung, die allein von dem himmlischen Vater erwartet werden darf und dem menschlichen Tun im Verborgenen verheißen ist.

Im Unterschied zur jüdischen Weisheitslehre, die den guten Taten der Menschen primär eine irdische Entlohnung in Aussicht stellt[20], denkt Matthäus hier wie auch an anderer Stelle (vgl. 5,12) an den futurisch-eschatologischen Lohn. Ist auch der Geber des jenseitigen Lohnes der himmlische Vater, der seine Güte täglich erweist (5,45), so kennt Matthäus den Begriff „Gnadenlohn" doch nicht. Vielmehr kann ἀποδίδωμι in 20,8 sogar den technischen Sinn von „(Lohn) auszahlen" haben (vgl. 2Clem 20,4; Barn 11,8). Auch der Parabel von den Arbeitern im Weinberg (20,1–16) ist nicht die Vorstellung zu entnehmen, daß himmlische Entlohnung und menschliche Leistung einander ausschließen, sondern der himmlische Hausherr gewährt den zuletzt Gekommenen den gleichen Lohn, den er den zuerst gemieteten Arbeitern zugesagt hatte. Zwar berechnet Matthäus künftigen Lohn nicht, wohl aber rechnen er und seine Gemeinde fest mit einer himmlischen Entlohnung; sie ist mit dem „ewigen Leben" identisch[21].

Es ist die Ansicht des Matthäus wie auch seiner Tradition, daß mit der Forderung der Ganzheit des menschlichen Lebens und mit der Überwindung des Widerspruchs zwischen äußerem Auftreten und der wahren inneren Haltung eine unüberbrückbare Distanz zum jüdisch-pharisäischen Standpunkt besteht. Freilich ist der Bereich des ethischen Denkens hierdurch noch nicht verlassen. Die Infragestellung des Gesetzesweges, wie sie Paulus lehrte, ist dem ersten Evangelisten und seiner Tradition unbekannt. Der Lohngedanke wird verhältnismäßig unreflektiert überliefert. Die Gefahr, daß die Ethik des Matthäus in Nomismus abgleitet, ist an dieser Stelle besonders deutlich.

Dies führt zu der Frage, ob die vormatthäischen Frömmigkeitsregeln von *Jesus* selbst gesprochen sein können. Hierzu ist festzustellen, daß der Lohngedanke in der Verkündigung Jesu vermutlich enthalten war, wenn auch der Nachweis im einzelnen ungesichert bleibt. Jedoch wurde „die naive Lohnerwartung ... vom Zentrum der Predigt Jesu de facto ... überwunden"[22]. Dieses nötigt zu der Folgerung, daß die erschlossene vormatthäische Gestalt der drei katechetischen Stücke vermutlich nicht auf Jesus zurückgeht. Ihre weisheitliche Struktur ist weit entfernt von dem durch die Nähe des Gottesreiches begründeten Umkehrruf und von der radikalen ethischen Forderung Jesu. Schwerlich ist es gelungen, aus der vormatthäischen Überlieferung drei Worte des historischen Jesus zu erheben, welche die ursprüngliche Berechnung der frommen Leistung unmöglich

---

[20] Vgl. Spr 11,21; 12,7; 14,22; 15,6; 19,17.

[21] Vgl. 19,17 (red.). – Gegen J. Schniewind, NTD 2, 54; E. Schweizer, NTD 2,89f („Gabe der Liebe").

[22] H. Braun, Radikalismus II 56 A; vgl. auch H. Merklein, Gottesherrschaft 135 (Lit.).

machen wollten[23]. Aufschlußreich ist die Anweisung zum Fasten (V. 16–18): Die der Dehnung der Zeit angepaßte Befürwortung einer christlichen Fastenpraxis unterscheidet sich erheblich von dem situationsgebundenen Jesuswort, wonach die Gegenwart des Bräutigams das Einhalten der Fastengebote erübrigt (9,15 par Mk 2,19).

2.4.2 6,5–8 Vom Beten

5 Und wenn ihr betet, sollt ihr nicht wie die Heuchler sein; denn sie lieben es, in den
Synagogen und an den Straßenecken zu stehen und zu beten, damit sie sich den
Menschen zur Schau stellen. Amen, ich sage euch, sie haben ihren Lohn empfangen.
6 Du aber, wenn du betest, gehe in deine Kammer, verschließe die Tür und bete zu
deinem Vater, der im Verborgenen (ist). Und dein Vater, der im Verborgenen sieht,
wird es dir vergelten. 7 Wenn ihr aber betet, sollt ihr nicht plappern wie die Heidni-
schen; denn sie meinen, daß sie durch ihre vielen Worte Erhörung finden werden. 8 Seid
ihnen nun nicht gleich; denn euer Vater weiß, was ihr nötig habt, bevor ihr ihn bittet.

Neben dem Almosengeben wird das Gebet als eine weitere wichtige religiöse Übung des Judentums genannt (vgl. Tob 12,8; b. Schabb 127a). Im antiken Judentum waren bestimmte Gebetszeiten festgesetzt. So ist die Rezitation des Achtzehngebets dreimal am Tag (morgens, mittags und abends) zur Pflicht gemacht. Die Richtung des Betens zeigt auf das Allerheiligste des Tempels in Jerusalem. Die alttestamentlichen Psalmen stellen alte Gebetsformulare für die israelitische Gemeinde dar. Daß in diesem Vers im Unterschied zu V. 2a der einleitende ὅταν („wenn")-Satz in der 2. pers. plur. konstruiert ist, läßt daran denken, daß das gemeinschaftliche Gebet im Blick ist, auch wenn im folgenden die 2. pers. sing. wieder erscheint (V. 6). Aber auch V. 7–8.9ff.16a bringen die 2. pers. plur. – dies ist möglicherweise durch die Einfügung des Vaterunsers begründet.

Das karikierende Beispiel zeigt die „Heuchler" in den Synagogen und an den Straßenecken stehend beten. Es ist im jüdischen Raum denkbar, daß das Gebet in der Öffentlichkeit verrichtet wird, wenn etwa die vorgeschriebene Gebetszeit hierzu nötigt. Und es ist weithin verbreitet, im Stehen zu beten[24]. Der polemische Vorwurf deutet sich in der den Heuchlern zugeschriebenen Zweckbestimmung an: Ihr Gebet ist eine Demonstration. Sie stellen sich darin den Menschen zur Schau, anstatt sich allein auf Gott auszurichten. Da sie unter dem Vorwand zu beten ihre egoistischen Wünsche befriedigen, haben sie ihren Lohn empfangen; die Rech-

23 Zu E. Schweizer, NTD 2, 88.

24 Vgl. 1Sam 1,26; 1Kön 8,22; Jer 18,20. – Das Judentum kennt auch die knieende Gebetshaltung (schon Ps 95,6; 1 Kön 8,54; Esra 9,5) oder das Sich-Niederwerfen im Gebet (Gen 24,26; Ex 34,8).

nung ist beglichen, wie ἀπέχουσιν τὸν μισθὸν αὐτῶν („sie haben ihren Lohn erhalten") wiederum aussagt.

6 Die folgende Anweisung gibt den Rat, sich zum Gebet – wenn es sich um ein echtes Gebet handeln soll – in ein ταμεῖον zurückzuziehen und die Tür zu verschließen. Der Satz stammt aus Jes 26,20, wo das Volk Israel aufgefordert wird, sich in die Kammer (חדר = *cheder)* zurückzuziehen und sich einzuschließen, bis der Zorn Gottes vorüber ist. Der Ausdruck ταμεῖον bezieht sich auf einen fensterlosen, dunklen Raum. Ob konkret an die Vorratskammer (so Lk 12,24) oder an einen Schuppen, der an das Haus angebaut ist, gedacht ist, läßt sich nicht mit ausreichender Sicherheit feststellen. Im Neuen Testament hat das Wort weithin die Bedeutung von „Innenraum" (Mt 24,26; Lk 12,3; auch 1Clem 50,4). Natürlich ist nicht gemeint, daß das „Kämmerlein" der einzig mögliche Gebetsort sei. Veranschaulicht werden soll vielmehr das rechte Beten. Es darf nicht die Sucht nach öffentlicher Anerkennung befriedigen, sondern es soll ein Akt des Gehorsams sein. Es muß sich ausschließlich auf den Gott konzentrieren, der im Gebet angerufen wird. Zielpunkt des christlichen Gebets ist der „Vater, der im Verborgenen ist". Eine Reihe von Handschriften bezeugt nicht den Artikel τῷ[25], so daß sekundär unterstrichen wird, daß das Gebet im Verborgenen zu geschehen hat. Solchem rechten Beten wird die eschatologische Erfüllung zugesprochen. Zweifellos kann auch der fromme Jude sein Beten in dieser Weise verstehen[26]. Matthäus steht im Sog der Tradition, da er diese Gebetsanweisung kommentarlos weitergibt. Er selbst spricht 18,19f in anderer Weise vom christlichen Gebet. Es wendet sich an den Vater Jesu Christi. Der Gebetsgemeinschaft, die sich im Namen Jesu versammelt, ist die Gegenwart des Erhöhten verheißen. Andererseits zeigt die Gebetspraxis der frühchristlichen Kirche, daß jüdische Elemente frühzeitig einflußreich sind; schon zu Anfang des zweiten Jahrhunderts wird entsprechend den jüdischen Gebetszeiten das Vaterunser dreimal am Tag gebetet (Did 8,3).

7 Die Verse 7 und 8 gehören nicht ursprünglich zu den beiden voraufgehenden katechetischen Einheiten. Aber sie sind vermutlich schon vor Matthäus der Gebetsanweisung hinzugefügt worden. So legen es die Hapaxlegomena in V. 7 nahe[27]. Dagegen enthält das Sprachgut in V. 8 matthäische Züge, ist aber teilweise schon in Q vorhanden gewesen[28]. Wenn die

[25] Z.B. Bezae Cantabrigiensis (D), Lakegruppe (λ), Ferrargruppe (φ), altsyrische Übersetzungen (sy^{cs}), bohairische Übersetzung (bo); vgl. A. Huck–A. Greeven, Synopse der drei ersten Evangelien, ^{13}1981, 36.

[26] Vgl. Bill I 402.

[27] Neutestamentliche Hapaxlegomena: βατταλογεῖν („plappern"), πολυλογία („viele Worte"). – ἐθνικοί („Heidnische") nur im vormatthäischen Sondergut (5,47; 18,17); εἰσακούειν („erhören") nur hier im Matthäusevangelium.

[28] Vgl. zu ὁμοιωθῆτε („seid... gleich"): 7,24.26 (vormatthäisch?). – Zu V. 8b: Mt 6,32 par Lk 12,30.

Verse in der gegenwärtigen Stellung auch die Funktion einer Überleitung zum folgenden Zitat des Vaterunsers haben, so sind sie doch nicht zu diesem Zweck konzipiert worden; denn der Ausdruck des Vertrauens in die Fürsorge Gottes, die vor allem Beten als wirksam anerkannt wird (V. 8b; vgl. Jes 65,24), ist kein überzeugender Auftakt. Als ursprüngliche Einleitung zum Herrengebet wäre wahrscheinlicher dem geschwätzigen Beten der Heiden das Beten in wenigen Worten durch die christliche Gemeinde gegenübergestellt worden.

Wenn auch polemisch, so wird doch auch im Verhältnis zu den Heiden an vorhandene (Un-)Sitten angeknüpft: Ob βατταλογεῖν aus dem aramäischen אמר בטלתא = „Leeres reden“ oder vom griechischen βατταρίζειν = „stammeln“, „stottern“ abzuleiten ist, bleibt eine offene Frage; beide Male handelt es sich um anregende, aber letztlich unbeweisbare Vermutungen[29]. Im gegebenen Kontext wird das Verb durch πολυλογία charakterisiert, so daß die deutsche Übersetzung „plappern“ angemessen ist. Gemeint ist: Die heidnische Gebetspraxis ist durch geschwätziges Reden gekennzeichnet. Was sich im einzelnen darunter verbirgt, läßt sich nur raten: etwa die Rezitierung der zahllosen Namen des antiken Pantheon; oder Beschwörungsformeln, die das Gebet zur magischen Kunst werden lassen, mit denen man sich der Gottheit zu bemächtigen sucht. Gegen das Beten mit vielen Worten wandte schon Seneca ein, daß man hierdurch die Götter müde mache[30]. Jedenfalls setzt unser Beispiel voraus, daß die vielen Gebetsworte der Heiden aus der Unsicherheit, ob man überhaupt Erhörung finden werde, hervorgerufen sind. Dem stellt sich die Gewißheit der glaubenden Gemeinde entgegen: Wer sein Vertrauen in die Allmacht und Güte Gottes setzt, der weiß, daß der himmlische Vater über alles Bitten und Verstehen hinausgehend für seine Kinder sorgt. Solches Vertrauen ist die rechte Voraussetzung für das Beten des Vaterunsers.

2.4.3 6,9–15 Das Vaterunser

M. Brocke u.a. (Hg.), Das Vaterunser. Gemeinsames im Beten von Juden und Christen, 1974.

R. E. Brown, The Pater Noster as an Eschatological Prayer [1961], in: ders., New Testament Essays, New York ²1968, 275–320.

J. Carmignac, Recherches sur le „Notre Père“, Paris 1969 (Lit.).

L. Feldkämper, Der betende Jesus als Heilsmittler nach Lukas, 1978, 179–205.

P. Fiebig, Das Vaterunser, BFChTh XXX 3, 1927.

A. Finkel, The Prayer of Jesus in Matthew, in: Standing Before God, FS J. M. Oesterreicher, hg. v. A. Finkel und L. Frizzell, New York 1981, 131–170.

M. D. Goulder, The Composition of the Lord's Prayer, JThS 14, 1963, 32–45.

Ph. B. Harner, Understanding the Lord's Prayer, Philadelphia 1975.

29 Vgl. dazu G. Delling, ThWNT I 597f; W. Bauer, Wb[5] 273; B.-D.-R. § 40.

30 Ep. 31,5.

J. Hensler, Das Vaterunser, NTA IV 5, 1914 (Lit.).
J. Herrmann, Der alttestamentliche Urgrund des Vaterunsers, in: FS O. Procksch, 1934, 71–98.
J. Jeremias, Das Vater-Unser im Lichte der neueren Forschung [1962], in: ders., Abba, 1966, 152–171.
Ders., Neutestamentliche Theologie I, ^{2}1973, 188–196.
K. G. Kuhn, Achtzehngebet und Vaterunser und der Reim, WUNT 1, 1950.
O. Kuss, Das Vaterunser, in: ders., Auslegung und Verkündigung II, 1967, 275–333.
E. Lohmeyer, Das Vater-Unser als Ganzheit, ThBl 17, 1938, 217–227.
Ders., Das Vater-Unser, ^{5}1962.
C. F. D. Moule, ‚...As we forgive...', in: Donum Gentilicium, FS D. Daube, hg. v. E. Bammel u. a., Oxford 1978, 68–77.
F. Mußner, Das Vaterunser als Gebet des Juden Jesus, in: ders., Traktat über die Juden, 1979, 198–208.
W. Ott, Gebet und Heil. Die Bedeutung der Gebetsparänese in der lukanischen Theologie, StANT 12, 1965, 92–123.
H. Schürmann, Das Gebet des Herrn als Schlüssel zum Verstehen Jesu, ^{6}1981.
S. Schulz, Q 84–93.
G. Schwarz, Matthäus VI.9–13/Lukas XI.2–4. Emendation und Rückübersetzung, NTS 15, 1968/69, 233–247.
S. v. Tilborg, A Form-criticism of the Lord's Prayer, NT 14, 1972, 94–105.
A. Vögtle, Der „eschatologische" Bezug der Wir-Bitten des Vaterunser, in: Jesus und Paulus, FS W. G. Kümmel, hg. v. E. E. Ellis und E. Gräßer, 1975, 344–362.
Ders., Das Vaterunser – ein Gebet für Juden und Christen?, in: Das Vaterunser, hg. v. M. Brocke u. a., 165–195 (Anm. 272–278).

Zur Geschichte der Vaterunser-Erklärung:
O. Dibelius, Das Vaterunser. Umrisse zu einer Geschichte des Gebetes in der alten und mittleren Kirche, 1903.
M. Dorneich (Hg.), Vaterunser-Bibliographie, 1982.
G. Walther, Untersuchungen zur Geschichte der griechischen Vaterunser-Exegese, TU XL 3, 1914.

Matthäus 6	Lukas 11
9 *So sollt ihr nun beten:*	2 *Er sprach aber zu ihnen: Wenn ihr betet, sollt ihr sagen:*
Unser Vater, der in dem Himmeln ist!	*Vater!*
Geheiligt werde dein Name.	*Geheiligt werde dein Name.*
10 *Dein Reich komme.*	*Dein Reich komme.*
Dein Wille geschehe wie im Himmel so auf Erden.	
11 *Unser notwendiges Brot gib uns heute.*	3 *Unser notwendiges Brot gib uns täglich.*
12 *Und vergib uns unsere Schulden, wie auch wir vergeben haben unseren Schuldnern.*	3 *Und vergib uns unsere Sünden; denn auch wir vergeben jedem, der uns schuldet.*
13 *Und führe uns nicht in Versuchung, sondern erlöse uns von dem Bösen.*	*Und führe uns nicht in Versuchung.*

[14]*Denn wenn ihr den Menschen ihre Verfehlungen vergebt, dann wird euch euer himmlischer Vater auch vergeben.*
[15]*Wenn ihr aber den Menschen nicht vergebt, dann wird euer Vater eure Verfehlungen auch nicht vergeben.*

Das Vaterunser[31], das man wegen seiner Herkunft auch „Herrengebet" nennt[32], wird im Neuen Testament zweimal überliefert. Matthäus zitiert es in der Bergpredigt als ein Gebetsbeispiel im Anhang seiner Gebetsbelehrung. Im Lukasevangelium steht es als eine von drei Anweisungen über das Gebet[33]. Die lukanische Fassung ist erheblich kürzer. Zählt man nach der Anrede bei Matthäus üblicherweise sieben Bitten[34], so bei Lukas entsprechend der zuverlässigeren handschriftlichen Bezeugung fünf Bitten. Schon die Anrede ist unterschiedlich überliefert, da Lukas lediglich den kurzen Anruf „Vater!" bringt. Es fehlen im Lukasevangelium die Bitten um das Geschehen des Gotteswillens und um Errettung von dem Bösen. Die Schlußdoxologie „Denn dein ist das Reich und die Kraft und die Herrlichkeit in Ewigkeit" ist Lukas unbekannt; sie ist nur in einem Teil der Handschriften des Matthäusevangeliums belegt[35] und dem Text sekundär angeschlossen worden[36].

Kaum zweifelhaft ist, daß die lukanische Fassung des Herrengebets der ältesten Traditionsschicht im allgemeinen am nächsten steht; denn es ist aufschlußreich, daß Lukas' Vaterunser-Text als ganzer in den matthäischen hineinpaßt. Dies gilt auch für die Fünfzahl der Bitten; die Erweiterungen bei Matthäus gehören einer späteren Überlieferungsstufe an[37].

---

[31] Die Bezeichnung „Vaterunser" statt „Unser Vater", wie sie etwa in der lutherischen und römisch-katholischen Kirche gebräuchlich ist, erklärt sich aus dem lateinischen „pater noster". Ist sie als „sklavisch-gesetzliches Klebenbleiben an der lateinischen Form" und als „sinnlos" zu beurteilen (so E. Schweizer NTD 2, 93)? Nicht übersehen werden sollte ihre liturgische und kulturgeschichtliche Bedeutung und das damit verbundene emotionale Gewicht in den betreffenden Kirchen.

[32] Vgl. Cyprian, De dominica oratione, CSEL III 1, 267–294; Gregor von Nyssa, De oratione dominica, Migne PG 44, 1120–1193; s. auch die Einleitung in Did 8,2 („Betet nicht wie die Heuchler, sondern wie der Herr in seinem Evangelium befohlen hat..").

[33] Die älteste nachneutestamentliche Bezeugung ist das Zitat in Did 8,2, das weitgehend mit dem Matthäustext übereinstimmt und ihn direkt oder indirekt voraussetzt.

[34] Vgl. dazu auch unten S. 128.

[35] So der sogenannte byzantinische oder Reichstext; die wichtigeren Handschriften א B D u.a. haben diesen Zusatz nicht.

[36] Zugrunde liegt alttestamentlich-jüdische doxologische Tradition, wie sie etwa 1Chr 29,11 erscheint, aber auch sonst im Neuen Testament verwendet wird (Apk 4,11; 12,10).

[37] So W. Grundmann, ThHK 1,199; G. Schneider, Das Evangelium nach Lukas, ÖTK

Was die Substanz der einzelnen Bitten angeht, so ist der Matthäusüberlieferung manchmal der Vorzug zu geben. Allerdings waren den Eingriffsmöglichkeiten der Evangelisten enge Grenzen gezogen. Sie überliefern vermutlich jeweils die Fassung, die in ihren Gemeinden in Gebrauch war. Die wesentlichen Erweiterungen des Urtextes haben schon vor der Zeit des Matthäus stattgefunden. Dagegen ist die Interpretation durch die Evangelisten Matthäus und Lukas besonders an der unterschiedlichen Einordnung des Vaterunsers in den Kontext abzulesen.

Ist der *ursprüngliche Wortlaut* in aramäischer oder hebräischer Sprache abgefaßt gewesen[38], so ist schon vor Matthäus und Lukas das Herrengebet in unterschiedlichen griechischen Fassungen gebetet worden. Möglicherweise wurde während dieser Überlieferungszeit auch die Begründung der Vergebungsbitte (V. 12b) hinzugefügt[39]. Dennoch ist die gelegentlich geäußerte Vermutung, das Vaterunser sei erst in der judenchristlichen Gemeinde oder gar in der hellenistisch-christlichen Gemeinde der urchristlichen Frühzeit entstanden, nicht haltbar[40]. Die durch den synoptischen Vergleich erschließbare Urfassung gehört der Verkündigung des historischen Jesus an. Die Bitte um das Kommen des Reiches stimmt zur Reich-Gottes-Vorstellung, wie sie die Botschaft Jesu entscheidend prägt. Die Vater-Anrede geht auf das aramäische *abba* zurück, das der Sprache Jesu zuzurechnen ist. Vorstellung und Praktizierung der „Vergebung der Sünden" haben in der ältesten Jesustradition einen ursprünglichen Platz. Die Mischung von apokalyptischen und weisheitlichen Elementen ist sowohl für das Vaterunser als auch für die Verkündigung Jesu kennzeichnend. Schließlich ist aufschlußreich, daß der Vaterunser-Text von Elementen des nachösterlichen Christusbekenntnisses nicht beeinflußt wurde. Dies alles besagt: Der Inhalt des Herrengebets ist nicht nur dem jüdischen Traditionskreis, sondern auch der Verkündigung Jesu einzuordnen.

III 2, 1977, 256; J. Jeremias, Theologie I 189f; ders., Sprache 195. – Dagegen halten J. Carmignac (Recherches 23–26) und W. Ott (Gebet 121f) die Matthäusfassung für ursprünglich; zu apologetisch: P. Fiebig (Vaterunser 45f), wonach beide Fassungen auf Jesus selbst zurückgehen.

38 Nach K. G. Kuhn ist die ursprüngliche Sprache aramäisch und wurden die einzelnen Verse durch Endreim aufeinander bezogen (Achtzehngebet 30ff).

39 So A. Vögtle, Wir-Bitten 345–347; auch G. Schwarz, NTS 15, 1968/69, 239. – Vgl. auch das Gebot der Feindesliebe (5,44–48), dem ähnlich in vormatthäischer Überlieferung eine rationale Begründung (5,46f) hinzugefügt worden sein kann.

40 S. Schulz hält das Vaterunser für ein Gebetsformular „der ältesten judenchristlichen Q-Gemeinde Palästinas" (Q 87.93), auch wenn es älteste Tradition verwerte (86). – Hypothetisch M. D. Goulder, JThS 14, 1963, 35ff (Markus habe Jesu allgemeine Gebetslehre aufgenommen, Matthäus diese dann in die Form des Vaterunsers gefaßt, das von Lukas gekürzt worden sei). S. v. Tilborg führt diese These weiter, indem er „liturgical reflection upon the Gethsemane story" (Mk 14,32–42) für die Entstehung des Vaterunsers innerhalb der judenchristlichen Gemeinde verantwortlich macht (NT 14, 1972, 104f).

Die Urform setzte mit der schlichten Vateranrede ein, wie sie sich bei Lukas findet. Auf die Anrede folgt die *erste Tafel*, in der ‚theologisch‘ von Gott gesprochen und um die Heiligung seines Namens gebeten wird (= Du-Bitten). Daran schließt sich die *zweite Tafel* mit den ‚kirchlichen‘ (= Wir-) Bitten, die menschliche Angelegenheiten betreffen. Auch formal ist zwischen beiden Tafeln zu unterscheiden; denn die erste und zweite Bitte der ersten Tafel sind unverbunden nebeneinander gestellt, dagegen sind die zweite und dritte Wir-Bitte durch „und“ miteinander verknüpft. Die zweite Tafel ist ausführlicher und auch im Aufbau reicher. So ist die Bitte um Vergebung der Schuld durch einen Begründungs- (Lk) bzw. durch einen Vergleichssatz (Mt) erweitert worden. Auffallend ist, daß die Bitte um das Nichthineinführen in Versuchung als einzige durch eine Verneinung bestimmt ist; sie ist vielleicht aus diesem Grund später antithetisch durch die Bitte um Befreiung von dem Bösen ergänzt worden.

Da Jesus seiner Herkunft nach ein Jude war, kann es nicht überraschen, daß die Literatur des antiken Judentums Gebete überliefert, die weitgehende Übereinstimmungen mit dem Gebet Jesu aufweisen. So das altertümliche, aus der Tempelzeit stammende Kaddisch-Gebet[41]:

„Verherrlicht und geheiligt werde sein großer Name in der Welt,
die er nach seinem Willen geschaffen hat.
Er lasse herrschen seine Königsherrschaft
während eures Lebens und zu euren Tagen und zu Lebzeiten des ganzen Hauses Israel
in Eile und naher Zeit.
Gepriesen sei sein großer Name von Ewigkeit zu Ewigkeit.“

Hier fällt die Ähnlichkeit zu den beiden ersten Bitten des Vaterunsers auf (Heiligung des Namens, Kommen des Reiches), und auch, daß die Bitten asyndetisch nebeneinander gestellt worden sind.

Einen großen Einfluß auf die jüdische Gebetspraxis hatte das Achtzehngebet (שמנה עשרה *schemone esre)*, das aus der ersten Hälfte des ersten Jahrhunderts n.Chr. stammt, in das später die Verfluchung der Nazarener und Häretiker *(Birkath ha-minim)* eingefügt wurde[42]. Es liegt in einer palästinischen und babylonischen Rezension vor. Es umfaßt 18 Lobsprüche *(Berakoth)* und zerfällt inhaltlich in zwei Teile: 1. Situation der Gegenwart (Lobpreis der Taten Gottes als des Schöpfers und Erhalters der Welt, Heiligung seines Namens, Bitte um Erkenntnis der Tora, Vergebung der Sünde, Beistand in Not und Krankheit, Bitte um Fruchtbarkeit der Erde); 2. die eschatologische Vollendung (Sammlung der Vertriebe-

---

[41] Aramäischer Text bei G. Dalman, Die Worte Jesu I, 1898, 305; vgl. Bill I 408.418; J. Jeremias, Theologie I 192.

[42] Text und Kommentar bei G. Dalman, Die Worte Jesu I 299–304; Bill IV 1,208ff. – Zur ‚Birkath ha-minim‘: I. Elbogen, Der jüdische Gottesdienst in seiner geschichtlichen Entwicklung, ²1924, 36ff.51f; EJ IV B, 1971, 1035f; W. D. Davies, Sermon 1964, 275f.

nen, Vernichtung der Fremdherrschaft, Aufnahme der bekehrten Heiden, Endzeitliche Erlösung Israels, Wiederaufrichtung Jerusalems und des Tempels, Bitte um die Friedensherrschaft Jahwes).

Diese Unterscheidung entspricht den beiden Tafeln des Vaterunsers, die hier jedoch in umgekehrter Reihenfolge erscheinen. Darüber hinaus ist die Brotbitte im Vaterunser an der ersten Stelle der zweiten Tafel genannt, im Achtzehngebet dagegen an der letzten Stelle der ersten Tafel. Auch im einzelnen ergeben sich aufschlußreiche Parallelen: Die Bitte um Vergebung der Sünde (Ber 6) entspricht der fünften, die Bitte um Gottes Beistand (Ber 7) der sechsten und siebten Bitte des Vaterunsers[43].

Ein altes jüdisches Morgen- und Abendgebet ist im babylonischen Talmud überliefert (bBer. 60b, zweimal):
„Bring mich nicht in die Gewalt der Sünde,
bring mich nicht in die Gewalt der Schuld,
bring mich nicht in die Gewalt der Versuchung,
bring mich nicht in die Gewalt von dem Schändlichen."

Unabhängig davon, wie man die Beziehung dieser und anderer jüdischer Gebetstexte[44] zur ältesten Form des Vaterunsers näher bestimmen mag, so besteht doch kein Zweifel, daß sie die Verwurzelung Jesu und seines Gebets im Judentum bezeugen und Anlaß geben können, das Vaterunser im Zusammenhang mit der jüdischen Gebetsüberlieferung zu interpretieren.

9 Der Anschluß οὕτως οὖν („so... nun") weist nicht nur bis auf V. 7 zurück, so daß das Vaterunser als Gegenbeispiel zum geschwätzigen Beten der Heiden dargestellt wäre, sondern bis auf V. 5: Im Zusammenhang der Gebetsparänese wird das Herrengebet als ein Beispiel zitiert, an das sich die Nachfolger Jesu halten können, wenn sie Gott anrufen. Selbstverständlich setzt es das rechte Verständnis des Gebetes voraus, wie es im voraufgehenden am Gegenbeispiel der Heuchler und Heiden erläutert worden ist.

Die ausführlichere *Anrede* wird in der Gemeinde des Matthäus in liturgischem Gebrauch gewesen sein. Sie verdeutlicht den kurzen Vateranruf der lukanischen Fassung. Sachlich stimmt sie mit dem ursprünglichen, durch Lukas überlieferten Wortlaut überein; denn in den Wir-Bitten der zweiten Tafel ist „Unser Vater!" ständig vorausgesetzt. Die für Matthäus typische, als rabbinisch bezeugte Redewendung, daß der Vater „in den Himmeln ist"[45], ist nicht nur Umschreibung des Gottesnamens, sondern gibt die Gebetsrichtung an. Sie wendet sich nach oben. Von dem Höchsten wird Heil erwartet. Hierbei klingt das antike Stockwerkschema an,

---

[43] Im übrigen: K. G. Kuhn, Achtzehngebet 24ff.

[44] Weitere Beispiele bei J. Carmignac, Recherches 287f; D. Flusser, Qumrân and Jewish ‚Apotropaic' Prayers, IEJ 16, 1966, 194–205.

[45] Auch 5,16.45; 6,1; 7,11; 18,14; dazu oben S. 94.

wonach Gott als im Himmel oder über den Himmeln thronend vorgestellt ist. Zweifellos steht im Hintergrund dieser Vorstellung die patriarchalische Gesellschaftsstruktur, wie sie in der antiken Welt allgemein anerkannt ist. Dies meint aber auch: Die neutestamentliche Gemeinde, die mit diesem Gebet Gott als Vater anredet, benutzt das höchste Prädikat, das ihr in ihrer Sprache zur Verfügung steht. Nicht besser und nicht anders kann sie ihrem Glauben Ausdruck geben, daß der Gott, den sie im Gebet anruft, die höchste Autorität und die größte Machtvollkommenheit besitzt.

Die Anrede Gottes als eines Vaters ist weit vor der Zeit des Alten und Neuen Testaments im Orient gebräuchlich gewesen. Auch das Griechentum kennt die göttliche Vaterfigur. So wird im Zeushymnus des Kleanthes der oberste Gott Zeus „Vater" genannt[46]. Im Alten Testament wird verhältnismäßig selten, aber doch in zentralen Aussagen Gott als der Vater Israels dargestellt, der sein Volk zu seinem Sohn und Erben erwählt hat[47]. Häufig findet sich die theologische Vatervorstellung in der rabbinischen Literatur; von den hier bekannten Gottesbezeichnungen ist sie die intimste[48]. Jesus wird die aramäische Form *abba* gebraucht haben, die ein familiärer Ausdruck ist (vgl. Mk 14,36). So spricht das entwöhnte Kind seinen Erzeuger an. Diese Gebetsanrede bekundet, daß ein tiefes Vertrauen das Verhältnis des Beters zu Gott bestimmt. Sie ist der rabbinischen Gebetsliteratur fremd[49].

Die Vateranrede Jesu, wie sie die neutestamentlichen Evangelisten bezeugen, dokumentiert ein hohes religiöses Selbstbewußtsein. Spricht Jesus Gott als Vater an[50], so versteht er sich als Sohn. Die Einheit des

---

[46] Vgl. S. Lauer, Der Zeushymnus des Kleanthes, in: U. Brocke (Hg.), Das Vaterunser 156–162 und Anm. 270–272. – Zum Vaterbild im Denken und in der Dichtung Griechenlands s. H. G. Gadamer und W. Lemke, in: H. Tellenbach (Hg.), Das Vaterbild in Mythos und Geschichte. Ägypten, Griechenland, Altes Testament, 1976, 102ff. 116ff.

[47] Glaubende Zuversicht äußert sich in der Verzweiflung mit dem Gebetsruf: „Du bist doch unser Vater" (Jes 63,15f; 64,7; Jer 3,4). – Nach L. Perlitt handelt es sich bei der Rede von Gott als dem Vater nicht um ein Haupt-, sondern um ein Nebenthema alttestamentlicher Theologie und zählt nicht zur „Mitte des Gotteszeugnisses" (Der Vater im Alten Testament, in: H. Tellenbach [Hg.], Vaterbild 50–101, bes. 97ff).

[48] Vgl. G. Schrenk, ThWNT V 946–1016, bes. 980f. – Als Gebetsanrede auch im Achtzehngebet (palästinische Rezension): 4. u. 6. Benediktion (babylonische Rezension: 5. u. 6. Benediktion).

[49] Vgl. J. Jeremias, Abba 1966, 15–67; A. Vögtle, Vaterunser, in: U. Brocke (Hg.), Das Vaterunser 183f. – Dieser negative Befund wird freilich durch die Bemerkung von D. Flusser relativiert, daß das rabbinische Material über charismatische Gebete ohnehin spärlich ist (Jesus in Selbstzeugnissen und Bilddokumenten, rororo Bildmonographien 1968, 139 Anm. 162).

[50] So in der Q-Überlieferung Mt 11,27 par Lk 10,22 (absolutes „Vater"); vgl. auch 24,36 par. – „Mein Vater" findet sich nicht bei Markus, sehr häufig im Matthäusevangelium (7,21; 10,32f; 15,13; 16,17; 18,10.19.35), unterschieden von „euer Vater" (6,32 par Lk 12,30; Mt 5,48; 6,8.15; 10,20.29) bzw. von „dein Vater" (6,4.6.18). – Das „unser Vater" ist

Gottessohnes mit seinem Vater wird so ausgesagt, daß die spätere christologische Vorstellung des Evangelisten Johannes hierdurch vorweggenommen zu sein scheint (vgl. Joh 17,6–8). Auch die evangelischen Erzählungen von der Taufe, den Wundertaten, der Verklärung und der Kreuzigung Jesu bezeugen mit dem Christustitel „Gottessohn" das Vater-Sohn-Verhältnis. In dieser Überlieferung hat der alttestamentlich-jüdische Gott-Vater-Glaube eine einschneidende Veränderung erfahren. Der angerufene Vater-Gott ist nicht primär der Gott des erwählten Volkes Israel, sondern der Vater Jesu Christi. Der Zugang zu ihm bindet sich nicht an die nationale Messiaserwartung, sondern an die glaubende Zuwendung zur Verkündigung und zur Person Jesu. Die neutestamentliche Gemeinde bezeugt in der Gebetsanrede, daß durch die Botschaft Jesu, die nach Ostern zugleich die Botschaft von Jesus Christus ist, Gott als der Vater Jesu Christi ihr nahegekommen ist. So spiegelt es der Gebetsruf der paulinischen Gemeinden wider, die das Wort *abba* als liturgische Akklamation im Gottesdienst gebrauchten (Gal 4,6; Röm 8,15).

Die *erste Bitte* um die Heiligung des Gottesnamens erinnert an die dritte Benediktion des (palästinischen) Achtzehngebets: „Heilig bist du und furchtbar (ist) dein Name und kein Gott ist außer dir." Mit der Bitte um die Heiligung des Namens ist die souveräne Machtstellung Gottes anerkannt. Dies bezeugt die passivische Verbform. Sie findet sich auch im Kaddisch-Gebet und setzt Gott als Subjekt voraus. Die Bitte richtet sich also darauf, daß Gott selbst durch sein Eingreifen die Heiligung seines Namens bewirken möge. Im Hintergrund steht die alttestamentlich-jüdische Vorstellung, daß der Name Gottes sein Personsein umschreibt. Die ehrfurchtsvolle Scheu vor der Wirklichkeit Gottes veranlaßt, daß im Alten Testament der Name Gottes zu einer fast eigenständigen, personhaften Größe wird (Spr 18,10; Mal 1,11). Jedoch wird der Name Gottes nicht unabhängig vom Verständnis der göttlichen Offenbarungswirklichkeit genannt. Ist der Name Gottes heilig, so meint dies, daß Gott selbst heilig ist und seine Heiligkeit sichtbar offenbart (Ps 75,2). So wird im Magnificat der Maria mit der Heiligkeit des Namens Gottes auch die machtvolle Realität Gottes bekannt (Lk 1,49; vgl. Ps 30,4f; 111,9).

Ist Gott heilig (Jes 40,25; 43,14f), so besagt dies, daß sein Wesen der Welt entzogen und den Menschen nicht zugänglich ist. Der israelitische Kult gründet sich auf der Vorstellung von Gottes Heiligkeit und Unnahbarkeit. Nur die Kultfähigen, die Priester und die Frommen, haben zu Jahwe Zugang, wenn sie sich vorher geheiligt haben (vgl. 1Sam 7,1; Lev 21,1ff). Die Heiligkeit Gottes verlangt aber nicht nur kultische, sondern auch ethische Reinheit und Heiligkeit: „Ihr sollt heilig sein, denn ich bin

singulär; es spricht das gemeinsame Kindschaftsverhältnis Jesu und seiner Nachfolger gegenüber Gott aus.

heilig“ (Lev 11,45). Daher bedeutet „den Namen Gottes heiligen“ nichts anderes als den Willen Gottes tun und seine Gebote anerkennen (vgl. Jos 24,19; Jes 29,23). Andererseits wird der Name Gottes durch die Sünde derer, die sich zu ihm bekennen, entweiht und befleckt (Jes 48,11; vgl. 2Kor 7,1). Die Heiligung des Namens Gottes kann daher nicht an erster Stelle durch die Menschen, sondern durch Gott selbst geschehen, durch das Gericht, das Gott an den Sündern und seinen Feinden vollzieht. Darin wird seine Gerechtigkeit offenbar und die Befleckung seines Namens gesühnt (Jes 5,16). So erwartet Ezechiel für die verheißene Zukunft seines Volkes, daß Gott seinen Namen als herrlich und heilig durchsetzen wird (20,9ff; 36,20ff).

Auch die christliche Gemeinde, welche die erste Bitte des Herrengebets spricht, steht in der Erwartung, daß am Ende der Tage Gottes Heiligkeit und Gerechtigkeit den Sieg behalten werden. So erhofft es die Gemeinde des vorpaulinischen Christushymnus: Im Namen Jesu wird sich jedes Knie beugen und jede Zunge bekennen, daß „Jesus Christus der Herr ist, zur Ehre Gottes, des Vaters“ (Phil 2,10f). Dennoch ist diese Erwartung nicht ausschließlich auf die endzeitliche Zukunft ausgerichtet. Indem jetzt um die Heiligung des Gottesnamens gebeten wird, kann in der Gegenwart erfahren werden, daß die Zeichen sich mehren, aus denen hervorgeht, daß Gott der gerechte Richter ist, daß seine Gerechtigkeit und Heiligkeit triumphieren werden, auch wenn solche Hoffnung durch die Leiden der Glaubenden verdunkelt ist.

Die glühende Erwartung, daß Gott selbst um die Heiligung seines Namens bemüht sein wird, kann die Menschen in ihrem Tun nicht unberührt lassen. Sie müssen selbst bemüht sein, in ihrem Denken und Handeln dem heiligen Gotteswillen zu entsprechen. Daher enthält schon diese Bitte einen fordernden Nebenklang. Indem Jesus seine Jünger dieses Gebet lehrt, spricht er die indirekte Mahnung aus, daß sie – soweit es an ihnen liegt – Heiligkeit verwirklichen, damit menschliches Tun vor dem richterlichen Spruch des heiligen Gottes bestehen möge. Solcher Imperativ ist auch bei den übrigen Bitten der ersten Tafel mit zu bedenken. Steht die Gemeinde des Matthäus unter der Forderung, vollkommen zu sein (5,48), so weiß sie, daß Gottes Vollkommenheit in seinem Richterspruch wie auch in seiner Zuwendung zu den Sündern sich erweisen wird. Dies ist ein entscheidender Impuls für das christliche Handeln in der Welt. Die nachfolgende Gemeinde ist beim Beten des Herrengebets aufgefordert, die Weisungen ernst zu nehmen, die Jesus als der Bergprediger vollmächtig verkündete.

Hier stellt sich die Frage, ob die von Jesus erhobene Forderung von den Menschen wirklich erfüllt wird. Dabei geht es nicht so sehr um das akademische Problem der ‚Erfüllbarkeit‘, ob nämlich die Menschen Gottes Vollkommenheit in ihrem Leben tatsächlich verwirklichen können;

vielmehr um das Eingeständnis, daß solche Vollkommenheit und Heiligkeit im Leben des einzelnen Christen wie auch in der Gesamtheit der Christenheit sich nicht feststellen lassen. Die Heiligung des Namens Gottes, die Verwirklichung des heiligen Gotteswillens, ist, soweit es das menschliche Handeln betrifft, nur bruchstückhaft zu erkennen. Von hier aus führt eine direkte Verbindungslinie zur fünften Bitte um Vergebung der Schuld (vgl. auch Lk 17,10).

Wie die erste so bezieht sich auch die *zweite Bitte* vor allem auf die Zukunft des Gottesreiches. Das Wort βασιλεία kann sowohl den Ort (= „Reich") als auch die Ausübung der Basileia (= „Herrschaft") bezeichnen. Im allgemeinen wird zwischen beiden Bedeutungen nicht wirklich unterschieden. So meint das Bild vom Mahl (Mt 22,1 ff) nicht nur das Reich als räumliche Größe, sondern zugleich die Wirklichkeit seiner herrscherlichen Gewalt.

Wie im Kaddisch-Gebet, in dem die Errichtung der Königsherrschaft Gottes für die nahe Zukunft erbeten wird[51], ist der Begriff „Reich" oder „Herrschaft" primär auf die Zukunft bezogen. Die Verkündigung der nahen Gottesherrschaft ist in den synoptischen Evangelien die zentrale Aussage der Botschaft Jesu (vgl. Mk 1,15 par; 4,26; 9,1 par). Die Ausrichtung auf die endzeitliche Zukunft ist für sämtliche Textstellen in der Bergpredigt charakteristisch (5,3.10.19f; 7,11), und auch für die Mehrzahl der übrigen Belege im Matthäusevangelium. Einige wenige Stellen lassen darüber hinaus an die gegenwärtige oder historische Wirklichkeit der Gottesherrschaft denken (11,12; 12,28; 21,43). Aus ihnen wird ersichtlich: Die christliche Gemeinde bekennt sich zu dem schon Gekommensein des Reiches in der Person Jesu Christi und erwartet nicht nur für die Endzeit, sondern auch für ihre Geschichte die Zeichen der sich verwirklichenden Gottesherrschaft[52].

Hierzu stimmt die Aussage vom „Kommen" des Gottesreiches. Während in der jüdischen Gebetsüberlieferung nicht um das „Kommen", sondern um das „Erscheinen" bzw. „Offenbartwerden" der kommenden Königsherrschaft Gottes im streng futurisch-eschatologischen Sinn gebeten und hierdurch ein bestimmter Termin der zukünftigen Gottesoffenbarung erhofft wird[53], ist der griechische Ausdruck ἐλϑέτω („es möge kommen")[54] nicht auf den endzeitlichen Zeitpunkt zu beschränken. Zwar ist das Kommen des Gottesreiches nicht an einer innergeschichtlichen Entwicklung abzulesen, wohl aber ist nach dem Bericht des Markusevange-

---

[51] Siehe oben S. 113.

[52] Vgl. J. Jeremias: „sich realisierende Eschatologie" (Abba 1966, 171).

[53] Vgl. Ass. Mos. 10,1; Midr. Hl. 2,13; Targ. Jes. 31,4; Ausnahme: Targ. Micha 5,8.

[54] Unsicher ist, ob z. St. ἐλϑέτω (so Nestle-Aland[26] und H. Greeven, Synopse auch zu Lk 11,2) oder ἐλϑάτω (Nestle-Aland[25]; Huck-Lietzmann, Synopse z. St.; vgl. Mt 10,13) zu lesen ist. – Zu den unterschiedlichen Formen des Aorist s. B.-D.-R. § 80–81.

liums mit dem Einzug Jesu in Jerusalem das „Reich unseres Vaters David" im Anbruch (Mk 11,10). Die Gleichnisverkündigung Jesu bezeugt die Anwesenheit der Gottesherrschaft in den kleinen Anfängen (Mk 4,30–33 par), und Matthäus weiß von der Wirklichkeit des Gottesreiches in der fragwürdigen, zerbrechlichen Gestalt der Kirche (13,24–30.36–50).

Auf der Grundlage der Textüberlieferung des Kodex Bezae Cantabrigiensis (= cod. D) ist zu Lk 11,2 zu übersetzen: „Zu uns (ἐφ' ἡμᾶς) komme dein Reich."[55] Diese Lesart ist zweifellos sekundär. Sie hebt den anthropologisch-soteriologischen Aspekt des Gottesreiches hervor, wie dies in der Auslegung Martin Luthers aufgenommen wird[56]. Hier ist das berechtigte Anliegen ausgesprochen, daß die Bitte um das Kommen des Gottesreiches die Person des Beters einbeziehen muß und nicht gesprochen werden kann, ohne daß man sich selbst für das Reich bereit hält. So entspricht es der paränetischen Intention der Bergpredigt (auch 24,42–44; 25,13). Nach ursprünglichem Verständnis hat jedoch die Bitte um das Kommen des Reiches nicht primär einen anthropologischen oder ethischen Sinn, sondern sie meint das Reich als eine den Menschen transzendierende, kosmische Größe, deren endzeitliche Verwirklichung Himmel und Erde umfassen wird (vgl. Apk 11,15). So hat es auch die matthäische Gemeinde verstanden, wenn sie das Kommen des Gottesreiches, die Parusie des Weltrichters Christus und das Ende der Welt in eins erwartet (Mt 13,41–43; 24,29–31).

Die *dritte Bitte* um das Geschehen des Gotteswillens ist nur im Matthäusevangelium überliefert und gehört nicht zum ursprünglichen Bestand des Herrengebets, wie die negative Bezeugung in der Lukasparallele nahelegt. Sie steht in enger Verwandtschaft zur Theologie des Matthäus[57]. Nicht zufällig fehlt eine Entsprechung im rabbinischen Schrifttum[58].

Der Imperativ γενηθήτω („es soll geschehen") bezieht sich ähnlich wie der Ausdruck γένηται (5,18) auf das ‚Verwirklichen' bzw. ‚Tun', wobei

---

[55] Vgl. auch die erste Bitte bei Markion („Es möge dein heiliger Geist auf uns kommen und uns reinigen"), die in einigen wenigen Handschriften als zweite Bitte des Vaterunsers erscheint.

[56] M. Luther, Kleiner Katechismus, BSELK 513: „Gottes Reich kommt wohl ohne unser Gebet von ihm selbst, aber wir bitten in diesem Gebet, daß es auch zu uns komme."

[57] Die Folgerung, es handle sich um eine Bildung des Matthäus (so B. W. Bacon, Studies in Matthew, London 1930, 276; G. D. Kilpatrick, Origins 21; G. Barth, Überlieferung 65 Anm. 3; S. Schulz, Q 86 Anm. 202), ist nicht zwingend, da sowohl θέλημα („Wille"; dazu Lk 22,42 par Mt 26,42; auch Mt 12,50 par) als auch οὐρανὸς καὶ γῆ („Himmel und Erde"; Mt 5,18 par Lk 16,17; Mt 11,25 par Lk 10,21; Mt 24,31 par Mk 13,31) als vormatthäisch belegt sind.

[58] Bezeichnend ist vielmehr, daß Aboth 2,4 die Empfehlung gegeben wird, Gottes Willen zu tun, damit (!) dieser den Willen des Menschen tue; handelt es sich hierbei auch nicht um einen Gebetstext, so ist doch das Verhältnis Mensch-Gott wie ein Vertragsverhältnis verstanden (vgl. Bill I 420).

das Passiv wieder Gott als handelndes Subjekt kennzeichnet. Gemeint ist: Gott selbst möge seinen Willen verwirklichen und seine Macht wie im Himmel so auch auf Erden durchsetzen. Kein Zweifel, daß auch diese Bitte im Horizont der eschatologischen Erwartung steht. Wenn Gott am Ende der Welt sein Reich sichtbar aufrichten wird, dann wird sein Wille universal zur Geltung kommen und seine Himmel und Erde umspannende, kosmische Machtstellung Anerkennung finden. Die Gegenüberstellung von Himmel und Erde ist als Vergleich aufzufassen. Besagt sie, daß Gott im Himmel über die Engel herrscht und der Satan entmachtet ist (vgl. Lk 10,18) und daß ebenso sich Gottes Wille auf Erden verwirklichen soll? Für diese Auslegung spricht, daß die Vergleichspartikel ὡς („wie") an einem vorgeordneten Geschehen sich orientieren läßt[59]. Jedoch ist die Vorstellung eines schon jetzt errichteten himmlischen Friedensreiches, an dem sich menschliches Wollen und Tun ausrichtet, im Matthäusevangelium unbekannt. Daher mag auch hier wie in den beiden voraufgehenden älteren Bitten die endzeitliche Hoffnung ausgesprochen sein, daß sich am Ende der Welt Gottes Wille universal, beispielhaft im Himmel und auch auf der Erde durchsetzen wird. Für diese Auslegung läßt sich geltend machen, daß der Imperativ γενηθήτω dem Vergleich übergeordnet ist. Daß die Endzeit als der Äon der Heilsvollendung und des ewigen Friedens durch den Sieg Gottes über die Chaosmächte eingeleitet werden wird, sagt auch die apokalyptische Folgeordnung in 1Kor 15,23–28 (vgl. Hebr 1,6). Solches endzeitliche Geschehen wirkt sich auf die Gegenwart aus. Der Nachdruck liegt auf den beiden letzten Wörtern ἐπὶ γῆς („auf Erden"), ohne daß die Souveränität des Handelns Gottes eingeschränkt wäre. Die Bitte richtet sich vielmehr darauf, daß Gott selbst seinen Willen auf Erden durchsetzen möge.

Auch die Glaubenden haben ihren Platz in diesem Himmel und Erde umspannenden Kampf. Sie wissen sich selbst von dieser Bitte angesprochen und zur demütigen Bereitschaft aufgerufen, Gottes Willen an sich geschehen zu lassen. Sie verstehen das Handeln Gottes nicht als ein blindes Fatum oder als eine stoische Naturgesetzlichkeit, der sie ausgeliefert wären; sondern sie orientieren sich an Jesus, der nach der Darstellung des Matthäus die hier gemeinte Haltung vorbildhaft erfüllte. Als Jesus im Gethsemane-Gebet diese Worte sprach, bekundete er, den Kelch des Leidens als den Kelch des Vaters annehmen zu wollen. Mit den Worten „wenn es möglich ist" (26,39) anerkannte er die freie Entscheidung Gottes, und mit dem Ausspruch „dein Wille geschehe" (26,42) unterwarf er sich dem gnädigen Heilswillen Gottes[60].

Die matthäische Gemeinde spricht diese Gebetsworte nicht, ohne daß sie um eine Verpflichtung weiß. Sie muß sich um die Verwirklichung des

[59] ὡς... καί = „wie... so" (W. Bauer, Wb[5] 1173); vgl. Gal 1,9; Phil 1,20; Apg 7,51.
[60] Vgl. G. Eichholz, Bergpredigt 122f.; auch Lk 22,42.

Gotteswillens bemühen, solange auf Erden hierzu die Möglichkeit gegeben ist (vgl. Joh 9,4); denn der Zugang zum Reich Gottes steht nicht den Herr-Herr-Sagern oder den Wundertätern offen, sondern den Tätern des Gotteswillens (7,21). Zu Jesus gehört nur, wer den Willen seines Vaters tut (12,50 par Mk 3,36). Im Kontext der Theologie des ersten Evangelisten hat die dritte Bitte zweifellos eine eminent ethische Aussagerichtung.

Die Bitten der ersten Tafel um das Heiligwerden des Gottesnamens, um das Kommen des Gottesreiches und um die Verwirklichung des Gotteswillens sind nicht in Form eines Gedankenfortschritts einander zugeordnet[61], sondern sie sprechen in verschiedener Weise die eine Bitte um Durchsetzung der endzeitlichen Macht Gottes aus. Sie sind also ihrem eigentlichen Anliegen nach eschatologische Bitten. Allerdings hat sich gezeigt, daß die betende Gemeinde Jesu Christi in ihrer Gegenwart die Zeichen des anbrechenden Eschaton bezeugt und solche Hoffnung zu ethischen Konsequenzen in der christlichen Lebensgestaltung führen muß. Die erste Tafel des Vaterunsers spricht demnach einen Dreiklang aus: Der Grundton ist die Bitte, daß Gott selbst seine Heiligkeit, sein Reich und die Verwirklichung seines Willens heraufführe. Daneben steht das Eingeständnis, daß die glaubende Gemeinde solches Handeln Gottes an sich geschehen lassen und sich Gottes Gerichtsurteil anheimgeben muß. Schließlich verbindet sich hiermit die indirekte ethische Forderung, daß die Gemeinde der Christen, soweit es an ihr liegt, sich bemühe, Gottes Anspruch in ihrer Gemeinschaft wie allgemein in der Welt zu verwirklichen. Auf diesem letzteren ist in der dritten Bitte mit den abschließenden Worten καὶ ἐπὶ γῆς („auch auf Erden") der Nachdruck gelegt. Sie haben zugleich eine überleitende Aufgabe. Hierdurch wird die anthropologische Dimension des Vaterunsers sichtbar, welche die Bitten der zweiten Tafel bestimmt.

Die *vierte Bitte* ist im Text des Lukas abweichend überliefert worden. Statt 11
des Imperativs im Aorist δός (ingressiver Sinn: „beginne zu geben") liest Lukas den Imperativ Präsens δίδου („gib") und deutet hierdurch an, daß er an eine andauernde Gabe denkt. Auch die Worte τὸ καθ᾽ ἡμέραν („täglich") haben diese Bedeutung. Anders als bei Matthäus, wonach die Gabe für „heute" (σήμερον) erbeten wird, ist die Bitte bei Lukas darauf

[61] Anders P. Billerbeck: „Wo Gott seinen Namen in der Welt heiligt, da erkennt die Menschheit die Herrschaft Gottes an, und wo die Herrschaft Gottes zur Anerkennung gelangt, da kann Gott seinen Willen, der ein Gnadenwille ist, zum Heil der Welt ausführen (I 410). – Der enge Zusammenhang der drei Bitten wird durch Calvin festgestellt: „Inter istas tres petitiones magna est affinitas et similitudo: sanctificatio enim nominis Dei cum eius regno semper coniuncta est et praecipia eiusdem regni pars, in hoc sita est, ut fiat eius voluntas." (Evangelienharmonie, Opera Vol. XLV, CR 73, 196: „Die drei Bitten stehen untereinander in einem engen Zusammenhang; denn die Heiligung des Namens Gottes und das Kommen seines Reiches sind immer miteinander verbunden, und zu seiner Herrschaft gehört vor allem dies, daß sein Wille geschehe.")

gerichtet, daß die Gabe des Brotes Tag für Tag erfolgen möge. Daß die Gemeinde des Lukas sich auf die Dauer der Menschheitsgeschichte einstellt, ist aus vielen Stellen des Lukasevangeliums und der Apostelgeschichte zu erschließen[62]. Dieses Bewußtsein von der „Dehnung der Zeit" hat den Text der Lukasparallele geprägt. Die Fassung des Matthäusevangeliums kommt also dem ursprünglichen Wortlaut am nächsten.

Eine *crux interpretum* stellt das Wort ἐπιούσιος dar; es ist weder für die griechische Literatur- noch für die griechische Volkssprache bezeugt, so daß Origenes meinte, es sei von den Evangelisten gebildet worden (de orat 27,7). Jedoch ist in der neueren Zeit ein Beleg in einem oberägyptischen Papyrus bekannt geworden, der freilich dem fünften nachchristlichen Jahrhundert angehört und nach der grammatischen Aussage nicht sicher interpretierbar ist[63]. Es ist daher nicht überraschend, daß das Wort zu Mt 6,11 und Lk 11,3 (weiterer Beleg: Did 8,2) höchst unterschiedlich ausgelegt wird. Von den zahlreichen Deutungen[64] seien drei für die Sache wesentliche genannt:

1. Ableitung von ἐπιέναι = „künftig". Hiernach ist das erbetene Brot mit dem himmlischen Lebensbrot zu identifizieren, dem himmlischen Manna, das für die Endzeit erwartet wird. So entspricht es einer rein eschatologischen Auslegung des Vaterunsers[65]. Zielpunkt dieser Bitte wäre das Brot des kommenden Reiches. Aber können die Gaben des endzeitlichen Brotes und das Kommen des Reiches in dieser direkten Weise für ‚heute' erbeten werden? Dies würde zur Souveränität Gottes in Widerspruch stehen, der den Zeitpunkt der Ankunft seines Reiches kraft seiner Allmacht den Menschen unverfügbar festsetzt (vgl. Mk 13,32 par). Da auch den übrigen Bitten des Vaterunsers eine Allegorisierung fremd ist, sollte auf diese Deutung als die am wenigsten wahrscheinliche verzichtet werden.

2. Ebenfalls von ἐπιέναι ist die Übersetzung „morgig" abgeleitet[66]. Sie muß nicht der erstgenannten widersprechen, sondern kann auch im Zusammenhang mit der eschatologischen Deutung vorgetragen werden[67]. Der Kirchenvater Hieronymus berichtet, daß er im judenchristli-

---

[62] Vgl. dazu Lk 12,35ff; 17,20ff; 21,7ff. – Zur Sache: H. Conzelmann, Die Mitte der Zeit, [5]1964, 193ff, bes. 217ff; G. Schneider, ÖTK III 2 (s. o. Anm. 37), 358f.

[63] F. Preisigke, Sammelbuch griechischer Urkunden aus Ägypten I, 1915, 5222 (n. 5224); ἐπιουσ ... vielleicht = τὰ ἐπιούσια (das für den Tag Bestimmte, d. h. die Tagesration); vgl. E. Lohmeyer, Vaterunser 97ff.

[64] Vgl. W. Bauer, Wb[5] 587f; B.-D.-R. § 132,2; C. Müller, EWNT II, 1981, 68–77.

[65] So E. Lohmeyer, Vaterunser 107f; J. Carmignac, Recherches 192ff.

[66] Im Sinn von ἡ ἐπιοῦσα (ergänze ἡμέρα) = „für den folgenden Tag"; Schol. Pind. Nem. III 38; Apg 7,26; dazu W. Bauer, Wb[5] 562f.

[67] So J. Jeremias, Theologie I 193f: „Brot der Heilszeit" – entsprechend dem Verständnis der Mahlgemeinschaft der Jünger Jesu als einer „Antizipation des Vollendungsmahles".

chen, aramäisch geschriebenen Nazaräerevangelium an dieser Stelle das Wort *mahar* gefunden und mit *crastinum* („morgig“) übersetzt habe[68]. Da aber das Nazaräerevangelium das Matthäusevangelium voraussetzt, kann seine Mitteilung nur besagen, daß aramäisch sprechende Judenchristen in dieser Weise das Vaterunser verstanden haben. Für das ursprüngliche Verständnis ist auf dieser Grundlage nichts zu erschließen. Wenn auch gegen die Übersetzung „morgig“ mit philologischen Argumenten nichts vorzubringen ist[69], so ergeben sich doch sachliche Bedenken: Die Bitte um das Brot des folgenden Tages steht in Spannung zu der Mahnung Jesu, nicht für den morgigen Tag zu sorgen[70], und zur Aussendung der Jünger Jesu „ohne Brot und Ranzen“ (Mk 6,8 par). Sie würde eine planende Absicht bekunden; denn sie zeigt sich um Gottes Hilfe zu einer Zeit bemüht, da sie ihrer nicht unmittelbar bedarf. Daher ist einer dritten Übersetzungsmöglichkeit der Vorzug zu geben:

3. Durch Zerlegung in ἐπί und οὐσία ergibt sich die Übersetzung „zum Dasein nötig“, d.h. das „Notwendige“, so daß man auch übersetzen kann: „Das Brot, das wir brauchen, gib uns heute!“ Sind für diese wie für jede andere Übertragung auch keine exakten Parallelen im griechischen oder alttestamentlich-jüdischen Schrifttum aufzufinden, so ist der Gedanke, daß die vitalen Bedürfnisse des Menschen im Gebet Gottes Fürsorge anvertraut werden dürfen, im religionsgeschichtlichen Umfeld weit verbreitet. So lautet in der altisraelitischen Weisheitsüberlieferung ein Gebetsspruch: „Armut und Reichtum gib mir nicht; laß mich essen mein zugemessenes Brot“ (Spr 30,8; vgl. LXX-Übersetzung: „Weise mir das Nötige und das Genügende zu!“). Und in der 9. Benediktion des Achtzehngebets heißt es: „Segne, Jahwe, unser Gott, uns dieses Jahr ... und sättige die Welt aus den Schätzen deiner Güter!“

Das Wort „Brot“ bezeichnet an dieser Stelle ein Hauptnahrungsmittel. Es steht stellvertretend für alles andere, was die materiellen und geistigen Bedürfnisse des Menschen befriedigen kann[71]. Wo diese Bitte gesprochen wird, da gibt der Beter seinem Willen Ausdruck, sich mit dem Allernotwendigsten, das Gott ihm zumißt, zu bescheiden. Er wie die christliche Gemeinde insgesamt ist davon überzeugt, daß alle Dinge, die das Leben des Menschen betreffen, einbezogen sind in die schenkende Schöpfermacht Gottes. Fällt schon kein Sperling ohne Zutun des himmlischen Vaters auf die Erde, so kann die Gemeinde, die doch viel mehr ist als viele Sperlinge (Mt 10,29f), in solchem Vertrauen Gewißheit haben. Auch der

---

[68] Vgl. P. Vielhauer, Judenchristliche Evangelien, in: E. Hennecke, W. Schneemelcher, Neutestamentliche Apokryphen in deutscher Übersetzung I, ^{3}1959, 95.

[69] Vgl. W. Foerster, ThWNT II 588.

[70] Mt 6,34; hier das gebräuchliche αὔριον (= „morgen“).

[71] Vgl. M. Luther, Kleiner Katechismus, BSELK 514: „Alles, was zur Leibesnahrung und -notdurft gehört ...“.

Psalmsänger hat diese Zuversicht gekannt, wenn er sprach: „Aller Augen warten auf dich, und du gibst ihnen ihre Speise zu seiner Zeit. Du tust deine Hand auf und segnest alles, was lebt, mit Wohlgefallen."[72]

Mit der vierten Bitte ist zum ersten Mal im Vaterunser auf den Menschen in seiner kreatürlichen Vorfindlichkeit Bezug genommen. Die folgenden Bitten der zweiten Tafel werden andere menschliche und zwischenmenschliche Probleme zur Sprache bringen. Im Vergleich mit der ersten Tafel handelt es sich also um eine neue Blickrichtung. Dennoch steht die anthropologische Dimension der Wir-Bitten nicht beziehungslos neben den voraufgehenden Du-Bitten. Vielmehr: Der Mensch, der hier seinen Alltag und seine profanen Probleme in das Gebet einschließt, ist derselbe, der Gottes machtvolle Wirklichkeit zur entscheidenden Perspektive seines Lebens rechnet. Sein Stehen vor Gott wirkt sich auf jede Einzelheit seines Lebens aus. So gilt es nicht nur für die matthäische und lukanische Gemeinde, die im Zeichen der Parusieverzögerung sich auf die Dauer des Alltags einstellt, sondern auch für Jesus und seine Jünger. Angesichts der im Anbruch befindlichen Gottesherrschaft überläßt Jesus das Jüngersein im ‚Interim' nicht sich selbst, sondern übereignet es der schenkenden Güte seines Vaters[73].

12 Auch die *fünfte Bitte* hat bei Matthäus den ursprünglicheren Wortlaut. Wenn Lukas von den „Sünden" (ἁμαρτίας) spricht, um deren Vergebung gebeten wird, so ist das eine sekundäre Verallgemeinerung[74]. Zweifellos steht die matthäische Lesart ὀφειλήματα („Schulden") dem Urtext näher, weil im Nachsatz bei Matthäus und Lukas eben dieser Wortstamm erscheint[75]. Eine weitere wichtige Abweichung ist, daß der Nachsatz bei Matthäus im Aorist (ἀφήκαμεν), dagegen bei Lukas im Präsens (ἀφίομεν) konstruiert ist. Die lukanische Überlieferung ist deutlich sekundär; sie betont die Dauer des vergebenden Handelns: Die Vergebung auf seiten des Menschen ist ein stets wiederholtes und zu wiederholendes Tun.

Die Bitte um Vergebung der Schulden benutzt Ausdrücke der Kaufmannssprache. Das Wort ὀφειλήματα bezeichnet im Griechischen die geschuldeten Geldsummen[76]. Hierzu stimmt die ursprüngliche Bedeutung von ἀφιέναι = „(ein Darlehen) erlassen" (vgl. Mt 18,27). Es liegt also ein bildlicher Sprachgebrauch vor. Im übertragenen Sinn ist das „Erlassen" ein „Vergeben von Verfehlungen" oder – wie Lukas richtig

[72] Ps 145,15f (Übersetzung der Zürcher Bibel).

[73] Vgl. S. Schulz, Q 90; H. Schürmann, Gebet 101ff.

[74] So auch J.-W. Taeger, Der Mensch und sein Heil. Studien zum Bild des Menschen und zur Sicht seiner Bekehrung bei Lukas, StNT 14, 1982, 32.

[75] Mt V. 12b: τοῖς ὀφειλέταις ἡμῶν (= „unseren Schuldnern"); Lk V. 4b: παντὶ ὀφείλοντι ἡμῖν (= „einem jeden, der uns gegenüber Schulden hat").

[76] Vgl. Röm 4,4; entsprechend hat ὀφειλέτης die Bedeutung von „Schuldner"; auch Mt 18,24.

interpretiert – von „Sünden“[77]. Daß diese Bitte der Verkündigung des historischen Jesus einzuordnen ist, braucht nach dem Gesagten nicht besonders begründet zu werden. Die Radikalität der ethischen Forderungen Jesu, wie sie in den Antithesen der Bergpredigt beispielhaft vorgetragen werden, nötigt zur Einsicht und zum Eingeständnis der menschlichen Schuld. Insbesondere Jesu Kritik am Pharisäismus deckt menschliches Versagen auf. Daß die Menschen hinter den Forderungen Gottes zurückbleiben und auf Vergebung ihrer Schuld angewiesen sind, setzt schon die Umkehrtaufe des Johannes „zur Vergebung der Sünden“ voraus (Mk 1,4 par). Die Q-Überlieferung hat das Bild Jesu als eines „Freundes der Zöllner und Sünder“ bewahrt (Mt 11,19). Er vergibt und überwindet die Sünde durch sein Wort und durch sein Handeln (Mk 2,5.10; Lk 7,47ff).

Die eschatologische Ausrichtung der Verkündigung Jesu legt nahe, daß der Zielpunkt dieser Bitte die göttliche Vergebung im endzeitlichen Gericht ist. So hat es zweifellos Matthäus verstanden, wenn er die Mahnung einschärft, vor dem Gerichtstag sich zu versöhnen (5,25f), oder die Parabel vom Schalksknecht mit der Warnung beschließt, daß ein jeder, der gegenüber seinem Bruder nicht zur Vergebung bereit ist, mit der unnachsichtigen Gerichtsstrafe des himmlischen Vaters zu rechnen haben wird (18,35). Andererseits weiß die matthäische Gemeinde, daß ihr durch das Christusgeschehen Gottes Vergebung nahegekommen ist und im Sakrament, z.B. im Herrenmahl, dem einzelnen Christen konkret zugesprochen wird (26,28). Darüber hinaus setzt das Disziplinarinstitut der Kirche des Matthäus voraus, daß die Vollmacht zur Sündenvergebung ihr übereignet und in der Gemeindeversammlung wahrgenommen wird (18,18f). Daher bezieht sich auf der Ebene des ersten Evangeliums die Bitte um Gottes Vergebung nicht allein auf das Endgericht, sondern auf die Erfahrungen der Gemeinde in ihrer Geschichte und Gegenwart.

Der Nachsatz (Mt V. 12b bzw. Lk V. 4b) mag der Urfassung des Herrengebets nicht angehört haben, da er die Reihe der einzeiligen Bitten sprengt. In der durch Matthäus bezeugten Gestalt ist mit ὡς καί („wie auch“) ein Vergleich ausgesagt, der zugleich eine begründende Bedeutung hat[78]. Der Aorist ἀφήκαμεν wird im Deutschen perfektisch übersetzt: „wie auch wir vergeben haben“. Der Rückgriff auf eine hypothetische aramäische Vorlage[79] trägt zum Verständnis der matthäischen Auffassung nichts bei, da die Gemeinde des Matthäus das Vaterunser in

[77] Das aramäische Äquivalent חוֹבָא *(choba)* kann ebenfalls die doppelte Bedeutung von (wörtlich) „geschuldete Geldsumme“ und (übertragen) „Sünde“ haben; vgl. F. Hauck, ThWNT V 565.

[78] Ὡς hat sowohl vergleichende als auch begründende Funktion; vgl. W. Bauer, Wb ^{5}1773f.

[79] So vermutet J. Jeremias ein aramäisches ‚perfectum praesens‘; es hätte die Bedeutung: „wie wir hiermit vergeben haben“ (Abba 161).

griechischer Sprache gebetet hat. Gegenüber der ersten Zeile markiert der Nachsatz eine Abstufung. Die Beter erklären, daß auch sie gegenüber ihren Schuldnern zur Vergebung bereit sind, ja solche Vergebungsbereitschaft schon wahrgemacht haben. Danach ist Voraussetzung der rechten Bitte um Vergebung, daß man seinerseits vergeben hat. Hat Matthäus in diesem Sinn die Schalksknechtparabel ausgelegt (18,35), so lehrt er auch an anderer Stelle die Pflicht des Christen zu vergeben (5,25f; 18,21f). Sie geht jeder anderen religiösen Verpflichtung voraus (5,23f). So stimmt es zum matthäischen Lohngedanken, wonach nur der Täter des rechten Werkes der endzeitlichen Zuwendung Gottes gewiß sein darf (vgl. 5,12.46; 6,1ff). Es ist also nicht nur eine ‚Entsprechung' zwischen göttlichem und menschlichem Vergeben ausgesagt, sondern Gottes Vergeben wird an ein ‚Zuvor' der Tat menschlicher Vergebung gebunden. So wird es im folgenden vom Evangelisten ausdrücklich wiederholt werden (V. 14f).

Daß menschliche Vergebung geradezu zur Bedingung für das Vergeben Gottes gemacht wird, scheidet die Theologie des Matthäus von der Rechtfertigungsbotschaft des Paulus, wonach das Tun der Glaubenden als Folge, nicht als Vorbedingung des Erlösungs- und Vergebungshandelns Gottes zu verstehen ist (Gal 5,25; Röm 6,1ff). Hier steht Matthäus – wie auch die in dieser Weise erweiterte vormatthäische Fassung des Vaterunsers – im Traditionskreis eines jüdischen Denkens, wonach menschliche Vergebungsbereitschaft als Voraussetzung der göttlichen Sündenvergebung gefordert wird. So heißt es Sir 28,2: „Vergib das Unrecht deinem Nächsten, und sodann (!) werden dir deine Sünden vergeben werden, wenn du darum bittest." Nach matthäischem Verständnis ist die fünfte Bitte nicht nur Ausdruck christlicher Vergebungsgewißheit, sondern auch der Forderung Jesu, daß christliche Gemeinde zur Vergebung bereit sein muß.

13 Die *sechste Bitte* enthält abweichend von den übrigen eine negative Aussage. Die Konstruktion μή mit dem Konjunktiv hat die Bedeutung eines Imperativs: „Führe uns nicht in Versuchung!" Sachlich ist an die voraufgehenden Bitten angeknüpft. Wurde dort die Vergebung von zurückliegenden Verfehlungen erbeten, so richtet sich hier das Gebet auf die Zukunft, in der das Sein der Glaubenden bedroht werden wird. Die rein endzeitliche Auslegung bezieht die Bitte auf die Drangsale des Weltendes, vor denen man bewahrt werden möchte[80]. In der Tat werden nach urchristlicher apokalyptischer Anschauung die „Wehen" der Endzeit die Existenz der Gemeinde wie auch der einzelnen Christen in große Gefahr bringen (Mk 13,4ff par; Apk 3,10). Und es sollte nicht ausgeschlossen werden, daß Jesu Verkündigung von der kommenden Gottesherrschaft

[80] Vgl. J. Jeremias, Theologie I 196; S. Schulz, Q 92. – Anders A. Vögtle, Wir-Bitten 355–358 (Diskussion der Literatur).

auch die Weisung an seine Jünger enthielt, darum zu beten, daß ihnen die Gefahren der Endkatastrophe erspart und sie unmittelbar in das Gottesreich aufgenommen werden. Dennoch ist es kaum ein Zufall, daß nur von *einer*, nicht aber von *der* (endzeitlichen) Versuchung die Rede ist. Wie bei den übrigen Bitten der zweiten Tafel, so ist auch hier ein nur-eschatologisches Verständnis nicht nahegelegt. Vielmehr stehen dem Beter alle Gefahren vor Augen, welche die Nachfolger Jesu auf ihrem Wege bedrohen und ihren Glauben infragestellen. Auch Lukas kennt eine Gruppe von Gemeindegliedern, die nur „für eine kurze Zeit glauben und im Zeitpunkt der Versuchung abfallen“ (Lk 8,13).

Im Alten Testament findet sich keine entsprechende Bitte. Alttestamentliche Gebete richten sich vielmehr darauf, daß Gott den Frommen auf die Probe stellen möge; denn dieser ist sich seines rechten Weges bewußt (Ps 139,23f). Ähnlich verdeutlicht der Prolog des Hiobbuches die Gewißheit, daß sich der Glaubende von dem einmal gewiesenen Weg nicht abbringen lassen und die Versuchung durch den Satan ihr Ziel nicht erreichen wird[81]. Eine positive Einstellung zur Erprobung des Frommen hat auch der Jakobusbrief: Die Prüfung des Glaubens wird freudig begrüßt; denn aus ihr folgen Geduld und frommes Werk (1,2). Daher wird der Mann selig gepriesen, „der die Versuchung standhaft erträgt; denn nachdem er sich bewährt hat, wird er die Krone des Lebens empfangen“ (1,12).

Demgegenüber spricht Jesus in dieser Bitte nicht von einer geringfügigen Erprobung, deren glücklicher Ausgang vorgezeichnet ist, sondern die hier gemeinte „Versuchung“ stellt den Glauben radikal zur Disposition. Sie ist eine existentielle Bedrohung. Dies läßt nicht einmal Raum für das Gebet um Bewahrung in der Anfechtung, sondern nötigt zu bitten, daß Gott solche Prüfung nicht hereinbrechen lasse. Die scheinbar sich nahelegende Frage, ob Gott selbst die Versuchung verursacht, stellt sich nicht. Eine Reflexion über das Verhältnis von Gottes gnädigem zu seinem zornigen Sein oder über das Theodizee-Problem ist ebensowenig nahegelegt wie die These, daß das böse Trachten des Menschen von Jugend auf dessen Versuchung und Fall bewirkt (vgl. Gen 8,21). In Wahrheit geht es um die nüchterne Erkenntnis, daß angesichts des radikalen eschatologischen Anspruchs der Mensch seine Zerbrechlichkeit eingestehen muß, wie dies schon die voraufgehende Bitte impliziert. Hier bleibt nichts, als vom *deus absconditus* zum *deus revelatus*[82], dem Vater Jesu Christi zu fliehen. Daß in

[81] Hiob 1,6–12. – Nach rabbinischer Anschauung versucht Gott nicht die Gottlosen, sondern die Gerechten (vgl. Bill I 135 zu Mt 4,1A).

[82] Vgl. hierzu M. Luther, WA 5, 204, 26 (Operationes in Psalmos 1519–21): „ad deum contra deum confugere“ („vor Gott zu Gott fliehen“).

eschatologischer Perspektive menschliches Sein immer als bedrohtes Sein begriffen wird, sagt auch der talmudische Gebetstext: „Bringe mich nicht in die Gewalt der Versuchung!“[83].

In der Zeit der Verfolgung erfährt die matthäische Gemeinde viele Bedrohungen. Die Möglichkeit des Abfalls ist eine der Gefahren, denen sie entgehenzusehen hat (vgl. 10,17ff; 24,4ff). In dieser Situation kann sie sich am Bild des Gottessohnes orientieren, der in seinen Versuchungen den Menschen und dem Teufel widerstand (16,1ff; 4,1ff; vgl. Lk 22,28). Gilt ihr die Mahnung des Leidenden „Wachet und betet, damit ihr nicht in Versuchung fallt!“ (Mk 14,28 par), so ist darin angedeutet, daß ihr Weg oftmals durch menschliches Scheitern gekennzeichnet sein wird. Dies gibt Anlaß, die sechste Bitte immer neu zu begreifen und zu sprechen.

Mit der abschließenden *siebten Bitte* wird die unmittelbar voraufgehende nach ihrer positiven Seite aufgenommen und ausgelegt. Da sie Lukas und seiner Gemeinde unbekannt geblieben ist, gehört diese Ergänzung nicht zum ursprünglichen Bestand des Vaterunsers. Dennoch ist auch mit sprachlichen Argumenten nicht zu belegen, daß Matthäus diese Bitte selbst gebildet habe[84], vielmehr dürfte sie ebenso wie die dritte Bitte schon dem Herrengebet der Gemeinde des ersten Evangelisten angehört haben und zur Auffüllung der Siebenzahl hinzugefügt worden sein. Denn diese ist auch sonst ein Gestaltungsprinzip der vormatthäischen Überlieferung[85].

Erwartet die christliche Gemeinde von der Parusie Jesu, daß dieser als der Gottessohn sie vor dem kommenden Zornesgericht „retten“ werde (1Thess 1,10), so kann solche Errettung schon in der Bekehrung des einzelnen Christen vorwegnehmend erfahren werden (Kol 1,13; vgl. Röm 3,24). Auch kann Paulus angesichts der konkreten Gefährdungen seines Dienstes von „Errettung“ sprechen (2Kor 1,10; vgl. Röm 15,31; 2Thess 3,2). Die Frage, was an unserer Stelle mit „Errettung“ oder „Befreiung“ gemeint ist, entscheidet sich am Verständnis des Ausdrucks ἀπὸ τοῦ πονηροῦ („von dem Bösen“).

Es ist zu unterscheiden zwischen dem Bösen im allgemeinen (Luther: dem „Übel“) und dem Bösen im personifizierten Sinn (= „Teufel“). Beide Möglichkeiten sind im Matthäusevangelium belegbar: Vom Bösen im allgemeinen Verständnis ist 5,11 (πᾶν πονηρόν) die Rede; möglicherweise auch 5,37 (ἐκ τοῦ πονηροῦ); die letztere Stelle ist mit Sicherheit redaktionell, die erste lehnt sich an

[83] b. Ber. 60b.

[84] So z.B. S. Schulz, Q 82 Anm. 202. – Zur sprachlichen Analyse s. das Folgende; das Verb ῥύεσθαι („retten“) findet sich nur hier im Evangelium (abgesehen vom dem Zitat 27,43).

[85] Vgl. 1,1–17 (dreimal 14 Generationen); 5,3–9 (7 vormatthäische Makarismen); 23,1ff (7 Weherufe).

Q (Lk 6,22) an. – Der Böse = „Teufel“ wird 13,19 (ὁ πονηρός) genannt, möglicherweise auch 13,38 (υἱοὶ τοῦ πονηροῦ = „Söhne des Bösen“); dagegen ist 5,39 zwar maskulinisch, aber auf ein zu ergänzendes ἀνθρώπῳ („Mensch“) zu beziehen. Der erstgenannte Beleg ist mit Sicherheit redaktionell, der zweite wahrscheinlich vormatthäisch. – Es ist also keine traditionsgeschichtliche Tendenz auszumachen, die eine Lösung nahelegen könnte. Auch die Auslegungsgeschichte gibt keinen Hinweis, sondern belegt beide Verständnismöglichkeiten (neutrisch: Did 10,5; maskulinisch: PsClem, Hom III 55,1f).

Da weder der matthäische noch der vormatthäische Sprachgebrauch zu einer eindeutigen Antwort rät, ist V. 13b am sichersten aus seiner antithetischen Zuordnung zur sechsten Bitte zu interpretieren. War dort von der endzeitlichen Versuchung die Rede und von der Bitte, dieser eschatologischen Bedrohung entzogen zu werden, so ist hier die Bitte ausgesprochen, daß Gottes endzeitlicher Sieg für alle, die Jesus nachfolgen, die endgültige Befreiung bringen möge. – Andererseits: Ist zugleich Gegenstand der sechsten Bitte, daß der Glaube in der Endzeit nicht zu Fall komme, so ist hier die Bitte um Errettung von allen Gefahren ausgesprochen, die in der Geschichte den Weg des Menschen zu Gott behindern. Der christliche Glaube hat im konkret begegnenden Bösen auch stets die Macht „des Bösen“ wirksam gesehen – so lehren es die neutestamentlichen Schriftsteller und eine 2000jährige Theologiegeschichte, so daß es nicht erst einer ‚Theologie nach Auschwitz‘ bedarf, um die Existenz des Bösen als geschichtliche Wirklichkeit und theologisches Problem zu begreifen. Deshalb wird die Gemeinde des Matthäus mit der Bitte um Errettung aus den sie bedrohenden Gefahren auch um Befreiung von der tödlichen Macht des Satans gebeten haben[86]. Hier wie mit dem Herrengebet überhaupt spricht sie ihr Vertrauen in die Macht des Gottes aus, der als der Richter unnahbar, aber als der Vater Jesu Christi ihr nahegekommen ist.

Eine typisch matthäische Interpretation des Vaterunsers ergibt sich aus 14-15
den beiden angeschlossenen Versen 14–15. Diese haben scheinbar eine Parallele im Markusevangelium (Mk 11,25–26). Doch handelt es sich dort vermutlich um nachmarkinische Glossen, die unseren Text voraussetzen[87]. Matthäus folgt einer eigenständigen Tradition. Vorgetragen wird ein Rechtssatz, der nach dem Prinzip der Vergeltung das Urteil fällt.

[86] Darin unterscheidet sich die matthäische Auffassung von der Aussage der siebten Benediktion des Achtzehngebetes (palästinische Rezension): „Siehe an unser Elend und führe unsere Sache und erlöse uns um deines Namens willen“ (Bill IV 1,212). Hier bezeichnet „Elend“ die Not der Zerstreuten; diese Bitte steht also im Zusammenhang der nationalen Hoffnung des jüdischen Volkes.

[87] Mk 11,26 ist handschriftlich schwach bezeugt und wird in den kritischen Ausgaben nur im Apparat genannt. Dagegen ist Mk 11,25 zwar handschriftlich einwandfrei belegt, jedoch sprachlich matthäisch (Parallelen: Mt 5,23f und 6,14; ὁ πατὴρ ὑμῶν ὁ ἐν τοῖς οὐρανοῖς = „euer Vater in den Himmeln“ nur hier im Markusevangelium). Daher ist

Das ἐάν („wenn“) bzw. ἐὰν μή („wenn nicht“) leitet jeweils einen juridischen ‚Casus‘ ein. Es handelt sich um einen antithetischen Parallelismus. Auf die positive folgt die negative Feststellung. Dabei sind die beiden Glieder eines jeden Verses wie Bedingung und Folge einander zugeordnet. Wesentlich ist die paränetische Zielrichtung. V. 14 nimmt die Bitte um Schuldenerlaß (V. 12) auf. Wurde dort von den ὀφειλήματα („Schulden“) gesprochen, so hier von den παραπτώματα, den ethischen „Verfehlungen“. Es zeigte sich, daß in V. 12 die menschliche Vergebungsbereitschaft geradezu als Vorbedingung für das vergebende Handeln Gottes dargestellt ist. Dieser Gedanke wird hier in schärferer Form wiederholt. Die Vergebung des himmlischen Vaters setzt das menschliche Vergeben voraus, wie umgekehrt der Nichtvergebende auch die Vergebung Gottes nicht erfährt. Das menschliche Tun ist also Vorbereitung für das begnadigende Handeln des himmlischen Richters.

Matthäus schließt diese beiden Verse an das Zitat des Vaterunsers an, weil für ihn die Mahnung an die Gemeinde, zur Vergebung bereit zu sein, ein großes Gewicht hat. Wie sonst im Matthäusevangelium geht es auch hier um das praktikable Tun der Glaubenden. Christliches Leben soll konkret gestaltet werden in Entsprechung zu der Forderung des Kyrios, die für die Kirche aller Zeiten verpflichtend ist. Und es ist bezeichnend, daß diese abschließende Mahnung nicht auf das Verhältnis der Christen untereinander beschränkt ist. Die Praktizierung der Vergebungsbereitschaft gilt allen „Menschen“, nicht nur den Brüdern allein. Der ganzen Menschheit soll die vergebende Liebe zugewendet werden, wie Christus sie fordert (vgl. 5,13–16 und 5,43–48).

Der ursprüngliche Sinn des Vaterunsers ist nicht zu erfassen, ohne daß man sich den zentralen Gedanken der *Verkündigung Jesu* vergegenwärtigt, die Botschaft von der nahenden Gottesherrschaft (vgl. Mk 1,14f par). Die eschatologische Dimension dieser Verkündigung prägt das Vaterunser. Jesus erwartete alles von dem machtvollen Kommen des Gottesreiches, mit dem Gott den Verlauf einer unheiligen Geschichte wendet. Diese Erwartung bestimmt das Verhalten Jesu gegenüber den Menschen, seine Gemeinschaft mit den Zöllnern und Sündern. Daß sie für das Verständnis des Vaterunsers ausschlaggebend ist, zeigt sich an der zweiten Bitte, die ausdrücklich auf das Kommen des Gottesreiches ausgerichtet ist (V. 10a). Solche Hoffnung hat für jede einzelne Bitte Bedeutung. Allein in der vertrauensvollen Erwartung des Reiches Gottes, deutlicher gesagt: der Gottesherrschaft, kann um die Heiligung des Namens Gottes gebeten werden, ist es möglich, die Bitte um das notwendige Brot für heute zu sprechen. Diese Erwartung bestimmt die Bitten um den Erlaß menschli-

---

Abhängigkeit vom Matthäusevangelium wahrscheinlich: V. 25 ist eine frühe, V. 26 eine späte nachmarkinische Glosse.

cher Schuld und um Errettung aus Anfechtung und Befreiung von dem Bösen. Die Bitte um Verwirklichung der Gottesherrschaft ist der ‚Cantus firmus'; alles andere ist interpretierende Begleitung. So sagt es auch die Anrede; denn der Gott, der von Jesus als Vater angerufen wird, ist derselbe, der seine Herrschaft sichtbar heraufführen wird.

Diese Erwartung ist Juden und Christen gemeinsam. Daher wurde das Vaterunser auch ein „ökumenisches Gebet" genannt, kann es doch von Juden wie von Christen gebetet werden[88]. Freilich zeigte sich schon, daß die Ausrichtung auf das Messiasreich im Judentum anders geartet ist als die christliche Reich-Gottes-Hoffnung. Erstere ist eine nationale Erwartung, die an die Geschichte und das Selbstverständnis des jüdischen Volkes gebunden bleibt. Dagegen ist für die *urchristliche Gemeinde* die Hoffnung auf die Verwirklichung der Gottesherrschaft mit dem Gekommensein des Gottessohnes Jesus Christus verknüpft. Sie blickt auf das Ostergeschehen zurück; sie bezeugt, daß Jesus von Nazareth der Gekreuzigte und Auferstandene ist, der zur Rechten Gottes erhöht wurde und schon jetzt seine Herrschaft angetreten hat. Das Christusgeschehen ist die Grundlage für das Beten der Gemeinde. Wenn sie das Gebet ihres Herrn mit dem Wort „Amen" beschließt, dann weiß sie um dieses Siegel, fast möchte man sagen: um diese Garantie; denn „Amen" heißt, daß ich die Gewißheit habe, Gott wird mein Gebet annehmen[89]. Diese Zuversicht gründet sich auf das Geschehen von Golgatha, auf Kreuz und Auferstehung Jesu Christi.

Hinter dieses Faktum kann die Kirche in ihrer Geschichte nicht zurückgehen. So gilt es schon für die neutestamentlichen Schriftsteller, nicht zuletzt für die Evangelisten, die das Vaterunser überliefern. *Lukas* bringt das Herrengebet im ersten von drei Abschnitten, die über das Gebet handeln: Vaterunser (11,2–4), Gleichnis vom bittenden Freund (11,5–8), Sprüche über Gebetserhörung (11,9–13). Diese Gebetsanweisung wird durch die Bitte eines der Jünger eingeleitet, Jesus möge sie beten lehren, wie es Johannes der Täufer gegenüber seinen Jüngern getan habe (11,1). Das Vaterunser ist demnach ein Gebet für die Nachfolger Jesu; ein Gebet der Gemeinde, die sich von dem Christusgeschehen begründet weiß und sich – wie das durative Element besonders in Lk V. 3–4 erkennen läßt – auf eine nicht abzusehende Dauer der Geschichte eingestellt hat.

Lukas schließt an die Anweisung zum Vaterunser zwei weitere Abschnitte an, um die Gewißheit der Gebetserhörung zu demonstrieren[90]. Diese Perikopenfolge

[88] A. Vögtle, Vaterunser 194.

[89] Vgl. die Auslegung Martin Luthers im Kleinen Katechismus von 1529: „Amen: Was ist das? Daß ich soll gewiß sein, solche Bitten sind dem Vater im Himmel angenehm..." (BSELK 515).

[90] Zum Verständnis des Gebets im Lukasevangelium vgl. G. Schneider, ÖTK III 2 (s.o. Anm. 37), 262–264 (Lit.).

wird mit dem Satz zu Ende geführt: „Wenn ihr gute Gaben euren Kindern zu geben wißt, um wieviel mehr wird der himmlische Vater (den) heiligen Geist geben denen, die ihn (darum) bitten“ (11,13). Lukas liest „heiliger Geist“ im Unterschied zu Matthäus (7,11: „Gutes“). Wollte Lukas den bei Matthäus als ursprünglich bezeugten Text ‚vergeistigen‘? Auf jeden Fall wird deutlich, daß nach lukanischem Verständnis an das Gebet der Maßstab des heiligen Geistes anzulegen ist. Die Gabe des Geistes stellt die Erfüllung eines jeden Gebetes dar. Aus dieser Gabe leitet sich die Gewißheit der Gebetserhörung ab. Der Beter bittet nicht primär um die Erfüllung seiner Wünsche, sondern rechtes Beten öffnet sich der Gabe und unterwirft sich der Entscheidung Gottes. Diese Haltung des rechten Beters ist mit der Verheißung des heiligen Geistes gemeint.

Wie wir gesehen haben, stellt *Matthäus* das Vaterunser ebenfalls in den Zusammenhang eines katechetischen Abschnittes. In der Mitte der Anweisungen über Almosengeben und Fasten finden sich die Ausführungen über das rechte Beten, denen das Vaterunser als Gebetsbeispiel eingeordnet ist. Die „Heuchler“, die Pharisäer und Schriftgelehrten, gelten als Repräsentanten des falschen Betens. Sie suchen für ihr Gebet die Öffentlichkeit, um von den Menschen anerkannt zu werden. Dagegen soll das rechte Gebet unter Ausschluß der Öffentlichkeit geschehen. Es soll sich allein ausrichten auf den himmlischen Vater, der in das Verborgene sieht und dem ausschließlich ihm zugewandten Gebet Erhörung schenkt (6,5f). – Ein weiteres Gegenbeispiel ist das Gebet der „Heidnischen“, für die das geschwätzige Reden typisch ist. Das rechte Gebet soll sich demgegenüber, so sagt Jesus vor seinen Jüngern und dem zuhörenden Volk, mit wenigen Worten begnügen (6,7f). Als ein solches kurzgefaßtes Gebet wird das Vaterunser gelehrt. – Eine letzte typisch matthäische Interpretation des Vaterunsers folgt aus den angeschlossenen Versen 14–15, in denen die Pflicht zu vergeben als Voraussetzung der rechten Bitte um Vergebung von seiten des himmlischen Vaters eingeschärft wird. Hierdurch bestätigt sich die ethische Interpretationslinie, wie sie allgemein für das erste Evangelium charakteristisch ist und an der Eigenart der matthäischen Vaterunserfassung, nicht zuletzt an der dritten, fünften und siebten Bitte sichtbar wurde. Matthäus will sagen: Die Weisung des Gottessohnes ist das radikale und zugleich praktikable Gesetz, das für das Leben in der christlichen Gemeinschaft wie auch für das Verhältnis der Gemeinde zur Welt die allein verbindlichen Maßstäbe setzt.

2.4.4 6,16–18 Vom Fasten

Literatur s.o. zu 6,1.

16 *Wenn ihr nun fastet, so seid nicht wie die Heuchler mürrisch blickend; denn sie verstellen ihr Gesicht, damit sie sich den Menschen fastend darstellen. Amen, ich sage*

euch, sie haben ihren Lohn empfangen. [17]*Du aber, wenn du fastest, salbe deinen Kopf und wasche dein Gesicht,* [18]*damit du dich den Menschen nicht fastend darstellst, sondern deinem Vater, der im Verborgenen (ist), und dein Vater, der im Verborgenen sieht, wird es dir vergelten.*

Als letzten der katechetischen Abschnitte schließt Matthäus das Lehrstück vom Fasten an. Wie die voraufgehenden Anweisungen zum Almosengeben (V. 2–4) und vom Beten (V. 5–8) ist es vormatthäischer Herkunft und wie diese gleichmäßig strukturiert. Auf den ὅταν („wenn")-Satz folgt die Warnung vor einer falschen Haltung, wie sie am stark gezeichneten Gegenbeispiel der „Heuchler" demonstriert wird. Sie blicken „mürrisch" oder „finster"[91]. Sie „verstellen" ihr Gesicht, damit sie sich den Menschen als fastend „darstellen"[92]. Sie stellen ihr frommes Tun demonstrativ zur Schau. Es ist darauf angelegt, von den Menschen Anerkennung zu erlangen, wie dies auch ihre vorher genannten frommen Werke motivierte (V. 2d und 5d). Solche Haltung ist dem feierlichen Urteilsspruch unterworfen: „Sie haben ihren Lohn erhalten!" Der himmlische μισθός („Lohn") ist ausbezahlt und die „Rechnung beglichen". 16

Die Anweisung für eine christliche Fastenpraxis lautet demgegenüber, daß man beim Fasten seinen Körper wie gewöhnlich pflegen soll[93]. Die jüdische Fastensitte wird also als unbestritten vorausgesetzt, jedoch in neuer Weise definiert. Nach dem Mischna-Traktat Joma ist es am Versöhnungsfest verboten zu essen, zu trinken, sich zu waschen oder sich zu salben[94]. Selbstverständlich war die jüdische Fastenpraxis nicht auf offizielle Fast- oder Trauertage beschränkt. Der jüdische Fromme hatte Gelegenheit zu privatem Einzelfasten (vgl. Lk 18,12). Dieses sollte vor allem an den hierzu bestimmten Wochentagen, am Montag und am Donnerstag eingehalten werden. So wird es auch – offenbar in Anlehnung an den Matthäustext – von der Didache, der zu Anfang des zweiten Jahrhunderts entstandenen „Zwölfapostellehre", in Auseinandersetzung mit der jüdischen Fastensitte festgestellt: „Euer Fasten soll nicht zusammen mit den Heuchlern geschehen; denn sie fasten am zweiten und am fünften Tag der Woche. Ihr aber sollt am vierten Tag (Mittwoch) und am Rüsttag (Freitag) fasten" (8,1). 17-18

[91] Zu σκυθρωποί („mürrisch") vgl. H. Bieder, ThWNT VII 451f.

[92] So kann das griechische Wortspiel zu ἀφανίζουσιν und φανῶσιν wiedergegeben werden; da unser Text die Haltung der Heuchler karikierend verzeichnet, ist für die Übersetzung eine verhältnismäßig starke Wortwahl vorzuziehen. Andere Möglichkeit: „Sie machen ihr Aussehen *unscheinbar*, damit sie vor den Menschen *scheinen* mit ihrem Fasten" (E. Schweizer, NTD 2,86).

[93] Daß V. 16–18 sich von der Ablehnung des Fastens durch Jesus entsprechend dem Streitgespräch Mt 2,18f wesentlich unterscheiden und nicht authentisch sind, betont zu Recht D. Zeller, Mahnsprüche 73f; vgl. auch oben S. 106f.

[94] Joma 8,1; vgl. auch Bill IV 1,77–114 (6. Exkurs: „Vom altjüdischen Fasten").

Unser Text sagt noch nichts von einem zeitlichen Unterschied zwischen dem christlichen und dem jüdischen Fasten. Um so deutlicher sind die Bedingungen herausgestellt, unter denen christliches Fasten geschehen soll. Es wird nicht gefordert, daß der Fastende darauf verzichte, seinen Kopf mit Öl zu salben oder sich das Gesicht zu waschen. Dies wäre ja nichts anderes als eine Zur-Schau-Stellung, die dem wahren Charakter des Fastens widerspricht. Denn das Fasten soll nicht auf Beifall der Menschen rechnen, sondern um Gottes willen geschehen. Daher der Aufruf, so zu fasten, daß die Ausrichtung auf Gott gewährleistet ist. In einer Zeit, da die christliche Gemeinde die Abwesenheit des „Bräutigams" spürt, kann es für sie sinnvoll sein, sich durch Enthaltsamkeit dem Willen Gottes gegenüber bereit zu halten (vgl. 9,15). Daß sie schon jetzt in der eschatologischen Freude lebt, braucht hiermit nicht in Widerspruch zu stehen. Vielmehr sind der Übertragung der urchristlichen Fastensitte in die Gegenwart viele Möglichkeiten offengelassen. Entscheidend sollte sein, sagt Matthäus, daß die innere Haltung des Menschen mit seinem äußeren Erscheinungsbild übereinstimmt. Gefordert ist die Ganzheit menschlicher Lebensführung, die freilich in dieser Welt nicht total verwirklicht wird, sondern ihre endzeitliche Erfüllung und das abschließende Urteil dem Vater Jesu Christi überläßt.

2.5. 6,19–7,12 Einzelne Anweisungen

2.5.1 6,19–24 Vom Reichtum

M. Mees, Das Sprichwort Mt 6,21/Lk 12,34 und seine außerkanonischen Parallelen, Aug. 14, 1974, 67–89.
W. Pesch, Zur Exegese von Mt 6,19–21 und Lk 12,33–34, Bib. 41, 1960, 356–378.
M. G. Steinhauser, Doppelbildworte 236–249.

H. D. Betz, Matthew VI. 22f and ancient Greek theories of vision, in: Text and Interpretation, FS M. Black, hg. v. E. Best und R. McL. Wilson, Cambridge 1979, 43–56.
W. Brandt, Der Spruch vom lumen internum, ZNW 14, 1913, 97–116.177–201.
C. Edlund, Das Auge der Einfalt, ASNU 19, 1952.
F. C. Fensham, The Good and Evil Eye in the Sermon on the Mount, Neotestamentica 1, 1967, 51–58.
P. Fiebig, Das Wort Jesu vom Auge, ThStKr 89, 1916, 499–507.
F. Hahn, Die Worte vom Licht Lk 11,33–36, in: Orientierung an Jesus, FS J. Schmid, hg. v. P. Hoffmann u.a., 1973, 107–138.
F. Schwencke, Das Auge des Leibes Licht, ZWTh 55, 1914, 251–260.
E. Sjöberg, Das Licht in dir: Zur Deutung von Matth. 6,22f Par, StTh 5, 1952, 89–105.

E. P. Groenewald, God and Mammon, Neotestamentica 1, 1967, 59–66.
H. P. Rüger, Μαμωνᾶς, ZNW 64, 1973, 127–131.
S. Safrai, D. Flusser, The Slave of Two Masters, Imm. 6, 1976, 30–33.

[19]*Sammelt euch nicht Schätze auf der Erde, wo Motte und Fraß sie zerstören und wo Diebe einbrechen und stehlen.*

[20]*Sammelt euch vielmehr Schätze im Himmel, wo weder Motte noch Fraß sie zerstören und wo Diebe weder einbrechen noch stehlen.*

[21]*Denn wo dein Schatz ist, da wird auch dein Herz sein.*

[22]*Das Auge ist das Licht des Leibes. Wenn nun dein Auge lauter ist, wird dein ganzer Leib licht sein.* [23]*Wenn aber dein Auge böse ist, wird dein ganzer Leib finster sein. Wenn nun das Licht, das in dir ist, Finsternis ist, wie groß wird die Finsternis sein.*

[24]*Niemand kann zwei Herren dienen. Denn entweder wird er den einen hassen und den anderen lieben, oder er wird sich an den einen halten und den anderen verachten. Nicht könnt ihr Gott und dem Mammon dienen!*

Matthäus faßt im folgenden Sprüche aus der Q-Tradition verschiedenen Inhalts zusammen. Diese erste Spruchgruppe befaßt sich mit dem Problem des Reichtums. Sie setzt mit der Gegenüberstellung der Schätze auf Erden zu dem einen Schatz im Himmel ein (V. 19–21) und wird durch ein Logion zur Frage ‚Gott oder Mammon' abgeschlossen (V. 24). Durch diese Klammer ist nahegelegt, daß auch der Spruch vom Auge als dem Licht des Leibes (V. 22f) im Sinn des Matthäus als eine Aussage über die Stellung des Menschen zum Reichtum zu verstehen ist.

Der Spruch vom Schätzesammeln ist in der matthäischen Fassung 19-21
kunstvoll konstruiert. Die ersten beiden Verse enthalten jeweils drei Zeilen. Zunächst wird das Verbot ausgesprochen (V. 19), darauf folgt das Gebot (V. 20). Dieser antithetische Doppelspruch wird durch eine abschließende Begründung zusammengefaßt (V. 21). Seine Struktur zeigt deutlich Anklänge an die jüdische Weisheitsüberlieferung[1].

Die Parallelüberlieferung Lk 12,33f findet sich nicht in der Feldrede, sondern in einer davon unabhängigen Komposition, welche die Parabel vom reichen Kornbauern an den Anfang stellt (12,13–21), die Sprüche vom Sorgen und vom Schätzesammeln (12,22–34 par Mt 6,25–33.19–21) anschließt und mit einem apokalyptischen Wachstumsgleichnis (12,35–46; vgl. Mt 24,43–51) beendet. Dies läßt vermuten, daß schon in der vormatthäischen Q-Überlieferung die Sprüche vom Sorgen und vom Schätzesammeln miteinander verbunden waren.

Der Vergleich von Mt V. 19–21 mit der Lukasparallele zeigt, daß Lukas nur das positive Gebot, „einen unvergänglichen Schatz in den Himmeln" zu sammeln (12,33), und die anschließende Begründung (V. 34) überliefert. Die einleitende Mahnung „Verkauft eure Habe und gebt Almosen!" (Lk V. 33a) weist lukanisches Sprachgut auf[2] und stimmt inhaltlich zur lukanischen Theologie (vgl. 14,33; 11,41; Apg 9,36; 10,2.4 u.ö.). Obwohl im Matthäusevangelium

[1] Vgl. W. Zimmerli, Zur Struktur der atl. Weisheit, ZAW 51, 1933, 185.
[2] Vgl. S. Schulz, Q 142f; J. Jeremias, Sprache 218.

eine antithetische Formung von Spruchеinheiten durch den Redaktor nachzuweisen ist (vgl. 5,31f.38ff.43ff.), ist die Spruchgruppe V. 19–21 wahrscheinlich vormatthäischen Ursprungs.

Die Mahnung, nicht auf Erden, sondern im Himmel sich Schätze zu sammeln, wird durch zwei Erfahrungssätze begründet. Irdischer Besitz ist dem Verfall durch Motten (σής) ausgesetzt oder auch der βρῶσις (= dem „Fraß")[3] unterworfen. Eine zusätzliche Gefahr stellen Diebe dar, welche die Hauswand „durchgraben"[4]. Es wird also rational argumentiert: Das Ansammeln von irdischen Besitztümern ist nicht sinnvoll, weil diese der Vernichtung anheimgegeben werden. Ratsam ist es dagegen, sich Schätze im Himmel zu sammeln; denn sie sind nicht von Zerstörung bedroht.

Auch dem apokalyptischen und rabbinischen Judentum ist die Entgegensetzung von irdischen und himmlischen Schätzen bekannt. Zugrunde liegt die Vorstellung, daß die guten Werke ein Guthaben im Himmel ansammeln lassen, das am Tag des Endgerichts ausgezahlt wird[5]. So entspricht es dem Lohngedanken des Matthäus, wonach die himmlische Entlohnung zwar nicht berechnet wird, aber doch aufgrund der guten Werke in der Nachfolge Jesu ein fester Bestandteil der endzeitlichen Erwartung ist (vgl. oben zu 5,12; 6,1).

Die abschließende Begründung (V. 21) mag ursprünglich selbständig überliefert gewesen sein[6]. Im vorliegenden Zusammenhang besagt sie, daß der ϑησαυρός („Schatz") die existentielle Ausrichtung des Menschen bestimmt. Ist der „Schatz" ein irdischer, so verliert sich der Mensch an das Irdische; ist er ein himmlischer, so lebt der Mensch in der Ausrichtung nach oben; sein Wille[7] ist nicht egoistisch an sich selbst, sondern an Gott orientiert (vgl. 6,1ff). Solche weisheitliche, vernünftige Argumentation hat trotz der eschatologischen Perspektive nichts von einem prophetischen Weckruf an sich und könnte in der urchristlichen Unterweisung einen ursprünglichen Sitz im Leben gehabt haben. Dennoch ist nicht ausgeschlossen, daß diese Mahnung auf die Verkündigung des historischen Jesus zurückgeht; denn weisheitliche Überlieferungselemente finden sich auch in der Botschaft Jesu; sie haben die Aufgabe, die Hörer Jesu zu belehren und durch rationale Begründungen zu überzeugen. Matthäus verlangt an dieser Stelle im Einklang mit der Tradition nicht einen

[3] Vielleicht ein fressendes Insekt, etwa „Holzwurm", weniger wahrscheinlich = ἰός („Rost"); vgl. Jak 5,3; W. Bauer, Wb[5] 294.

[4] Weniger wahrscheinlich ist das Aufgraben von verborgenen Schätzen; zum Verständnis des Verbs διορύσσειν („durchgraben") trägt die Ableitung von διῶρυξ („Kanal") bei.

[5] Vgl. 4Esra 7,77; Apk. Bar. 14,12; 24,1; T Pea 4,18; Bill I 429f.

[6] Die matthäische Lesart σου („dein") ist als Überleitung zu V. 22 wahrscheinlich matthäisch (gegenüber dem Plural in Lk 12,34).

[7] καρδία („Herz") als Sitz des menschlichen Willens auch 5,8.

radikalen Besitzverzicht, wenngleich in einer Ausnahmesituation die matthäische Vollkommenheitsforderung auch in der Aufgabe des Besitzes sich realisieren kann (19,21). Grundsätzlich nicht anders als Lukas[8], der bei dem Wort ἐλεημοσύνη an Mildtätigkeit gegenüber Armen denkt (12,33), erwartet er, daß die rechte Haltung zum Besitz in der sozialen Tat konkret wird (vgl. 6,2–4).

Die Sprucheinheit vom Licht des Leibes ist nicht ein Gleichnis, sondern 22-23
ein ausgeführtes Bildwort, dessen Anwendung nicht ausgesprochen wird, also nur erschlossen werden kann. Der Vergleich mit der Lukasparallele (11,34–36) zeigt, daß die Substanz in Q vorhanden gewesen ist. Die Grundaussage verkündet eine allgemeine Wahrheit: „Das Licht des Leibes ist das Auge." Σῶμα bezeichnet nicht nur den menschlichen Körper, sondern die menschliche Person (vgl. Mt 5,29f; anders 6,25; 10,28 par). Hervorgehoben ist die überragende Bedeutung des Auges für den Menschen. So wird es durch einen antithetischen Doppelspruch zu je zwei Zeilen erläutert (V. 22b–23a). Ist das Auge ἁπλοῦς („lauter"), so ist der ganze Mensch φωτεινόν („hell"); ist das Auge πονηρός („böse"), so ist der ganze Mensch σκοτεινόν („dunkel"). Abgeschlossen wird diese allgemein einsichtige Feststellung mit einer Folgerung, die „das Licht in dir" betrifft; sie hat schon Matthäus und Lukas vorgelegen, sprengt aber das vorausgesetzte Bild und dürfte der Urtradition nicht angehört haben.

Die ursprüngliche Aussage in der *Logiensammlung* kann an die griechische Unterscheidung zwischen dem ganzen Leib und seinen einzelnen Gliedern anknüpfen[9], etwa in dem Sinn, daß das unscheinbare Organ des Auges für den ganzen Menschen eine außerordentlich wichtige Funktion hat („kleine Ursachen – große Wirkungen"). Jedoch handelt es sich entsprechend dem Gesamtcharakter der Logiensammlung nicht nur um eine zuständliche Beschreibung des Verhältnisses Auge – menschliche Person, sondern um einen ethischen Tatbestand. Dieser könnte sich auf das Erkennen des Menschen beziehen, daß nämlich am Auge des Menschen dessen innere Beschaffenheit abzulesen ist (vgl. Test Benj 4,2: „Der gute Mann hat kein finsteres Auge; denn er erbarmt sich aller..."). Wahrscheinlicher ist, daß das gesamte Verhalten des Menschen gekennzeichnet werden soll. Wie bei einem getrübten Auge der ganze Mensch in Dunkelheit lebt, so gilt: Wo das rechte Verständnis oder die rechte ethische Einstellung fehlt, da ist der ganze Mensch der Finsternis verfallen und der Gottlosigkeit anheimgegeben. Umgekehrt folgt aus dem rechten Verständnis und der rechten ethischen Einstellung, daß der

[8] Die idealisierende Schilderung vom Besitzverzicht der Urgemeinde (Apg 2,24f; 4,32ff) ist nicht typisch für die Ethik des Evangelisten Lukas; s. F.-W. Horn, Glaube und Handeln (s.o. S. 33 Anm. 20), 36ff.

[9] Vgl. S. Schulz, Q 470; E. Schweizer, ThWNT VII 1055, 5ff; G. Harder, ThWNT VI 555, 33ff.

Mensch vollständig im Licht steht und Gott nahe ist. So wird auch im Testament der zwölf Patriarchen die menschliche Lauterkeit ethisch-paränetisch verstanden. Der gute Mensch „wandelt in Lauterkeit und sieht alles in Geradheit. Und er nimmt nicht die bösen Augen von der Verführung der Welt an, damit er nicht die Gebote des Herrn verdreht sieht"[10].

Die schon in Q vorhandene Fortführung mit V. 23b spricht nicht mehr von dem der Finsternis verfallenen Leib des Menschen, sondern von dem φῶς („Licht"). Der äußeren Blindheit ist die innere gegenübergestellt: Wo das innere Licht (= des Glaubens?) erloschen ist, da ist die Finsternis total. So kann es schon in Q als Mahnung nicht nur zum Glauben, sondern auch zu Gesetzesgehorsam verstanden worden sein[11].

Lukas, der den Spruch in einer um V. 36 erweiterten Fassung bringt, stellt ihn in den Zusammenhang einer Gerichtsrede Jesu. Das Bild vom klaren Auge soll das rechte Verständnis der Nachfolger Jesu veranschaulichen. Eben hierzu werden die Hörer Jesu aufgerufen, wie der lukanische Imperativ σκόπει (V. 35: „Siehe zu!") unterstreicht[12].

Dagegen bringt *Matthäus* unsere Sprucheinheit in einer gestrafften Form[13], um das rechte Verhältnis zum Besitz zu erläutern. Hierfür ist aufschlußreich, daß das griechische ἁπλοῦς nicht nur die Bedeutung von „lauter", sondern auch von „freigebig" haben kann (Spr 22,9; Jak 1,5); auch läßt sich πονηρός nicht nur mit „böse", sondern auch durch den Ausdruck „habgierig" wiedergeben (vgl. Dtn 15,9; Spr 23,6; 28,22). Gemeint ist: Wo auch immer jemand habgierig auf irdischen Besitz blickt, da verdirbt der ganze Mensch; und umgekehrt: Wer mit seinem Reichtum freigebig umgeht, dessen Teil ist das Licht! Gleiches besagt im matthäischen Verständnis der Schlußsatz V. 23b. Nach rabbinischem Sprachgebrauch wird die Seele des Menschen als „Licht" oder als „Leuchte Gottes" bezeichnet[14]. Wo des Menschen Seele durch Unterwerfung unter irdischen Besitz verdunkelt ist, da beherrscht die Finsternis den Menschen total. Hierdurch ist die Entscheidungsforderung des folgenden Verses schon vorweggenommen.

24 Der Spruch vom Doppeldienst ist durch Lk 16,13 wörtlich für Q bezeugt[15]. Er setzt mit einer sprichwörtlichen Redewendung ein (V. 24a).

---

[10] J. Becker, Die Testamente der zwölf Patriarchen, Jüdische Schriften aus hellenistisch-römischer Zeit III 1, 1974, 82 (Test. Iss. 4,6).

[11] Der unvollständige Nachsatz τὸ σκότος πόσον („Wie groß [wird dann] die Finsternis [sein]?") zieht einen Schluß *a minori ad maius* und enthält eine rhetorische Frage; als Antwort ist vorausgesetzt: „Überaus groß!"

[12] Vgl. die Seligpreisung der Augen- und Ohrenzeugen in Lk 10,23f (par Mt 13,16f), auch den eschatologischen Weckruf „Wer Ohren hat zu hören, der höre!" (Lk 8,8 par)

[13] Vermutlich sekundär gegenüber Lk 11,34–36; so S. Schulz, Q 469.

[14] Midr. Ps. 17 §8 (66a) u.ö.; Bill I 432.

[15] Es handelt sich um eines der Logien, die Mt und Lk gleichlautend überliefern;

Diese wird durch einen symmetrischen Parallelismus begründet (V. 24b–c: ἤ ... ἤ = „entweder–oder") und durch eine Schlußfolgerung beendet (V. 24d).

P. Billerbeck verweist darauf, daß der jüdischen Rechtspraxis sehr wohl Fälle bekannt sind, in denen ein Sklave Eigentum mehrerer Herren ist[16]. Aber solche rechtliche Möglichkeit ist allenfalls die Ausnahme, welche die hier aufgestellte Regel bestätigt. Es handelt sich um eine sprichwörtliche Aussage, die von einer allgemein anerkannten Erfahrung ausgeht: Ein uneingeschränkter Dienst kann nur auf *einen* Herrn gerichtet sein!

Die Begründung verwendet die semitische Gegenüberstellung von ἀγαπᾶν („lieben") und μισεῖν; letzteres hat an dieser Stelle nicht die übliche affektgeladene Bedeutung von „hassen", sondern von „nicht lieben" (vgl. Lk 14,26). Entsprechend ist auch das im folgenden gebrauchte Verb καταφρονεῖν (wörtlich: „verachten") von seinem Gegensatz her zu verstehen (= „sich nicht an jemanden halten")[17].

Die dargestellte Sache selbst erzwingt also eine Entscheidung. Sie ist im Schlußsatz in der 2. pers. plur. als Anrede direkt ausgesprochen: „Ihr könnt nicht (zur gleichen Zeit) Gott dienen und dem Mammon!" Das griechische Wort μαμωνᾶς findet sich auch im Aramäischen; seine etymologische Ableitung ist ungeklärt; jedoch ist die Bedeutung an unserer Stelle (wie auch in Lk 16,9.11.13) eindeutig. Der personifizierte Sprachgebrauch bezieht sich auf den irdischen Besitz[18]. Das Entweder-Oder, vor das der Bergprediger seine Nachfolger stellt, besagt nicht, daß auf Besitz grundsätzlich verzichtet werden soll. Wenn auch nach dem Bericht des Matthäusevangeliums die Jünger Jesu alles verlassen, um Jesus nachzufolgen (4,18–22; 19,27), so vertritt der Evangelist doch nicht ein Armutsideal[19]. Nicht völlige Trennung von Geld und Gut ist gefordert, sondern der Ruf zur Entscheidung ist durch das Verb δουλεύειν („dienen") bestimmt. Die Anerkennung der Herrschaft Gottes schließt die Dienstbarkeit unter das Gesetz des Reichtums aus. Die Verfallenheit unter

---

Ausnahme: Lk fügt οἰκέτης= „(Haus-)Sklave" ein; so ist es durch den Anschluß an das Gleichnis vom ungerechten Haushalter (Lk 16,1ff) motiviert; denn 16,13 ist redaktionelle Schlußfolgerung aus dieser Perikope.

16 Bill I 433.

17 Dieser Gegensatz ist auch vorausgesetzt in Logion 47 des Thomasevangeliums: „Es ist unmöglich, daß ein Mensch auf zwei Pferden reitet und zwei Bogen spannt, und es ist unmöglich, daß ein Diener zwei Herren dient. Oder er wird den einen ehren und den anderen beleidigen."

18 Im personifizierten Sprachgebrauch auch 2Clem 6,1; zur Sache vgl. außer der oben angegebenen Literatur auch F. Hauck, ThWNT IV 390–392; H. Balz, EWNT II 941f. – Zum Problem von Reich und Arm im Neuen Testament besonders: Jak 1,9ff; 2,1ff; 5,1ff; Lk 6,20–26; 12,13–32; 16,19–31.

19 Vgl. oben zu 5,3 (S. 33).

irdischen Besitz ist mit dem Dienst der Gemeinde Jesu Christi nicht in Einklang zu bringen.

Matthäus meint also in V. 24 im Grunde das gleiche, was er in V. 19–21 aussagte. Er mahnt die Gemeinde, den Blick vom irdischen Besitz abzuwenden und auf Gott zu richten. Ebenso wie Habgier und Geiz ist hierdurch auch eine Wirtschaftsordnung in Frage gestellt, die einen absoluten Rang für sich in Anspruch nimmt und so zur Repräsentation des die Menschen versklavenden Mammon wird. Andererseits ist nicht die Lösung von jeder Wirtschaftsordnung und nicht die absolute Trennung vom Besitz gefordert. Das Entweder-Oder zielt vielmehr auf die Verwirklichung einer Freiheit, die ihren Ursprung in der Bindung an Gott hat und sich im Alltag als Gottesdienst realisiert, indem sie „die Dinge der Welt gebraucht, als ob sie sie nicht gebraucht" (1Kor 7,21).

2.5.2 6,25–34 Vom Sorgen

E. Fuchs, Die Verkündigung Jesu. Der Spruch von den Raben, in: Der historische Jesus und der kerygmatische Christus, hg. v. H. Ristow und K. Matthiae, 1960, 385–388.
E. Jacquemin, Les options du chrétien (Mt 6,24–33), ASeign. 68, 1964, 31–44.
H. Riesenfeld, Vom Schätzesammeln und Sorgen – ein Thema urchristlicher Paränese, in: Neotestamentica et Patristica, FS O. Cullmann, hg. v. W. C. van Unnik, NT. S. 6, 1962, 47–58.
M. G. Steinhauser, Doppelbildworte 215–235.
D. Zeller, Mahnsprüche 82–94.

25*Deswegen sage ich euch: Sorget nicht für euer Leben, was ihr essen sollt, auch nicht für euren Leib, was ihr anziehen sollt. Ist nicht das Leben mehr als die Nahrung und der Leib mehr als die Kleidung?* 26*Sehet die Vögel des Himmels an! Sie säen nicht, sie ernten nicht, sie sammeln nicht in die Scheunen, und doch ernährt sie euer himmlischer Vater. Seid ihr nicht viel mehr wert als sie?* 27*Wer aber kann von euch, obwohl er sich darum sorgt, seiner Lebenslänge eine Elle hinzufügen?* 28*Und was sorgt ihr um Kleidung? Achtet auf die Lilien des Feldes, wie sie wachsen; sie arbeiten nicht, auch spinnen sie nicht.* 29*Ich sage euch aber, daß nicht einmal Salomo bei all seiner Pracht gekleidet war wie eine von diesen.* 30*Wenn aber Gott das Gras des Feldes, das heute vorhanden ist und morgen in den Ofen geworfen wird, so kleidet, (wird er) nicht viel mehr euch (kleiden), ihr Kleingläubigen?* 31*Also sollt ihr nicht sorgen, indem ihr sprecht: Was sollen wir essen? oder: Was sollen wir trinken? oder: Was sollen wir anziehen?* 32*Denn nach diesem allen streben die Heiden; denn euer himmlischer Vater weiß, daß ihr dies alles nötig habt.* 33 *Sucht aber zuerst das Reich und seine Gerechtigkeit, und das alles wird euch hinzugefügt werden.* 34*Also sollt ihr nicht für den morgigen Tag sorgen; denn der morgige Tag wird für sich selbst sorgen. Es ist genug, daß jeder Tag seine Plage hat.*

Die folgende Spruchеinheit hat Matthäus in der schriftlichen Q-Überlieferung vorgefunden, wie die weitgehenden Übereinstimmungen mit Lk 12,22–31 sicherstellen. Die matthäischen Eingriffe sind nur in wenigen Fällen von sachlichem Gewicht, so vor allem die Einführung des Gerechtigkeitsbegriffs in V. 33. Dagegen hat Lukas in formaler Hinsicht den vorgegebenen Text stärker geprägt[20]. Da der Anschluß an die Parabel vom reichen Kornbauer (Lk 12,13–21) sicher lukanische Arbeit ist, bleibt die Frage, an welcher Stelle sich diese Überlieferungseinheit in der Q-Quelle befand, offen[21].

Es handelt sich um eine Zusammenstellung von Weisheitsworten, an deren Anfang die grundlegende Warnung vor der Sorge steht (V. 25a). Sie wendet sich direkt an die Hörer Jesu und wird im folgenden in verschiedener Weise begründet: durch eine Überordnung des Lebens über die Nahrung und des Leibes über die Kleidung (V. 25b), durch das Beispiel von den Vögeln des Himmels (V. 26), durch den Hinweis auf die Unfähigkeit des Menschen, sein Leben zu verlängern (V. 27), und durch das Beispiel von den Lilien des Feldes (V. 28–30). Die erste Zusammenfassung mit der wiederholten Warnung zu sorgen und mit der Ermahnung, sich auf das Reich Gottes und seine Gerechtigkeit auszurichten, stellt einen vorläufigen Abschluß dar (V. 31–33). Die zweite zusammenfassende Schlußfolgerung ist bei Lukas nicht belegt und wurde sekundär hinzugefügt (V. 34)[22].

Der schon in Q vorliegende Einsatz mit διὰ τοῦτο („deswegen") verbin- 25
det diesen Abschnitt mit dem voraufgehenden. Der geforderte Gottesdienst (V. 24) bedeutet nicht nur Distanz zum Besitz, sondern auch Abkehr von der Sorge. Eine Unterscheidung zwischen einer Anrede an die Reichen (V. 19–24) und an die Armen (V. 25–34) ist nicht beabsichtigt, da selbstverständlich auch die Armen von der Gefahr bedroht sind, sich an Besitzstreben zu verlieren, wie umgekehrt die Reichen nicht zuletzt durch ihren Besitz der Sorge anheimgegeben sind[23]. Matthäus denkt auch nicht speziell an die Jünger Jesu, die durch das Wort Jesu von der Mühsal der Arbeit befreit werden sollen[24], sondern setzt die Gemeindeparänese fort: Wer sich für die Gottesherrschaft entschieden hat, darf sich nicht von der Sorge anfechten lassen (vgl. 1Petr 5,7).

Die autoritative Weisung[25] des Bergpredigers, daß man nicht sorgen soll, konkretisiert sich zunächst am Beispiel der ψυχή (wörtlich = „See-

---

20 Vgl. zum einzelnen S. Schulz, Q 149–152.

21 Vgl. zur Forschungsdiskussion: D. Zeller, Mahnsprüche 83 Anm. 213.

22 Lukas hat an dieser Stelle die Mahnung an die „kleine Herde", sich nicht zu fürchten (12,32), die vermutlich schon dem Q^{Lk}-Exemplar angehörte; vgl. A. Polag, Fragmenta Q 62; anders G. Schneider, ÖTK III 2, 284.

23 Gegen E. Klostermann, HNT 4, 62; J. Schniewind, NTD 2, 91.

24 So K. Bornhäuser, Bergpredigt 149ff; A. Schlatter, Evangelist Matthäus 227.

25 Die 1. pers. sing. λέγω ὑμῖν („ich sage euch") erscheint auch Lk 12,22 (Q) und Mt V.

le"). Diese ist nicht im platonischen Sinn der unsterbliche Teil des Menschen, sondern analog dem hebräischen נפש *(näfäsch)* das Leben bzw. die Lebenskraft, die durch Nahrung erhalten wird[26]. Das σῶμα als der belebte „Leib" des Menschen ist Gegenstand der Sorge um Kleidung[27]. Das in Frageform[28] angeschlossene rabbinische Schlußverfahren *a maiori ad minus* zieht die Folgerung (V. 25b): Wenn das Größere vorhanden ist, dann wird auch das Geringere nachfolgen. Getragen ist die Logik dieser Argumentation von der Überzeugung, daß die Schöpfermacht des Gottes, der Leben und Leib erschaffen hat, auch für Nahrung und Kleidung sorgen wird.

26 Anders das Schlußverfahren in V. 26 (und V. 28–30), das von dem Geringeren auf das Größere folgert. Die Vögel des Himmels[29] werden von Gott erhalten, obwohl sie keine Daseinsvorsorge treffen – um wieviel mehr muß dies auch für die Hörer Jesu gelten! Hier spricht sich eine optimistische Naturbetrachtung aus, wie sie in stoischen[30] und rabbinischen Texten[31] Parallelen hat. Von dem Kampf um die Erhaltung der Arten in der Natur, von Naturkatastrophen, denen Tiere und Pflanzen zum Opfer fallen, sagt unser Text nichts. Dabei besteht kein Zweifel, daß Matthäus nicht nur von Leiden und Tod in der Gemeinde, sondern auch von der Not der Tierwelt weiß (vgl. 10,29–30). Jedoch, wo auch immer begründeter Anlaß zu Furcht und Sorge bestehen mag – dies wird überwunden im Glauben an die Vorsehung des Gottes, den die Gemeinde als ihren Vater anruft (vgl. 5,45; 6,9).

27 Ein anderes Motiv für das Nichtsorgen nennt das Beispiel von der ἡλικία („Alter"). Es demonstriert in plastischer Ausdrucksweise, daß kein Mensch in der Lage ist, die ihm zugemessene Lebenszeit zu verlängern[32].

---

29 (Lk V. 27); sie setzt wie die Gegenthesen (5,22.28.32.34.39.44) die eschatologische Vollmacht Jesu als des Herrn der Kirche voraus.

[26] Die Gegenüberstellung von ψυχή und σῶμα ist schon für die Vorsokratiker belegt und scheint sich griechischem Denken anzuschließen; vgl. E. Schweizer, ThWNT VII 1026,27f; 1055,13f.

[27] Beide Male ist der Dativ ein ‚dativus commodi'; vgl. B.-D.-R. § 188 Anm. 1.

[28] Die Aussagesätze in Lk 12,22 sind vermutlich sekundär; ebenso Lk 12,29 gegen Mt 6,31.

[29] Der Text des Matthäusevangeliums ist hier wohl ursprünglicher als das lukanische κόρακας („Raben"); dagegen wird noch Matthäus wie Lukas V. 24 θεός (statt ὁ πατὴρ ὑμῶν ὁ οὐράνιος = „euer himmlischer Vater") gelesen haben; so legt es Mt V. 30 nahe; vgl. S. Schulz, Q 150.

[30] Vgl. Seneca, de remed. fort. 10: „Nichts fehlt den Vögeln; das Vieh lebt in den Tag hinein" – was freilich ein stoisches Natur- und Selbstverständnis voraussetzt; weitere Textverweise bei R. Bultmann, ThWNT IV 597 Anm. 19.

[31] Vgl. Qidd 4,14: „Hast du je in deinem Leben ein wildes Tier oder einen Vogel gesehen, die ein Gewerbe gehabt hätten?" Dieser und andere Texte verstehen allerdings die Sorge als Sündenstrafe (s. Bill I 436f).

[32] Ἡλικία wird üblicherweise mit „Lebenslänge" übersetzt; der zugeordnete Begriff

Dieser Gedanke sprengt den unmittelbaren Kontext; er bezieht sich nicht auf die Fürsorge des Schöpfers, sondern stellt das Sorgen überhaupt als sinnlos dar. Wie sehr man sich – in neuerer Zeit mit modernen medizinischen Hilfsmitteln sogar nicht ohne vordergründigen Erfolg – um eine Lebensverlängerung auch bemühen mag, das von Gott zugewiesene Maß kann nicht überschritten und der Tod durch solche Sorge nicht beseitigt werden. Daher steht über solchem Bemühen letztlich das Urteil: vergeblich!

Das Beispiel vom Leben der Natur wird mit dem Hinweis auf die κρίνα 28-29
(eigentlich = „Lilien") wieder aufgenommen. In Verbindung mit dem Genitiv τοῦ ἀγροῦ („des Feldes") ist wohl nicht an bestimmte Feldblumen zu denken, so daß auch Identifizierungsversuche (etwa: Schwertlilien, Wildröschen u. ä.) keinen Erfolg versprechen. Die wildwachsenden Blumen verrichten keine Männerarbeit auf dem Felde (οὐ κοπιῶσιν), auch üben sie keine Frauenarbeit im Hause aus (οὐδὲ νήθουσιν)[33]. Dennoch wird an ihnen sichtbar, daß Gott selbst für das Kleinste sorgt; denn die sprichwörtliche Pracht des Königs Salomo (vgl. 2Chr 9) ist mit ihnen nicht zu vergleichen.

Auch dieses Beispiel wird mit einem Schluß *a minori ad maius* ausgewertet 30
(vgl. V. 26). Wenn Gottes Güte das Gras des Feldes[34] in dieser Weise schmückt, wie sehr hat dann die Gemeinde Jesu Christi Anlaß, der Fürsorge Gottes sich anheim zu geben. Das Wort ὀλιγόπιστοι[35] verdeutlicht, daß nicht ein blindes Vertrauen gefordert ist, welches die Natur- und Menschheitskatastrophen illusionär überspringt und Verfolgungs- und Notsituationen nicht zur Kenntnis nimmt. Vielmehr: Gefordert ist das Wagnis des Vertrauens, das Dennoch des Glaubens, das sich auf die Schöpfermacht des Gottes verläßt, der das Nichtseiende ins Sein ruft (Röm 4,17).

Mit dem matthäischen folgernden οὖν („nun"; vgl. 5,48; 6,9) leitet der 31-32
Evangelist die Schlußfolgerung ein, indem er das Verbot zu sorgen wie-

---

πῆχυς („Elle") scheint das Verständnis von „Körpergröße" nahezulegen. Jedoch findet sich letztere Bedeutung im Neuen Testament nur Lk 19,3. – Zur Sache: J. Wettstein, Novum Testamentum Graece I, 1752 (Nachdruck 1962), 334; J. Schneider, ThWNT II 944. – V. 27 (par Lk V. 25) ist – da der Gedankengang des Kontextes gesprengt wird – vermutlich (zusammen mit Mt V. 28a) ein sekundärer Zusatz, der schon in der Matthäus und Lukas gemeinsamen Q-Tradition enthalten gewesen ist.

[33] Selbstverständlich will der Text mit diesem Vergleich nicht eine Stellungnahme zur Arbeit abgeben oder gar ihr gegenüber das Nichtstun verherrlichen. Die Bibel kennt beides: die Plage der Arbeit (Gen 3,17f) wie auch ihre Würde (Ps 104,23); vgl. G. Eichholz, Bergpredigt 144; G. Agrell, Work, Toil and Sustenance, Lund 1976.

[34] Der Ausdruck erinnert an Ps 102,15 LXX, wo χόρτος („Gras") und ἄνθος τοῦ ἀγροῦ („Feldblume") als Bilder für das vergängliche Menschenleben gebraucht werden.

[35] Im Sinn des Matthäus = „Nichtglaubende"; vgl. 17,20; G. Strecker, Weg der Gerechtigkeit 233f.

derholt und durch Aufnahme der Fragen von V. 25 konkretisiert. Die ἔθνη („Heiden“ wie ἐθνικοί in 5,47; 6,7) werden als Gegenbeispiel genannt[36]. Sie stellen die Masse der unbekehrten, gottlosen Menschen dar, die allerdings Grund haben, sich um Speise, Trank und Kleidung zu sorgen, da sie sich auf das Diesseits ausrichten und von der Alternative des Gottvertrauens nichts wissen. Um so dringlicher wird hier (nach 6,8 ein zweites Mal) auf das fürsorgende Wissen des himmlischen Vaters verwiesen. Sein Wirken ist nicht ein naturgesetzlicher, distanziert erfahrbarer Tatbestand, so sehr Gottes Güte auch im Kontext der Schöpfung sichtbar werden kann (vgl. 5,45), sondern seine Fürsorge begegnet im befreienden Anspruch des Wortes Jesu, welches dem Menschen Ziel und Norm seines Lebens setzt und den Weg in das Gottesreich öffnet (vgl. 5,17–20).

33 Das Reich Gottes und seine Gerechtigkeit wird in diesem Schlußabschnitt ausdrücklich zur Sprache gebracht. Beides ist das erstrebenswerte Ziel, daß – wenn es zum Richtpunkt menschlichen Lebens wird – alles Sorgen überflüssig macht.

Der Text ist verschieden bezeugt. Im folgenden wird die Lesart τὴν βασιλείαν καὶ τὴν δικαιοσύνην αὐτοῦ zugrundegelegt. Der quantitativ nicht schlecht belegte Einschub des Genitivs τοῦ θεοῦ (nach βασιλείαν) ist eine sekundäre Glättung; er soll offenbar die schwierige Konstruktion vermeiden, wonach zwei ‚status constructi‘ von dem Genitiv αὐτοῦ abhängig sind. – Der ursprüngliche Q-Text wird in der Lukasparallele (Lk 12,31) überliefert. Hieraus ergibt sich, daß Matthäus die Wörter καὶ τὴν δικαιοσύνην vor αὐτοῦ eingeschoben hat. Dies ist um so wahrscheinlicher, als sämtliche δικαιοσύνη-Belege im ersten Evangelium redaktioneller Herkunft sind. Das Bestreben des Evangelisten, die Q-Vorlage möglichst schonend zu behandeln, hat zu der sprachlichen Unebenheit des Textes geführt.

Das Personalpronomen αὐτοῦ („sein“) bezieht sich auf das voraufgehende ὁ πατὴρ ὑμῶν ὁ οὐράνιος (V. 32: „euer himmlischer Vater“) zurück. Sowohl das „Reich“ als auch die „Gerechtigkeit“ sind demnach durch ihre Beziehung zu Gott und als Zielpunkt des menschlichen Strebens gekennzeichnet. Was ist damit gemeint? Deutlich ist, daß das Denken und Tun des Menschen sich am Gottesreich orientieren soll, als einer Wirklichkeit, die menschliches Sein transzendiert und den Nachfolgern Jesu für die Zukunft verheißen ist (vgl. 5,3.10.20; 6,10). Wie verhält sich die „Gerechtigkeit“ zu diesem Hoffnungsgut? Unterscheidet Matthäus zwischen „eurer Gerechtigkeit“ (5,20; 6,1), der absoluten „Gerechtigkeit“ (5,6.10) und „seiner (Gottes) Gerechtigkeit“ (6,33)[37]? Jedoch macht der

[36] Lukas folgt einer universalistischen Tendenz, wenn er in der Parallele von den „Völkern der Welt“ spricht, welche der Gemeinde als der „kleinen Herde“ entgegengesetzt sind (12,30.32).

[37] So W. Grundmann, ThHK 1, 217.

Evangelist keinen Unterschied zwischen der von den Jüngern geforderten Gerechtigkeit und dem (absolut gebrauchten) Begriff „Gerechtigkeit", der eine Haltung bezeichnet, um deretwillen die Nachfolger Jesu verfolgt werden. Daher ist auch nicht zwischen der Gerechtigkeit Gottes als einer Gabe und der menschlichen Gerechtigkeit als einer Aufgabe zu differenzieren, wie dies in der Perspektive der paulinischen Theologie zu vermuten wäre. Vielmehr: Gottes gerechtes Sein zeigt sich an der Güte, mit der Gott seine Schöpfung trägt (5,45). Er ist Urbild und Vorbild für das, was Jesu eschatologische Forderung verlangt, die Gerechtigkeit des Menschen. Darum kommt Gottes Gerechtigkeit so zur Sprache, wie sie von den Menschen gefordert wird. Über solche „Gerechtigkeit" allein ist der Zugang zum „Reich" zu gewinnen, wie dies schon in 5,20 gesagt wurde. Der Kodex Vaticanus (Cod B) hat in einer vermutlich sekundären Lesart den Text richtig interpretiert, wenn er beide Wörter vertauscht und „Gerechtigkeit" vor den Begriff „sein Reich" gestellt hat[38]. Die „Gerechtigkeit" und hierdurch das „Reich" sollen das primäre Ziel menschlichen Bemühens sein. Durch das matthäische πρῶτον („zuerst") wird hervorgehoben: Gegenüber der eschatologischen Forderung und ihrer Verheißung erscheinen die Sorgen des Alltags als gering und können der Fürsorge Gottes überlassen werden. Wer auf diese Weisung des Gottessohnes hört, der hat Grund genug, der Fürsorge des himmlischen Vaters Vertrauen zu schenken.

Der abschließende Vers kehrt zum Anfang (V. 25) zurück; er ist vermut- 34
lich ein sekundärer, vormatthäischer Zusatz, der Lukas nicht bekannt gewesen ist. Die Mahnung, nicht zu sorgen, wird mit einer neuen Begründung versehen und durch eine sprichwörtliche Wendung abgeschlossen: Jeder Tag hat seine eigene Plage. Der morgige Tag wird neue Verhältnisse bringen und damit Möglichkeit und Notwendigkeit, mit den Problemen des Morgen sich auseinanderzusetzen. Ein rationales Argument, das dem weisheitlichen Duktus des Voraufgehenden angemessen ist. So wird es auch im rabbinischen Schrifttum überliefert: „Sorge nicht um die Sorge von morgen; denn du weißt nicht, was der Tag gebiert; vielleicht ist man morgen nicht mehr, und dann hätte man sich um eine Welt gesorgt, die einem nicht mehr gehört" (b Sanh. 100b). Auch griechische und lateinische Schriftsteller empfehlen, sich auf das Heute zu konzentrieren[39]. Allerdings ist die Motivation solcher Ratschläge unterschiedlich. Der vorliegende Text will nicht eine allgemeine ethische Empfehlung aussprechen, sondern ist Bestandteil des konkreten Anrufs des Bergpredigers. Er ist von dem Evangelisten als Gemeindeparänese verstanden worden. Hierdurch werden die Christen angesprochen, die auf die Forderung des Gottessohnes hören und ihr Leben im Aufblick zu Gott gestalten. Daher

[38] So auch PsClem, R II 20,2 und III 20,3 L.

[39] Epikt I 9,19; Seneca, ep. III 3,1; vgl. E. Klostermann, HNT 4,64.

impliziert die Warnung vor der Sorge ein positives Gebot. Geht das Sich-Sorgen mit fehlendem Glauben einher (V. 30), so hat πίστις („Glaube") im Matthäusevangelium fast allgemein die Bedeutung von „Vertrauen" (8,10; 9,2.22.29; 15,28 u.ö.). Der Sorge ist das Vertrauen gegenübergestellt. Gefordert ist die Tat des Vertrauens, eine Haltung, die sich heute[40] für den Dienst bereithält (V. 24) und die Sorge für das Morgen dem übereignet, der das Gute wie auch die Plage des Tages schenkt und sein Reich heraufführen wird.

Selbstverständlich kennen die synoptischen Evangelisten auch eine berechtigte, verantwortlich geübte Zukunftsplanung (vgl. Lk 14,28–32). Hier jedoch wird von der Sorge als von einer falschen Einstellung auf die Zukunft gesprochen. Wer sorgt, der beweist damit, daß er sein Leben in die eigenen Hände zu nehmen sucht. Indem er die Zukunft planend vorwegnimmt, versucht er sich selbst abzusichern (V. 34). Solche Haltung ist durch Angst und Furcht gekennzeichnet (Lk 12,32). Der Prediger der Bergpredigt ermahnt seine Nachfolger, die Sorge zu überwinden: Sie ist vergeblich; denn alles Sorgen führt nicht zu dem erhofften Ziel (V. 27). Sie ist unvernünftig, weil jeder Tag seine eigene Plage hat und der neue Tag neue Probleme bringen wird (V. 34). Vor allem aber: Sie ist unnötig, da sie Gott als dem Schöpfer und Erhalter des Lebens das notwendige Vertrauen vorenthält (V. 26.28–30). Mag die weisheitliche Argumentation auch im einzelnen zu hinterfragen sein – der Ruf, die Sorge zu überwinden, weist über sich hinaus. Er enthält die Mahnung, das Vertrauen nicht wegzuwerfen (Hbr 10,35), sondern dem zugesagten „Reich" und der geforderten „Gerechtigkeit" sich ohne Vorbehalt zur Verfügung zu stellen (V. 33).

2.5.3 7,1–6 Vom Richten

B. Couroyer, „De la mesure dont vous mesurez il vous sera mesuré", RB 77, 1970, 366–370.
E. Neuhäusler, Mit welchem Maßstab mißt Gott die Menschen?, BiLe 11, 1970, 104–113.
H. P. Rüger, „Mit welchem Maß ihr meßt, wird euch gemessen werden", ZNW 60, 1969, 174–182.

J. Jeremias, Matthäus 7,6a [1963], in: ders., Abba, 1966, 83–87.
P. G. Maxwell-Stuart, „Do not give what is holy to the dogs" (Mt 7:6), ET 90, 1979, 341.
F. Perles, Zur Erklärung von Mt 7,6, ZNW 25, 1926, 163f.
G. Schwarz, Matthäus VII 6a. Emendation und Rückübersetzung, NT 14, 1972, 18–25.
M. G. Steinhauser, Doppelbildworte 259–280.

[40] Dem entspricht, daß das notwendige Brot für heute, nicht für morgen erbeten wird (siehe oben zu 6,11).

Matthäus 7	Lukas 6
1 *Richtet nicht, damit ihr nicht gerichtet werdet.*	37 *Und richtet nicht, so werdet ihr nicht gerichtet werden.* *Und verurteilt nicht, so werdet ihr nicht verurteilt werden.* *Gebt frei, so werdet ihr freigegeben werden.*
2 *Denn mit welchem Richtspruch ihr richtet, werdet ihr gerichtet werden,*	38 *Gebt, so wird euch gegeben werden. Ein gutes, festgedrücktes, gerütteltes, überfließendes Maß wird man in euren Schoß geben.*
und mit welchem Maß ihr meßt, wird euch gemessen werden.	*Denn mit welchem Maß ihr meßt, wird euch wiedergemessen werden.*
	39 *Er sprach aber zu ihnen ein Gleichnis: Kann etwa ein Blinder einen Blinden führen?* *Werden sie nicht beide in eine Grube hineinfallen?* 40 *Nicht ist ein Schüler über seinen Lehrer; aber ein jeder, der ausgebildet ist, wird wie sein Lehrer sein.*
3 *Weshalb aber siehst du den Splitter im Auge deines Bruders, den Balken aber in deinem Auge nimmst du nicht zur Kenntnis?*	41 *Weshalb aber siehst du den Splitter im Auge deines Bruders, den Balken aber im eigenen Auge nimmst du nicht zur Kenntnis?*
4 *Oder wie wirst du zu deinem Bruder sagen: Laß mich den Splitter aus deinem Auge herausziehen, und siehe, in deinem Auge (befindet sich) der Balken.*	42 *Wie kannst du zu deinem Bruder sagen: Bruder, laß mich den Splitter in deinem Auge herausziehen, ohne daß du selbst den Balken in deinem Auge siehst.*
5 *Du Heuchler! Zieh zuerst aus deinem Auge den Balken, und sodann magst du zusehen, daß du den Splitter aus dem Auge deines Bruders herausziehst.*	*Du Heuchler! Zieh zuerst den Balken aus deinem Auge und sodann magst du zusehen, den Splitter, der im Auge deines Bruders (ist), herauszuziehen.*
6 *Ihr sollt nicht das Heilige den Hunden geben, auch sollt ihr nicht eure Perlen vor die Schweine werfen, damit sie nicht mit ihren Füßen sie zertreten und sich umwenden und euch zerreißen.*	

Mit V. 1 nimmt Matthäus den Faden der Q-Tradition auf, den er in 5,48 verlassen hatte. Die Parallele aus der Feldrede (Lk 6,37–42) belegt unseren Abschnitt für Q. Die vorliegende Fassung des Matthäustextes dürfte der ursprünglichen Q-Überlieferung sehr nahe kommen.

Der synoptische Vergleich weist für *Lukas* in den Versen 37b–38b einen Überschuß aus; dieser ist vermutlich gegenüber Mt V. 2 sekundär[41]. V. 39–40 sind Lukas aus anderem Q-Zusammenhang zugänglich gewesen (vgl. Mt 15,14; 10,24f) und redaktionell eingeschoben worden. Das Folgende zeigt weitgehende Übereinstimmungen; jedoch sind besonders in V. 42 lukanische sprachliche Eingriffe festzustellen. – Im Kontext des Lukasevangeliums erläutert der Abschnitt 6,37ff das Gebot, Barmherzigkeit zu üben (V. 36). Der Text ist kunstvoll konstruiert, indem zwei Verbote (V. 37a–b) und zwei Gebote (V. 37c–38a) einander gegenübergestellt und zwei Sprüche vom „Maß" angeschlossen wurden (V. 38b–c). – Daß die von *Matthäus* überlieferte Spruchgruppe traditionsgeschichtlich keine Einheit darstellt, sieht R. Bultmann (Synoptische Tradition 90: Trennung zwischen V. 1–2 und V. 3–5); jedoch ist richtiger zwischen V. 1, V. 2, V. 3–5 und V. 6 traditionsgeschichtlich zu unterscheiden.

1 Das absolute Verbot des κρίνειν („richten") läßt für Harmonisierungsversuche keinen Raum. Es stellt einen weiteren ethischen Radikalismus Jesu dar, entsprechend den absoluten Forderungen in den Antithesen der Bergpredigt. Scheint der Nachsatz („damit ihr nicht gerichtet werdet") nahezulegen, daß das „Richten" als ein „Verurteilen" zu verstehen ist, so unterscheidet der griechische Begriff doch nicht zwischen „Verurteilen" und „Beurteilen". Vorausgesetzt ist: Jedes menschliche Urteil enthält im Ansatz das Moment des Verurteilens. Die eschatologische Forderung ergeht ohne Einschränkung. Sie untersagt den Nachfolgern Jesu, die auf das Gebot der Liebe eingeschworen sind (vgl. 5,38–48; 22,34–40), jede Art von Urteilsfällung, die den Mitmenschen zum Objekt des eigenen Interesses erniedrigt. Das Richten als eine Haltung, die mit Lieblosigkeit identisch ist, soll für sie ausgeschlossen sein.

Das Verbot ist final begründet (ἵνα = „damit"). Das Endgericht wird also nicht nur als eine unausweichliche Folge angedroht[42], sondern das Handeln der Nachfolger Jesu soll absichtsvoll auf das Ende ausgerichtet sein. Von dort her wird Gottes Urteil erwartet, wie das passivische „gerichtet werden" aussagt[43]. Die apokalyptische Perspektive motiviert das rechte Verhalten gegenüber den Mitmenschen. So stimmt es zur Gottesreich-Verkündigung Jesu. Der durch die Nähe des Reiches veranlaßte Umkehrruf wird im Verbot des Richtens konkret. Er läßt keine Möglichkeit, zwischen „Beurteilen" und „Verurteilen" zu differenzieren. Liegt die staatliche Rechtsprechung auch nicht im Horizont der Verkündigung Jesu, so unterscheidet Jesus doch nicht zwischen dem Tun des

41 Vgl. hierzu und zum folgenden S. Schulz, Q 146–149.

42 So H. Merklein, Gottesherrschaft 242. – Ἵνα wird in der neutestamentlichen Sprache im allgemeinen final, nicht konsekutiv verwendet; vgl. B.-D.-R. § 388f; E. Stauffer, ThWNT III 324ff: Die konsekutive oder kausale Bedeutung von ἵνα ist im Neuen Testament „selten oder bedeutungslos" (324,16f). Zur Sache auch: A. A. F. Ehrhart, Politische Metaphysik II, 1959, 36: Epikt, Fragm. 60.

43 Ähnlich in rabbinischer Überlieferung; vgl. dazu H. P. Rüger, ZNW 60, 1969, 174ff.

Richters und dem privaten Richten[44]. Es gibt nichts, was dem Menschen geblieben wäre, um sich gegenüber der Forderung Jesu zu rechtfertigen. Alle Hörer Jesu sind in die *massa perditionis* eingeschlossen. Alle sind zur „Umkehr" aufgerufen, zur Abkehr von der egozentrischen Lebenseinstellung und zur Hinwendung zu dem begnadigenden und richtenden Gott, der das endgültige Urteil sprechen wird.

Anders als der voranstehende prophetische Weckruf Jesu bringt die Fort- 2
setzung eine weisheitliche Mahnung. Sie enthält zunächst einen Zweizeiler mit einer Begründung (V. 2), sodann ein bildhaftes Beispiel, das mit einer Schlußmahnung beendet wird (V. 3–5). Diese Anweisung wird ebenfalls durch den Blick auf das künftige Endgericht begründet, rät aber nicht zum Unterlassen, sondern zum rechten Gebrauch des Richtens. So entspricht es der Situation einer Gemeinde, die sich auf die Dauer der Geschichte einstellt. Die Etablierung einer Disziplinarordnung nötigt sie dazu, die Frage zu beantworten, wie man recht richtet (vgl. 18,15–20). Sie steht dabei in der Gefahr, die ihr zur Verfügung stehenden Kriterien zu überschätzen. Auch Paulus weiß von einer menschlichen Selbstüberschätzung, die mit dem Richten einhergeht, und stellt fest, daß sich das Richten von Mitmenschen letztlich gegen den Richtenden selbst wendet (Röm 2,1–6.17–24). Der vorliegende, in der Q-Tradition und auch in der Gemeinde des Matthäus praktizierte Grundsatz hat eine Basis in der alttestamentlichen Überzeugung, daß Gott dem Menschen nach seinem Tun vergilt (Spr 24,12; Ps 62,13; vgl. Röm 2,6). Hieraus folgt, daß das Richten in der Gemeinde am Richterspruch Gottes sich bewähren muß.

Das gleiche ist mit dem Spruch vom rechten Maß ausgesagt. Er hat im rabbinischen Schrifttum wörtliche Parallelen[45]. Die Maxime „Maß für Maß"[46] läßt die Möglichkeit offen, verschiedene Maßeinheiten zu wählen. Ob man sich eines engen oder eines weiten Hohlmaßes bedient, ob man großzügig oder engherzig richtet – entsprechend wird Gottes Richterspruch gefällt werden. Solche Kasuistik entstammt weisheitlichem Denken, das ebenfalls die ethische Weisung an der Vergeltungsvorstellung orientiert (vgl. Weish 11,16). Der folgende Spruch vom Splitter und vom Balken wird erläutern, daß die christliche Gemeinde beim Richten und Messen sich vom Gebot der Liebe leiten lassen soll (vgl. 5,7: Den Barmherzigen gilt die Verheißung, daß sie Barmherzigkeit erfahren werden).

---

[44] Gegen J. Wellhausen, Evangelium Matthaei 30. – Auch zur jüdischen Rechtspraxis der Rabbinen und der Qumrangemeinde ist von hier aus keine Brücke zu schlagen; so mit Recht: H. Braun, Radikalismus II 92 Anm. 2. – Vgl. auch die grundsätzliche Anerkennung des Richtens aufgrund des menschlichen Verdienstes sowie auf seiten Gottes in der rabbinischen Literatur: Schab. 127a Bar; Meg. 28a; Bill I 441 f.

[45] Sota 1,7: „Mit dem Maß, mit dem ein Mensch mißt, mißt man (= Gott) ihm."

[46] Vgl. Sota 3,1 u. a. (Bill I 444ff).

3-4 Unter formgeschichtlichem Gesichtspunkt sind die beiden rhetorischen Fragen über den Splitter im Auge des Bruders und den Balken im eigenen Auge als Metaphern zu bezeichnen. Die gemeinte Sache sprengt das Bild. So übertrieben die Aussage auch sein mag, so unvorstellbar ein Balken im eigenen Auge ist, das Gemeinte bedarf keiner weiteren Erklärung: Die Einsicht in die eigene Fehlerhaftigkeit soll zu einem vorsichtigen, liebevollen Umgang mit dem Nächsten führen. In Anwendung der Mahnung von V. 2 ist der Gebrauch des Maßes der Liebe und der Barmherzigkeit gefordert.

Ob die rabbinische Literatur eine ähnliche Überlieferung kannte und diese durch Rabbi Tarphon (um 100 n. Chr.) vorausgesetzt wird oder ob die Rabbinen zu unserem Text polemisch Stellung nahmen, kann hier dahingestellt bleiben[47]. Wie andere Paralleltexte verdeutlichen, ist dem jüdischen Denken diese Regel jedenfalls nicht fremd. Wichtiger ist, daß sie an dieser Stelle als ein Ausspruch Jesu tradiert und der Gemeinde und der Welt zugesprochen wird.

Das Wort ἀδελφός bezieht sich in der synoptischen Tradition im allgemeinen auf den christlichen „Bruder". Jedoch redet der Bergprediger nicht nur seine Jünger, sondern auch das zuhörende Volk an. Auch die universalistische Ethik des Matthäus verbietet es, die Forderung Jesu auf das Verhältnis der Christen untereinander einzugrenzen (vgl. zu 5,24.47). Hier spricht der Erhöhte, dem die Macht über Himmel und Erde verliehen ist. Sein Wort beansprucht über die Grenzen der Kirche hinaus Anerkennung (vgl. 28,16–20). Es fordert, daß brüderliche Liebe das Verhältnis der Menschen untereinander ohne jede Einschränkung beherrsche.

5 Solcher Forderung verschließt sich der „Heuchler". Er lebt in einem Widerspruch (vgl. zu 6,2ff), da er sich vornimmt, den Mitmenschen auf den rechten Weg zu bringen, aber seine eigene Fehlerhaftigkeit nicht ausmerzt. Sein Verhalten ist das des blinden Wegführers, der einen anderen Blinden leiten will, so daß beide zu Fall kommen (Lk 6,39 par Mt 15,14; vgl. Röm 2,19). Demgegenüber fordert Jesus, zuerst die eigenen Fehler zu tilgen und sodann den Versuch zu unternehmen, die des Mitmenschen zu korrigieren. Diese Aussage wird durch das futurische διαβλέψεις („du magst zusehen") eingeleitet, das den Imperativ in V. 5a aufnimmt und deutlich ein retardierendes Moment darstellt. Gemeint ist: Die Anwendung des Maßes der Liebe bedarf der nüchternen Abwägung und Zurückhaltung. Sie setzt voraus, daß man seine Fehler nicht nur eingesteht, sondern auch beseitigt. So entspricht es dem paränetischen Skopus dieses Abschnittes.

---

47 Vgl. b. Arakh. 16a Bar: „Es sollte mich wundern, wenn es in dieser Generation einen gäbe, der Zurechtweisung annähme. Wenn man ihm sagen würde: Nimm den Splitter aus deinem Auge fort, so würde er antworten: Nimm den Balken aus deinen Augen."

Mit einem dreizeiligen drastischen Bildwort wird die Spruchenheit beendet. Das Logion von den Hunden und den Schweinen ist nur im Matthäusevangelium überliefert. Matthäus hat es entweder in seinem Exemplar der Logiensammlung (Q^{Mt}) oder als isolierte Sondertradition vorgefunden. Die Struktur weist eine klare Gliederung auf: Die beiden ersten Zeilen sind parallel aufeinander bezogen (μή... μηδέ: „nicht... auch nicht"). Die letzte Zeile bringt die finale Begründung (μήποτε: „damit nicht"); sie ist chiastisch konstruiert, indem sich der erste Teil auf die Hunde, der zweite auf die Schweine bezieht. – Der ursprüngliche Sinn ist rätselhaft[48]. Jedenfalls wird etwas besonders Wertvolles, Heiliges unreinen Tieren gegenübergestellt. Im alttestamentlich-jüdischen Schrifttum wird das „Heilige" oft mit Opferfleisch identifiziert (z.B. Ex 29,33f; Lev 2,3 LXX). Hierdurch wird das Bild plastischer, ohne doch eine genuin religiöse Aussage erschließen lassen. Vermutlich handelt es sich um eine profane, sprichwörtliche Redewendung mit dem Sinn: Etwas Kostbares soll man nicht dem ausliefern, der es nicht zu würdigen versteht; sonst wird man selbst den Schaden haben. 6

Die profane Bedeutung wird durch zahlreiche Texte aus dem neutestamentlichen Umfeld belegt, die zu den ersten beiden Zeilen nahe Parallelen enthalten. Zu V. 6a: „Man löst Heiliges nicht aus, um es die Hunde fressen zu lassen" (b. Ber. 15a zu Dtn 12,15). – Zu V. 6b: „Die Worte des Weisen an den Toren sind wie Perlen an eine Sau" (Ginza R VII 218,30). – Die Unreinheit von Hunden und Schweinen ist nicht ausschließlich eine jüdische Vorstellung; sie ist z.B. auch Horaz bekannt: „Canis immundus vel amica luto sus" (ep. I 2,26).

Da der ‚Sitz im Leben' und auch der Kontext in der mündlichen oder schriftlichen vormatthäischen Überlieferung unbekannt sind, wird die vorsynoptische Deutung immer umstritten bleiben. Die vorhandenen Auslegungen zeigen eine große Bandbreite. Je nach der eingenommenen Position wird das „Heilige" mit gnostischem Geheimwissen, kirchlicher Lehre oder einer judenchristlichen schriftgelehrten Position identifiziert.

a) Eine gnostisch-esoterische Konzeption läßt das Logion 93 des Thomasevangelium erkennen: „Gebt nicht Heiliges den Hunden, damit es nicht auf den Misthaufen geworfen wird. Werft die Perlen nicht den Säuen hin, damit sie es nicht machen...". Da auch der Kontext (Log 92: Mt 7,7b; Log 94: Mt 7,8c) den Zusammenhang des Matthäusevangeliums voraussetzt, ist diese Überlieferung für die Wirkungsgeschichte, nicht aber für die ursprüngliche Bedeutung von Mt 7,6 auszuwerten. Das Logion enthält die Warnung, gnostische Geheimnisse zu profanieren[49].

[48] Auch Versuche, ein aramäisches Urlogion zu rekonstruieren (vgl. J. Jeremias, Abba 83–87), führen nicht zu überzeugenden Erklärungen; nach G. Schwarz hätte Jesus sein Wort „Legt eure Ringe nicht den Hunden an, und hängt eure Perlen nicht den Schweinen um" ursprünglich an „Jüngerinnen" gerichtet (NT 14, 1972, 24).

[49] Eine kirchliche, auf das Sakrament bezogene Arkandisziplin vertritt unter Berufung

b) Eine kirchenpolitische Interpretation vertritt Hilarius von Poitiers (gest. 367), der die „Hunde“ mit den Heiden, die „Schweine“ mit den Häretikern identifiziert (in Mt VI 1). Nach anderer Auslegung werden die „Hunde“ mit Abtrünnigen, die „Schweine“ mit Unbekehrten gleichgesetzt[50], ohne daß sich Anhaltspunkte erbringen lassen, die solche Deutung für die vormatthäische Überlieferung nahelegen.

c) Kaum weniger unwahrscheinlich ist die Auslegung, die aus dem ersten christlichen Roman, den Pseudoklementinen (2.–4. Jh.), für eine darin verarbeitete judenchristliche Überlieferung zu erschließen ist. Hier stand Mt 7,6 im Zusammenhang der Theorie von den gefälschten Schriftperikopen[51]. Gegenüber der heidenchristlichen Großkirche berief sich die judenchristliche Schriftinterpretation auf unseren Text und grenzte sich hierdurch gegenüber ihren Gegnern ab.

Wenn Matthäus diesen Spruch in den vorliegenden Kontext hineingestellt hat, so besteht auch sachlich eine weite Distanz zum traditionsgeschichtlichen Ausgangspunkt, dem absoluten Verbot Jesu (V. 1). Zum Problem des Richtens übermittelt der Evangelist eine zusätzliche Weisung: Ist auch bei der Kritik am Mitmenschen Zurückhaltung zu üben (V. 2–5), so besagt dies doch nicht, daß der Christ sich eines jeden Urteils enthalten soll. Im Gegenteil, es gibt Situationen, in denen um der Sache willen ein klares Urteil notwendig wird. Es gibt also eine Grenze des Nichtrichtens. Wenn die Wahrheit des Glaubens auf dem Spiel steht, kann es erforderlich werden, ein unmißverständliches Bekenntnis abzulegen und einen deutlichen Trennungsstrich zu ziehen. Die Frage des ‚status confessionis‘ stellt sich bei der Anwendung der Kirchenzucht. Die der Gemeinde verliehene Disziplinargewalt kann sich darin äußern, daß der unbußfertige Sünder ihr zum „Heiden und Zöllner“ wird (18,17). Die Aufhebung der kirchlichen Gemeinschaft kann um des Auftrags Christi willen notwendig werden, angesichts der gemeinsamen Verpflichtung auf das Gesetz des Kyrios. Die gebotene Distanzierung gilt selbstverständlich auch für das Verhältnis gegenüber den Außenstehenden. Solchen Entscheidungen ist nicht auszuweichen, wenn der Glaube gefährdet und die Identität der Gemeinde bedroht ist (V. 6c). Aber sie können in der christlichen Gemeinde nicht vollzogen werden, ohne daß man der absolu-

---

auf Mt 7,6 die Zwölfapostellehre: „Niemand soll essen oder trinken von eurer Eucharistie als allein die auf den Namen des Herrn Getauften; denn auch hierzu hat der Herr gesagt: ‚Nicht sollt ihr das Heilige den Hunden geben‘“ (Did 9,5; vgl. 10,6).

[50] So Hieronymus, Comm. in Mt I zu 7,6 (CChr. SL LXXVII 42); zu den von Hieronymus nicht namentlich genannten Vertretern dieser Auslegung gehörte der kleinasiatische Bischof und Apologet Theophilus von Antiochia (2. Jh.); vgl. ders., Comm. in Evangelia I 45 (CorpAp VIII 285); auch 2Petr 2,22, wo durch Zitierung von Spr 26,11 die vom Glauben Abgefallenen mit Hunden und Schweinen verglichen werden.

[51] Vgl. G. Strecker, Das Judenchristentum in den Pseudoklementinen, TU 70, ^{2}1981, 44f.50.

ten Forderung Jesu eingedenk ist (V. 1) und um das eigene Versagen weiß.

2.5.4 7,7–11 Von der Gebetserhörung

H. Greeven, „Wer unter euch...?“, WuD 3, 1952, 86–101.
R. Piper, Matthew 7,7–11 par Lk 11,9–13: Evidence of Design and Argument in the Collection of Jesus' Sayings, in: Logia – Les Paroles de Jésus, Mem. J. Coppens, hg. v. J. Delobel, Leuven 1982, 411–418.
M. G. Steinhauser, Doppelbildworte 69–79.

[7]Bittet, so wird euch gegeben werden! Sucht, so werdet ihr finden! Klopft an, so wird euch geöffnet werden! [8]Denn jeder, der bittet, empfängt, und wer sucht, der findet, und dem Anklopfenden wird geöffnet werden. [9]Oder welcher Mensch ist unter euch, den sein Sohn um Brot bittet, wird der ihm etwa einen Stein geben? [10]Oder auch (der Sohn) bittet um einen Fisch, wird der ihm etwa eine Schlange geben? [11]Wenn ihr nun, die ihr böse seid, gute Gaben euren Kindern zu geben wißt, um wieviel mehr wird euer Vater, der in den Himmeln ist, denen Gutes geben, die ihn bitten.

Über das Beten handelte schon der Abschnitt 6,5–15. Wenn hier noch einmal zu diesem Thema Stellung genommen ist, so wird deutlich, daß Matthäus – auch wenn er in dem Aufriß der Bergpredigt systematischen Gesichtspunkten folgt – sich eng an seine Vorlagen gebunden fühlt und dem schon in Q zusammenhängenden Abschnitt V. 7–11 seine Selbständigkeit beläßt (vgl. Lk 11,9–13)[52]. Allerdings erscheint dieses Thema nun in einer neuen Perspektive. Anstelle einer Gebetsanweisung, welche die rechte Art zu beten lehrt und an Gegenbeispielen demonstriert, wird hier wiederholt zum Beten aufgerufen und ausdrücklich begründet, daß das Gebet Erhörung finden wird.

Die oft gestellte Frage, wie sich unser Text zum voraufgehenden Abschnitt vom Richten verhält, verliert von hier aus ihr Gewicht. Ist vorausgesetzt, daß eine falsche Art von Selbstkritik, die selbstzerstörerische Einsicht in die eigenen Mängel, zu mißtrauischen Gedanken führt, die ein vertrauensvolles Gebet unmöglich machen[53]? Soll Weisung von Gott erbeten werden, um für das Richten des Bruders gerüstet zu sein, wie dies Jak 1,5 nahezulegen scheint[54]? Oder bestätigt dieser Text, da er unmittelbar vor V. 12 das Hauptstück der Bergpredigt beschließt, die zentrale

---

[52] Die Q-Parallele Lk 11,9–13 ist durch die lukanische Anreihungsformel κἀγώ ὑμῖν λέγω („und ich sage euch“) dem Gleichnis vom bittenden Freund (11,5–8) und darüber hinausgehend dem Vaterunser (11,1–4) angeschlossen (dazu oben 131f). Die ursprüngliche Stellung in Q ist nicht mehr auszumachen.

[53] T. Zahn, KNT 1, 309–311.

[54] E. Schweizer, NTD 2, 110; M. G. Steinhauser, Doppelbildworte 74.

Stellung des Herrengebets[55]? Jedoch wird das Folgende zeigen, daß V. 12 bis auf 5,17–20 zurückgreift und die voraufgehenden paränetischen Teilabschnitte zusammenfaßt, in denen sich jeweils die Forderung der „Gerechtigkeit“ gegenüber den Jüngern konkretisiert. Daher ist auch unser Text als ein paränetisches Lehrstück zu verstehen, das den voraufgehenden Anweisungen nebengeordnet ist. Zur „Gerechtigkeit“ der Nachfolger Jesu gehören beispielsweise nicht nur das rechte Verhältnis zum Besitz (6,19–24), die Überwindung der Sorge (6,25–34), die rechte Art zu richten (7,1–6), sondern auch die Zuversicht, daß das Gebet Erhörung findet.

Die Sprucheinheit zerfällt in zwei Teile. V. 7–8 enthalten einen Doppelspruch zu je drei Zeilen, die symmetrisch aufeinander bezogen sind. Daß die Verben der ersten und zweiten Zeile in V. 8 im Aktiv des Präsens (statt im Futur des Passivs) konstruiert sind, beeinträchtigt zwar den symmetrischen Aufbau, bedeutet jedoch keine sachliche Änderung[56]. Die Einheit V. 9–11 umfaßt zunächst zwei rhetorische Fragen zu je zwei Zeilen, die parallel angeordnet sind. Darauf folgt mit V. 11 eine Schlußfolgerung, die zugleich eine das Ganze begründende Funktion hat.

7-8 In der Form der Weisheitsrede[57] werden die Hörer aufgerufen, zuversichtlich zu beten. Die Häufung der Imperative unterstreicht die Dringlichkeit der Mahnung. Wie der Gottessohn als betend dargestellt wird (11,25; 14,23; 19,13; 26,36ff), so stehen auch seine Jünger als Bittende vor Gott (vgl. 24,20; 26,41). Das jeweils durch konsekutives καί („und sodann“) angeschlossene Futur des Passivs umschreibt die Gewißheit, daß Gott auf die Bitte hin Erhörung schenken wird. Diese Aussagen über die Bitte wie auch über die Erhörung bleiben der weisheitlichen Tradition verhaftet. Anders als im voraufgehenden ist nicht das futurisch-eschatologische Reich (6,10a.33) oder das apokalyptische Endgericht (7,1f) Ziel des Gebets. Die Gabe Gottes ereignet sich vielmehr im Alltag des Menschen (vgl. 6,25ff). So dringlich die Mahnung auch ausgesprochen ist, durch das menschliche Gebet kann kein Zwang ausgeübt werden. Das rechte Gebet steht im Einklang mit der dritten Bitte des Vaterunsers; es unterwirft sich dem Willen des Vaters, dem nicht nur die Erhörung, sondern auch die Erfüllung nach seinem Willen zugetraut wird (6,10b).

9-10 Daß die Gotteskindschaft für das Verhältnis des Menschen zu Gott und

[55] J. Schniewind, NTD 2, 98; W. Grundmann, ThHK 1, 223f; G. Bornkamm, Der Aufbau der Bergpredigt, NTS 24, 1978, 419–432.

[56] Vgl. zum futurischen Gebrauch des Präsens: B.-D.-R. § 323.

[57] Zum weisheitlichen Hintergrund gehört die indirekte Forderung Spr 8,17 („Ich habe lieb, die mich lieben, und die nach mir suchen, werden mich finden“); vgl. darüber hinaus die Weisung des stoischen Philosophen Epiktet: ζήτει καὶ εὑρήσεις = „Suche und du wirst finden“ (I 28,20f; IV 1,51). – Daß mit prophetischem Einfluß zu rechnen ist, wird aus der Formel „Wer unter euch?“ (V. 9) begründet; dazu Jes 43,13; 50,10; Hag 2,3; H. Greeven, „Wer unter euch...?“, bes. 99ff; S. Schulz, Q 63.163. Anders D. Zeller: „Mittel herausfordernder weisheitlicher Disputation“ (Mahnsprüche 84).

für sein Beten grundlegend ist, verdeutlicht der Vergleich mit der Bitte, wie sie im irdischen Vater-Sohn-Verhältnis üblich ist. Die Parallele Lk 11,11f bringt die Beispiele Fisch–Schlange und Ei–Skorpion und betont den schroffen Kontrast zwischen der Bitte und der Gabe, da sowohl Schlange als auch Skorpion für den Menschen schädliche Tiere sind. Matthäus hat demgegenüber den wahrscheinlich ursprünglicheren Gedanken, daß die Gestalt der Gabe dem Erbetenen entspricht, so daß das Brot mit einem Stein oder ein aalartiger Fisch mit einer Schlange verwechselt werden könnte. Beide Beispiele schildern eine Reaktion des Gebenden, wie sie im irdischen Vater-Sohn-Verhältnis normalerweise undenkbar ist; denn es gehört zum anerkannten menschlichen Vaterbild, daß der Sohn seinem Vater eine Bitte in berechtigtem Vertrauen vorträgt. Die beiden rhetorischen Fragen lassen daher als Antwort die Auskunft „Keiner!" erwarten.

Die mit οὖν („nun") eingeleitete Folgerung wendet das Schlußverfahren *a* 11
minori ad maius an: Wenn schon menschliche Eltern die Bitten ihrer Kinder erhören, um wieviel mehr wird der himmlische Vater Erhörung schenken. Die Menschen werden, ähnlich den Pharisäern in 12,34, als πονηροί („böse") gekennzeichnet. Selbstverständlich nicht im Blick auf die Erbsünde als einen sündigen Urzustand des Menschen. Wohl weiß Matthäus, daß der unbekehrte Mensch nicht unabhängig von dem Wort des Gottessohnes zum Heil gelangt, demnach in einem heil-losen Zustand lebt, und auch, daß die Christen nicht im Status der Vollkommenheit existieren, so sehr sie zu vollkommenem Tun aufgerufen sind. Aber diese Vorstellungen führen nicht zur Ausarbeitung eines theologischen Systems. Die Aussage, daß die Menschen böse sind, soll den Abstand zu Gott hervorheben. Denn Gott ist gut (19,17 par) und beweist täglich seine Güte gegenüber bösen und guten Menschen (5,45 par). Deshalb kann von ihm Gutes erbeten und zuversichtlich erhofft werden[58].

2.5.5 7,12 Die Goldene Regel

A. Dihle, Die Goldene Regel, SAW 7, 1962.
Ders., Art. Goldene Regel, RAC XI, 1981, 930–940.
G. Strecker, Compliance – Love of one's Enemy – The Golden Rule, ABR 29, 1981, 38–46.

Matthäus 7	Lukas 6
[12]*Alles nun, was ihr wollt, daß die Menschen euch tun, ebenso sollt auch ihr ihnen tun; denn dies ist das Gesetz und die Propheten.*	[31]*Und wie ihr wollt, daß euch die Menschen tun, tut ihr ihnen in gleicher Weise.*

[58] Statt ἀγαθά („Gutes": Mt 7,11b) liest Lk 11,13b πνεῦμα ἅγιον („heiliger Geist") – zweifellos eine sekundäre Lesart; denn ἀγαθά ist durch Mt V. 11a par für Q belegt.

An zentraler Stelle, als Abschluß des Korpus der Bergpredigt, hat Matthäus die sog. ‚Goldene Regel' eingeordnet. Sie findet sich im Lukasevangelium nach dem Gebot der Feindesliebe und des Verzichtes auf Vergeltung (6,27–30) und vor der Erläuterung des Feindesliebe-Gebotes, die mit der Forderung der Barmherzigkeit zu Ende geführt wird (6,32–36). Vermutlich folgte sie in Q auf das Verbot der Vergeltung (Lk 6,29f par Mt 5,39b–42)[59].

Wird die Goldene Regel sowohl in der Logiensammlung wie auch bei Matthäus und Lukas positiv formuliert, so ist sie im Umfeld des Neuen Testaments im allgemeinen in negativer Fassung bekannt (entsprechend dem deutschen „Was du nicht willst, das man dir tu, das füg' auch keinem andern zu"). Diese wird schon für den Konfuzianismus belegt, wo sie im Zusammenhang mit dem Prinzip der Gegenseitigkeit ausgelegt wurde[60]. Sie ist darüber hinaus im asiatischen und vorderorientalischen Kulturraum nachweisbar. Schon Herodot bezeugt sie für das griechische Schrifttum[61]. In fast sämtlichen Literaturgattungen des griechischen wie auch des römischen Kulturkreises wird sie zitiert. Nicht jedoch findet sie sich in der philosophischen Ethik des frühen Hellenismus. Da sie sich am Mitmenschen zu orientieren und das Vergeltungsprinzip als Kriterium des menschlichen Handelns zu fördern scheint, war sie einer am sittlichen Ideal ausgerichteten Individual- und Gesinnungsethik nicht angemessen. Dies besagt andererseits, daß sie „seit dem 4. Jh. zum integrierenden Bestandteil einer in Gnomen formulierten Vulgärethik gehört"[62]. Das griechisch sprechende Judentum übernahm sie von den Griechen und benutzte sie vorwiegend in der negativen Fassung[63]. Sie ist auch im hebräischsprachigen Judentum gebräuchlich gewesen[64]. Eine wichtige Bedeutung wurde ihr in der rabbinischen Lehre zugesprochen. Von

---

59 Durch den Vergleich Mt/Lk läßt sich die Q-Fassung folgendermaßen rekonstruieren: (καί) καθὼς θέλετε ἵνα ποιῶσιν ὑμῖν οἱ ἄνθρωποι, οὕτως καὶ ὑμεῖς ποιεῖτε αὐτοῖς = „(Und) wie ihr wollt, daß euch die Menschen tun, so sollt auch ihr ihnen tun!"

60 Lun-Yü (Gespräche des Konfuzius) 551–479 v. Chr.: Tzu-kung fragte und sprach: „Gibt es ein Wort, nach dem man sein ganzes Leben handeln kann?" Der Meister sprach: „Ist es nicht die Gegenseitigkeit? Was du nicht wünschst, das man dir tue, das füge auch keinem anderen zu." (Lun-Yü XV 24 nach „Konfuzianische Bildung und Bildwelt", ausgewählt und übertragen von V. Contac, Bibliothek der Alten Welt, Zürich 1964, 25). – Zur Sache: L. J. Philippides, Religionswissenschaftliche Forschungsberichte über die „Goldene Regel", 1933, 48f.

61 Herodot (gest. ca. 425 v. Chr.) III 142; vgl. auch Hom Od V 188f (s. unten Anm. 69).

62 A. Dihle, Goldene Regel 103; s. auch G. B. King, The Negative „Golden Rule", JR 8, 1928, 268–279.

63 Tob 4,15 („Was du haßt, sollst du keinem antun"); Arist. 207; Philo, Hypothetica (Eus., praep. Ev. VII 7,6); Sir 31,15 („Schätze deinen Nächsten nach dir selbst ein, und sei besonnen in allem").

64 Test. Naph. 1,6; Targ. Jerusch. I Lev 19,18.

Rabbi Hillel (um 20 v. Chr.) wird sie als Zusammenfassung der Tora zitiert:

„Einmal kam ein Heide zu Schammai; er sprach zu ihm: Nimm mich als Proselyten auf, unter der Bedingung, daß du mich die ganze Tora lehrst, während ich auf einem Bein stehe. Er stieß ihn mit einem Baumaß fort, das er in der Hand hatte. Er ging zu Hillel; dieser nahm ihn als Proselyten auf. Er sprach zu ihm: Was dir unlieb ist, tue keinem anderen; das ist die ganze Tora und das andere ist Erklärung. Gehe und lerne!" (Schab. 31a).

Kein Zweifel, daß die summierende Funktion eine Parallele zwischen R. Hillels Verständnis und der zusammenfassenden Formel Mt 7,12 herstellt. Allerdings zitiert Matthäus die positive Fassung. Von hier aus scheint sich die Folgerung nahezulegen, daß gegenüber der rabbinischen negativen Goldenen Regel die christliche Überlieferung bewußt die positive Form benutzt habe. Und sachlich scheint sich zu ergeben, daß die negative Formel den Mitmenschen lediglich vor Schädigung bewahren will, während die positive als Aufruf zu tatkräftiger Hilfeleistung gegenüber dem Nächsten zu verstehen sei[65]. Jedoch, schon bei R. Hillel zielt die negative Fassung auf das aktive Tun des Guten; denn die Goldene Regel ist als Summe der Tora nicht nur Zusammenfassung der Verbote, sondern auch der Gebote des Alten Testaments, zumal Hillels Ausspruch über die Goldene Regel hinaus- und auf die Tora als deren „Erklärung" hinführen will[66]. Bezeichnend ist, daß in der nachneutestamentlichen Zeit nicht zwischen negativer und positiver Form unterschieden wird, vielmehr beide Fassungen als christliche ethische Maxime zitiert werden[67]. Schon im Konfuzianismus wurde die negative Goldene Regel im Sinn „für jemanden sein Bestes wollen" bzw. „Gütigkeit gegen andere üben" ausgelegt[68]. In dem um 100 v. Chr. geschriebenen Aristeasbrief wird die negative mit der positiven Form verbunden[69], wie denn auch im Rabbinismus

---

65 So J. Jeremias, Art. Goldene Regel, RGG³ II 1688; G. Schneider, Die Neuheit der christlichen Nächstenliebe, TThZ 82, 1973, 257–275, bes. 275.

66 Mit Recht: C. Burchard, Liebesgebot 52 und Anm. 56; A. Nissen, Gott und der Nächste 399.

67 Vgl. die negative Fassung Did 1,2 neben dem Gebot der Feindesliebe (1,3; auch Apg 15,20.29 v. l.); *promiscue* verwendet werden beide Fassungen Apost. Konst. VII 2,1; auch bei Pseudoklemens; positiv: Hom XVII 35,5; VII 4,3; XI 4,4; negativ: Hom II 6,4; VII 4,4; XIX 19,8; Rec VIII 56,7; im übrigen A. Dihle, Goldene Regel 107f.

68 L. J. Philippides, Forschungsberichte 48.

69 Arist. 207: „... Was ist die Lehre der Weisheit?" Der andere antwortete: „Wie du selbst nichts Schlechtes erleiden, sondern an allem Guten teilhaben willst – wenn du so gegenüber den Untergebenen und den Missetätern handelst, wenn du die anständigen Leute milde zurechtweist; denn auch Gott handelt gegenüber allen Menschen in Milde." – Die Auskunft, der Aristeasbrief biete nur eine „Klugheitsregel" (E. Schweizer, NTD 2, 112), kann die These von der Einzigartigkeit der positiven Fassung in der christlichen

die negative Fassung als Auslegung des Gebotes der Nächstenliebe (Lev 19,18) angeführt wird[70]. Die formale Differenz zwischen beiden Fassungen hat nicht unterschiedliche ethische Konzeptionen zur Folge, sondern bezieht sich auf ein und denselben ethischen Sachverhalt.

Auf den ersten Blick gesehen, spricht die Goldene Regel den Gedanken aus, daß das eigene Tun gegenüber dem Mitmenschen am Verhalten des anderen sich orientieren muß. Von hier aus scheint das Urteil, diese ethische Sentenz reflektiere die „Moral eines naiven Egoismus“[71], berechtigt zu sein. Jedoch gilt dies nur, wenn man den Spruch isoliert betrachtet, ihn ‚in malam partem‘ interpretiert und übersieht, daß nicht real vorhandene Verhaltensweisen oder Gegenleistungen zur Grundlage des eigenen Verhaltens, sondern gewünschte (Wohl-)Taten von seiten der anderen zum Maßstab für das eigene Handeln an den Mitmenschen gemacht werden[72]. Die ideale Forderung an den anderen wird zum Maßstab des eigenen realen Verhaltens. Die ethische Norm der Goldenen Regel übersteigt also sowohl die Reziprozität wie auch die Realität des menschlichen Verhaltens. Denn für ihre Verwirklichung ist kennzeichnend, daß man sich nicht von dem Wollen oder Tun eines anderen bestimmen läßt, sondern sich unter die uneingeschränkte Forderung gestellt weiß, das zu tun, was man sich selbst an Gutem wünscht, und das zu unterlassen, was man selbst an Bösem nicht erleiden möchte.

Der Wertmaßstab, der mit der Goldenen Regel aufgestellt wird, ist demnach von einem *do-ut-des*-Prinzip geschieden. Er ist eher mit dem kategorischen Imperativ eines Immanuel Kant zu vergleichen, wonach der Mensch so handeln soll, „daß die Maxime deines Willens jeder Zeit zugleich als Prinzip einer allgemeinen Gesetzgebung gelten könne“[73]. Freilich geht Kant von einer philosophisch begründeten Idealität des subjektiven Wollens aus und zieht Folgerungen von universal-sittlichem Anspruch. Dagegen setzt die Goldene Regel entsprechend ihrer Verwur-

---

Überlieferung nicht begründen. Vgl. im übrigen auch slav. Hen. 61,1; Hom Od V 188f („sondern ich denk und plane gewiß kein andres, als was ich selbst für mich selber ersönne, wenn mich dergleichen beträfe“ – nach Homer, Odyssee, deutsch von R. A. Schröder, 1948).

[70] Targ. Jerusch. I Lev 19,18; Verbindung zwischen negativer und positiver Fassung auch Aboth R. Nathan 15f: „... Es sei dir die Ehre eines anderen so lieb, wie deine eigene! ... Das lehrt: Wie man an der eigenen Ehre Gefallen hat, so soll man auch an der Ehre eines anderen Gefallen haben; und wie man nicht will, daß üble Nachrede über die eigene Ehre aufkomme, so soll man auch keine üble Nachrede über die Ehre eines anderen ausbringen wollen.“ (Bill I 460).

[71] R. Bultmann, Synoptische Tradition 107.

[72] Zu Recht: H. Schürmann, Lukasevangelium I 351; H. Conzelmann, Grundriß der Theologie 139; H. Merklein, Gottesherrschaft 244f.

[73] Vgl. I. Kant, Kritik der praktischen Vernunft (1788), Gesammelte Schriften V, hg. von der Preußischen Akademie der Wissenschaften, 1908, 30.

zelung in der Vulgärethik nicht einen theoretischen, sondern einen praktisch-ethischen Horizont voraus. Obwohl ein formales Handlungsprinzip, ist sie auf die konkrete Situation ausgerichtet. Je nachdem, welcher sachliche Kontext für sie bestimmend ist, entscheidet sich, auf welchem Niveau und mit welchem Inhalt sie zur Tat wird.

Hat *Jesus* in seiner Verkündigung die Goldene Regel angewendet? Da weisheitliche Elemente zu seiner Botschaft gehören und der prophetische, endzeitlich motivierte Umkehrruf auch in der Form eines Weisheitsspruches oder im Zusammenhang mit einer weisheitlichen Mahnung ausgesprochen werden kann, ist denkbar, wenn auch nicht stringent beweisbar, daß Jesus diesen ethischen Grundsatz lehrte[74]. Hieraus wird deutlich, daß Jesu Ethik der Autonomie des Menschen das heteronome Handlungsprinzip der Gottesherrschaft nicht einfach gegenüberstellt, sondern – wie dies allgemein für die urchristliche Ethik zutrifft – die ethischen Inhalte und Maßstäbe der jüdischen und hellenistischen Umwelt übernimmt und in der Perspektive des nahenden Gottesreiches der Freiheit des Menschen zu ethischem Werten und mitmenschlichem Handeln Raum schafft.

Weniger im Dunkel der Traditionsgeschichte liegt die Überlieferung der *Q-Quelle*. Hier wird die Goldene Regel zum ersten Mal mit den Forderungen der Nachgiebigkeit und der Feindesliebe verbunden. Das Gebot der vorbehaltlosen Liebe bestimmt ihre Anwendung. So ist es Bestandteil der Gemeindeparänese, die durch Beispiele erläutert[75] und als das Wort des irdischen und erhöhten Gottessohnes mit eschatologischer Vollmacht vorgetragen wird. In diesem Zusammenhang ist die Goldene Regel von einem Vergeltungsdenken, das die Leistung auf Gegenseitigkeit zu einem ethischen Prinzip erhebt, ausdrücklich abgehoben (Mt 5,46f par Lk 6,32f). Sie kennzeichnet das ‚Mehr', das die christliche Gemeinde in der Nachfolge Jesu tun muß, will sie der Verheißung gewiß sein.

Grundsätzlich nicht anders hat es *Lukas* verstanden, der die Beziehung zwischen der Goldenen Regel und dem Verzicht auf Vergeltung sowie dem Gebot der Feindesliebe noch stärker betont (6,27–36). Der paränetische Kontext macht wahrscheinlich, daß ποιεῖτε (V. 31b: „tut!") nicht als Indikativ, sondern als Imperativ zu verstehen ist[76]. Das

---

74 So H. Merklein, a.a.O. 244. – Daß ein exakter Beweis für die These, die Goldene Regel sei Bestandteil der Verkündigung des historischen Jesus gewesen, nicht zu erbringen ist, kann exemplarisch verdeutlichen, wie begrenzt die Möglichkeiten sind, geeignete Kriterien für die Erschließung des authentischen Jesusgutes zu ermitteln und mit ihrer Hilfe zu gesicherten Ergebnissen zu gelangen; vgl. auch oben S. 11 („Literaranalytische Voraussetzungen").

75 Mt 5,39b–42 par Lk 6,29f; Mt 5,46f par Lk 6,32–34 (dazu oben S. 87ff).

76 Entgegen der anregenden Vermutung von A. Dihle, Goldene Regel 113f.

lukanische ὁμοίως („in gleicher Weise") ist nicht als sachlicher Unterschied zum ursprünglichen οὕτως („ebenso") aufzufassen.

Besonders eindringend hat *Matthäus* die Goldene Regel interpretiert, indem er sie aus ihrem ursprünglichen literarischen Zusammenhang herauslöst und an den Schluß des Hauptstücks der Bergpredigt stellt. Durch solche zentrale Stellung weist sie auf das Thema der Bergpredigt, die Forderung der Gerechtigkeit, zurück (5,17–20), die hier zusammenfassend und abschließend aufgenommen wird, wie denn im folgenden nur noch Schlußmahnungen und Schlußgleichnisse erscheinen.

Das redaktionelle πάντα οὖν ὅσα ἐάν (wörtlich: „alles nun, was auch immer...")[77] verdeutlicht die summierende Funktion. Die Goldene Regel faßt „alles", was in den Einzelanweisungen im voraufgehenden vorgetragen wurde, zusammen. So entspricht es der matthäischen Tendenz zur Grundsätzlichkeit, die in der Bergpredigt an den kompositionellen Zäsuren zu erkennen ist (außer 5,20 bes. 5,48; 6,1) und für das erste Evangelium oft belegt ist. Vor allem hat die abschließende Formel οὗτος γάρ ἐστιν ὁ νόμος καὶ οἱ προφῆται („denn dies ist das Gesetz und die Propheten"), die aus sprachlichen und sachlichen Gründen auf den Evangelisten zurückgeht (vgl. 22,40 red), die Aufgabe, die Goldene Regel als ein übergreifendes Handlungsprinzip zu kennzeichnen. Ähnlich wie dies in der rabbinischen Überlieferung möglich ist, gibt diese Maxime nach matthäischem Verständnis die Summe des Alten Testaments wieder, das Jesus in der Bergpredigt mit eschatologischem Anspruch auslegt, da er nicht gekommen ist, Gesetz oder Propheten aufzulösen, sondern zu erfüllen (5,17). Als Wiedergabe des alttestamentlichen Gotteswillens ist sie zugleich die zusammenfassende Darstellung der ethischen Weisungen Jesu. Dieser Maßstab für das rechte Verhalten der Nachfolger bringt zur Sprache, was der Kyrios fordert: eine bessere Gerechtigkeit (5,20), Vollkommenheit (5,48), Barmherzigkeit (9,13; 12,7; vgl. Hos 6,6), Feindesliebe als Ausdruck der uneingeschränkten Gottes- und Nächstenliebe (5,44; vgl. 19,19; 22,34–40).

Sind solche Weisungen unter traditions- und religionsgeschichtlichem Aspekt auch verschiedenartig, da Jesu Forderung der Feindesliebe eine Radikalisierung des Gebots der Nächstenliebe und die Goldene Regel ursprünglich eine antike Klugheitsmaxime darstellt, so besteht für Matthäus zwischen dem allen doch eine grundsätzliche Einheit. Für ihn ist die Goldene Regel mit dem Gebot der Agape inhaltlich identisch. Sie gibt der prinzipiellen Forderung der Agape eine praktikable Ausrichtung auf den Mitmenschen in seiner realen Vorfindlichkeit. Andererseits schließt ihre Verbindung mit dem Gebot der Liebe das Mißverständnis aus, christlicher zwischenmenschlicher Umgang sei auf der Basis der Gegenseitigkeit

[77] πάντα ὅσα („alles was") ist 28,20 redaktionell; sonst im Sondergut: 13,46; 18,25; ἐάν („wenn") hat iterative Bedeutung wie 10,11; vgl. B.-D.-R. § 380, 1b.

zu gestalten. Der Zusammenklang der Goldenen Regel mit der Nachgiebigkeitsforderung, mit dem Gebot der Feindesliebe, allgemeiner: mit dem Gebot der Liebe schlechthin, besagt, daß die am Mitmenschen geübte Agape Sinn und Ziel des ethischen Gesetzes des Bergpredigers ist. Dieses aber ist nichts anderes als die Forderung der Gerechtigkeit, die den Grund für die neue Gemeinschaft der Nachfolger Jesu Christi legt.

2.6 7,13–27 Schlußmahnungen und Schlußgleichnisse

2.6.1 7,13–14 Pforte und Weg

A. Denaux, Der Spruch von den zwei Wegen im Rahmen des Epilogs der Bergpredigt (Mt 7,13–14 par. Lk 13,23–24). Tradition und Redaktion, in: Logia – Les Paroles de Jésus, Mem. J. Coppens, hg. v. J. Delobel, Leuven 1982, 305–335.
P. Hoffmann, Πάντες ἐργάται ἀδικίας. Redaktion und Tradition in Lc 13,22–30, ZNW 58, 1967, 188–214.
A. J. Mattill, „The Way of Tribulation", JBL 98, 1979, 531–546.
G. Schwarz, Matthäus VII 13a. Ein Alarmruf angesichts höchster Gefahr, NT 12, 1970, 229–232.
M. G. Steinhauser, Doppelbildworte 148–157.

13 *Geht durch die enge Pforte ein! Denn weit (ist die Pforte) und breit der Weg, der ins Verderben führt, und viele sind es, die auf ihm hineingehen.* 14 *Denn eng ist die Pforte und schmal der Weg, der zum Leben führt, und wenige sind es, die ihn finden.*

Mit diesem Bildwort beginnt Matthäus den abschließenden Abschnitt der Bergpredigt. Es ist daher nicht nur als Fortsetzung von V. 12 zu verstehen, so sehr sich das Bild auf die Forderungen Jesu insgesamt bezieht, die auch in der Goldenen Regel zusammengefaßt werden[1]. Vielmehr weisen V. 13–14 auf die Gleichnisse V. 24–27 voraus und bilden mit diesen den Rahmen des Schlußteils der Bergpredigt. Wie diese artikulieren sie den Entscheidungsruf, der die folgenden Einzelstücke auch inhaltlich bestimmt.

Das Bildwort ist in Q vorgegeben. So läßt es die Parallele Lk 13,23f vermuten, wenngleich der Lukastext als Schulgespräch geformt ist und viele lukanische Eigenheiten aufweist[2]. Dennoch reflektiert die Mahnung,

[1] Dieser Zusammenhang ist in der Zwölfapostellehre angedeutet, wenn die Zwei-Wege-Lehre (Did 1,1) durch das Doppelgebot der Liebe und die Goldene Regel als „Weg des Lebens" interpretiert wird (1,2); vgl. J. P. Audet, La Didaché. Instruction des Apôtres, Paris 1958, 259f. Hierdurch legt der Verfasser der Didache das Matthäusevangeliums aus; seine Interpretation ist für den ursprünglichen Zusammenhang von Mt 7 V. 12 und V. 13 nicht geltend zu machen.

[2] Vgl. dazu J. Jeremias, Sprache 231f. Die griechischen Wörter ἀγωνίζειν („kämpfen"), θύρα („Tür"), ζητεῖν („suchen"), ἰσχύειν („vermögen") sind auf Lukas zurückzuführen. Anders P. Hoffmann, ZNW 58, 1967, 195; H. Merklein, Gottesherrschaft 137. –

durch die enge Tür (θύρα) einzugehen, die Substanz des Wortes, das im großen und ganzen bei Matthäus in der ursprünglichen Fassung vorliegen wird.

Die Struktur des prophetisch-weisheitlichen Entscheidungsrufes ist durchsichtig: Dem einleitenden Aufruf (V. 13a) sind zwei ὅτι(„denn")-Sätze angeschlossen, die parallel konstruiert sind, nämlich jeweils zwei durch καί („und") verbundene Zeilen umfassen. – Umstritten ist die älteste Textgestalt. Nach der Mehrzahl der Handschriften ist zu V. 13b im Anschluß an πλατεῖα („weit") der Ausdruck ἡ πύλη („Pforte") zu lesen. Dies läßt den Parallelismus zwischen V. 13 und V. 14 als makellos erscheinen, könnte aber gerade deswegen eine sekundäre Glättung sein. Die Auslassung von ἡ πύλη wird durch ℵ it und einige Kirchenväter gestützt und hat das Argument der ‚lectio difficilior' für sich. – Eine weitere Variante findet sich in V. 14a, wo einige Handschriften (Min 5,44, lat, Kirchenväter) den Ausdruck ἡ πύλη nicht überliefern; wegen der schwachen Bezeugung handelt es sich um eine sekundäre Lesart. – Ferner schwankt die handschriftliche Überlieferung in V. 14a zwischen der Lesart τί („wie"), die auch durch Nestle[26] favorisiert wird, und einem ὅτι, das durch ℵ B sowie eine breite handschriftliche Basis gestützt und wegen des Parallelismus (vgl. V. 13b) im folgenden vorausgesetzt werden wird. Die Variante τί läßt sich als Schreibfehler erklären.

Nur an dieser Stelle erscheint im Neuen Testament die alttestamentlich-jüdische Zwei-Wege-Lehre[3]. Ihre Wurzeln reichen auf die alttestamentliche Segen-Fluch-Vorstellung zurück. Segen Gottes wird dem verheißen, der auf dem Weg der Gebote Gottes wandelt, Fluch dagegen dem, der von den Geboten abweicht (Dtn 11,26; vgl. 30,15). Beide verhalten sich zueinander wie Leben und Tod (Jer 21,8). Ist der Weisheitsüberlieferung eine Zwei-Wege-Lehre bekannt (vgl. Sir 2,12), so hat vor allem die jüdische Apokalyptik das christliche Verständnis vorbereitet, da schon hier eine paränetische Zielsetzung mit einer apokalyptischen Motivierung verbunden ist[4]. In der christlichen Literatur der nachneutestamentlichen Zeit[5] und in der rabbinischen Tradition[6] ist sie als paränetischer Topos weit verbreitet.

Nach G. D. Kilpatrick (Origins 22f) wäre Mt 7,13f eine Kombination aus Q (Lk) und der vermuteten M-Quelle des matthäischen Sondergutes.

[3] Vgl. W. Michaelis, ThWNT V 53ff; zu griechisch-hellenistischen Vorbildern s. E. Klostermann, HNT 4, 69; kritisch dazu W. Michaelis, a.a.O. 43ff.

[4] Vgl. 4 Esra 7,7f; Apk. Bar. 85,13; äth. Hen. 91,18f; sl. Hen. 30,15; Test. Asser 1,3f: „Zwei Wege hat Gott den Menschen gegeben, zwei Ratschlüsse und zwei Handlungsweisen und zwei Plätze... Zwei Wege, des Guten und des Bösen, gibt er..." – vgl. auch die Segen-Fluch-Vorstellung in der Qumrangemeinde; dazu P. von der Osten-Sacken, Gott und Belial, 1969, 108ff.214ff.

[5] Vgl. Did 1–6. – Im übrigen: W. Rordorf, Un chapitre d'éthique judéo-chrétienne: les deux voies, RSR 60, 1972, 109–128; M. J. Suggs, The Christian Two ways Tradition, Studies in New Testament, FS A. Wikgren, NT.S 33, 1972, 60–74 (bes. 69–73).

[6] Dazu Aboth 2,9; Berakh. 28b; Mekh. Ex. 14,28; S. Dt. 11,26 § 53; O. Böcher, Der johanneische Dualismus im nachbiblischen Judentum, 1965, 79–82.

Die vorsynoptische Tradition greift demnach auf eine bekannte Anschauung zurück, wenn sie die Zwei-Wege-Lehre mit dem Bild von der weiten und engen Pforte verbindet. Die Kombination von prophetischem Entscheidungsruf, weisheitlicher Belehrung und apokalyptischer Motivation hat schon die Verkündigung des historischen Jesus geprägt[7]. – In der *Q-Quelle* hat das Bildwort eine paränetische Aufgabe. Dabei mag offenbleiben, in welchem Verhältnis Pforte und Weg zueinander stehen. Vielleicht liegt die Vorstellung von einer befestigten Stadtanlage zugrunde, wonach die Stadt zunächst durch äußere Tore und sodann durch eine von Wehrmauern eingegrenzte Straße geschützt ist. Möglich ist auch, daß Pforte und Weg einander nebengeordnete Vorstellungen und zwei verschiedene Bilder für die eine Aussage darstellen, daß der Eingang in das Leben beschwerlich, dagegen der Weg ins Verderben leicht zu finden ist. Jedenfalls sind beide Worte nicht allegorisch zu deuten (etwa: Pforte = dogmatische Lehre, Weg = ethische Lebensführung) und waren schon in der Q-Überlieferung Bestandteil der ethischen Ermahnung an die eschatologische Gemeinde. Der Zielpunkt ist der Aufruf, das Risiko des Weges sich vor Augen zu halten und die Weisung des Menschensohn-Weltrichters als verbindlich anzuerkennen. – Eine eschatologisch-paränetische Ausrichtung hat der Spruch auch im *Lukasevangelium*. Hier findet er sich im redaktionellen Kontext einer Gerichtsrede Jesu, die – in den lukanischen Reisebericht mit dem Blickpunkt Jerusalem eingeordnet (13,22) – den „Ersten" in Aussicht stellt, daß sie vergeblich an die Tür klopfen und zu den „Letzten" und Ausgestoßenen gezählt werden (13,25–30). Dagegen werden die Hörer Jesu aufgefordert, darum zu kämpfen, daß sie durch die Tür eingehen können (13,24).

Wenn Lukas aus dem Q-Logion zwar nicht das Wort „Pforte", wohl aber die Vorstellung von der „Tür" übernimmt, so bezieht sich dies auf das Bild einer Eingangstür zu einem Festsaal, in dem das Mahl des Gottesreiches gefeiert werden wird. Demgegenüber schließt sich *Matthäus* der ursprünglichen Q-Überlieferung an, da er mit dem Parallelismus des Bildwortes die beiden Möglichkeiten, menschliches Leben zu begreifen, zur Wahl stellt. Dieser Entscheidungsruf fordert Gemeinde und Welt auf, den Anspruch des Kyrios anzuerkennen. Wird seine Weisung von den πολλοί („viele") nicht anerkannt, so sprechen diese sich ihr Urteil selbst; sie befinden sich auf dem Weg ins Verderben[8]. Demgegenüber ist für die

[7] Daher urteilt H. Braun über unseren Text: ein „echtes Jesuswort..., wenn auch in diesem Wort die spezielle Bekehrungsterminologie fehlt" (Radikalismus II 32 Anm. 10).

[8] Diese futurisch-eschatologische Ansage hat eine johanneische Entsprechung in der präsentisch-eschatologischen Feststellung des Johannesevangeliums, daß der Paraklet als der Geist der Wahrheit die Welt der Sünde überführt und das Gericht verkündigt (Joh 16,8–11). – Nach A. J. Mattill reflektiert der Ausdruck τεθλιμμένη („schmal") in V. 14a endzeitliche θλίψεις („Bedrängnisse"), einschließlich Verfolgungen, welche die Gemeinde auf ihrem Weg in das Gottesreich bedrohen (JBL 98, 1979, 531ff).

ὀλίγοι („wenige") die eschatologisch-ethische Forderung Jesu Bedingung zum Heil; denn sie öffnet den Zugang zum Leben (vgl. 18,8; 19,16.29; 25,26). Dies besagt nichts anderes, als daß ihnen der Eingang ins Reich Gottes (5,20; 19,23f; vgl. 22,12; 23,13), die Teilhabe an der eschatologischen Freude (25,21.23) gewährt werden wird. Die Feststellung, daß nur wenige diesen Weg finden werden (vgl. noch 11,25; 22,14), veranlaßt Matthäus nicht, die Vorsehung Gottes rational zu begreifen[9], auch nicht, das Heil als Geschenk zu verstehen[10], sondern begründet die Dringlichkeit der Mahnung.

2.6.2 7,15–20 Die falschen Propheten

G. Barth, Das Gesetzesverständnis des Evangelisten Matthäus, in: G. Bornkamm u.a., Überlieferung (54–154) 68f.149–154.

O. Böcher, Wölfe in Schafspelzen. Zum religionsgeschichtlichen Hintergrund von Matth. 7,15, ThZ 24, 1968, 405–426.

É. Cothenet, Les prophètes chrétiens dans l'Évangile selon saint Matthieu, in: L'Évangile selon Matthieu, hg. v. M. Didier, BEThL 29, 1972, 281–308.

C. Daniel, „Faux Prophètes": surnom des Esséniens dans le Sermon sur la Montagne, RdQ 7, 1969, 45–79.

D. Hill, False Prophets and Charismatics: Structure and Interpretation in Matthew 7,15–23, Bib. 57, 1976, 327–348.

M. Krämer, Hütet euch vor den falschen Propheten, Bib. 57, 1976, 349–377.

D. Marguerat, Jugement 168–211.

P. S. Minear, False Prophecy and Hypocrisy in the Gospel of Matthew, in: Neues Testament und Kirche, FS R. Schnackenburg, hg. v. J. Gnilka, 1974, 76–93.

H. Schürmann, Die Warnung des Lukas vor der Falschlehre in der „Predigt am Berge" Lk 6,20–49 [1966], in: ders., Traditionsgeschichtliche Untersuchungen zu den synoptischen Evangelien, 1968, 290–309.

E. Schweizer, Matthäus 7,14–23 [1973], in: ders., Matthäus und seine Gemeinde, SBS 71, 1974, 126–131.

J. Zumstein, La condition du croyant dans l'évangile selon Matthieu, OBO 16, 1977, 178–187.

Matthäus 7	Lukas 6
15 *Hütet euch vor den falschen Propheten, die in Schafskleidern zu euch kommen, inwendig aber sind sie räuberische Wölfe.*	
16 *An ihren Früchten sollt ihr sie erkennen. Sammelt man etwa von den Dornen Trauben, oder von den Disteln Feigen?*	

[9] Vgl. dazu 4Esra 8,3: „Viele sind geschaffen, aber wenige sind erwählt."

[10] Gegen E. Schweizer, NTD 2, 118. – Der Ausdruck „Finden" entspricht dem Bild vom „Suchen", wie es hier vorausgesetzt und von Lukas ausdrücklich genannt ist (Lk 13,24; vgl. Mt 7,7f; Epikt I 28,20 [s.o. S. 154 und Anm. 57]); das Wort darf also nicht dogmatisch ausgelegt werden.

[17]*So bringt jeder gute Baum gute Früchte, der faule Baum aber bringt schlechte Früchte.*	
[18]*Ein guter Baum kann keine schlechten Früchte tragen, auch kann ein fauler Baum keine guten Früchte tragen.*	[43]*Denn es gibt keinen guten Baum, der faule Frucht bringt, auch wiederum keinen faulen Baum, der gute Frucht bringt.*
	[44]*Denn jeder Baum wird an seiner Frucht erkannt. Denn weder sammelt man von Dornen Feigen, noch schneidet man von einem Dornenbusch eine Traube.*
	[45]*Der gute Mensch bringt aus dem guten Schatz des Herzens das Gute hervor, und der böse (Mensch) bringt aus dem bösen (Schatz) das Böse hervor. Denn aus dem Überfluß des Herzens redet sein Mund.*
[19]*Ein jeder Baum, der nicht gute Frucht bringt, wird gefällt und ins Feuer geworfen.*	
[20]*Also sollt ihr sie an ihren Früchten erkennen!*	

Wer sich für den schmalen und beschwerlichen Weg entscheidet und das Wort des Gottessohnes als die allein verbindliche Weisung annimmt, ist nicht gesichert. Er muß auf der Hut sein, da viele Gefahren ihn wie die Gemeinde insgesamt bedrängen. Eine solche Bedrohung sind die ψευδοπροφῆται („falsche Propheten"). Ihr Auftreten kann nicht nur den einzelnen Christen, sondern die Gesamtheit der Gemeinde vom rechten Weg abbringen. Sie werden in diesem Abschnitt als eine der möglichen Gefahren in der Geschichte der Kirche exemplarisch genannt, und zugleich wird das Kriterium kenntlich gemacht, das dazu verhilft, die falsche Prophetie zu entlarven, um ihrer Bedrohung zu entgehen.

Die Literarkritik dieses Textes ist besonders kompliziert, wenngleich schon ein erster Vergleich mit der Parallele Lk 6,43–45 lehren kann, daß Matthäus das Thema der falschen Propheten einer älteren Q-Perikope, deren Tradition er auch 12,33–35 benutzt, aufgepfropft, mit teilweise disparatem Material verbunden, jedoch eigenständig in den Mittelpunkt dieses Abschnittes gestellt hat.

Die Q-Parallele Lk 6,43–45 enthält ein Gleichnis, das in eine Bild- und in eine Sachhälfte zerfällt. V. 43–44 bringen drei Bilder (vom guten und schlechten Baum und seiner Frucht; von den Dornen, die keine Feigen tragen, und von dem

Dornbusch, der keine Trauben trägt), V. 45 spricht die Anwendung aus (vom Schatz des guten und des bösen Menschen und ihren Worten). Obwohl die Einzelheiten differieren[11], besteht kein Zweifel, daß Matthäus in der ihm zugänglichen Q-Tradition nicht nur den wesentlichen Teil der Bilder, sondern auch die Anwendung vorgefunden hat. Denn Mt 12,33–35 bezeugt sowohl das Bild vom guten und schlechten Baum und seiner Frucht (V. 33) als auch die Beziehung auf die Worte der Menschen (V. 34) und die Anwendung auf den Schatz des guten und bösen Menschen (V. 35). Auch das Problem des Erkenntnismaßstabs (Lk V. 44a) wird Mt 12,33c überliefert und gehört zur Q-Überlieferung.

Von hier aus lassen sich die folgenden Aussagen als vormatthäisch erkennen: entsprechend Lk V. 44 die Substanz von V. 16a (der Maßstab der Erkenntnis) und V. 16b (das Bild von den Dornen und Disteln); parallel zu Mt 12,33 das positive Bild vom guten und schlechten Baum in V. 17, auch wenn es im gegenwärtigen Kontext als eine „sekundäre Verdoppelung des V. 18" erscheint[12]. Das negative Bild vom guten und bösen Baum in V. 18 wird auch Lk V. 43 tradiert. Vormatthäisch ist schließlich die Verbindung von Baum- und Gerichtsmotiv in V. 19 (vgl. 3,10 par Lk 3,9).

Daraus ergibt sich, daß der Redaktor Matthäus im wesentlichen für die Rahmung der Tradition verantwortlich ist. Die Warnung vor falschen Propheten (V. 15) und die abschließende Mahnung („An ihren Früchten sollt ihr sie erkennen": V. 20) geben dem Stück seine redaktionelle Ausrichtung. Darüber hinaus ist die matthäische Einarbeitung des Gerichtsmotivs (V. 19) für die Auslegung von besonderer Bedeutung.

15 Die aus dem Alten Testament bekannte Vorstellung von falschen Propheten[13] hat Matthäus im Zusammenhang mit der Markusapokalypse vorgefunden. Dort werden die falschen Propheten neben den falschen Messiassen genannt; beide wollen durch Wundertaten auch die Auserwählten verführen (Mk 13,21) und zählen zu den apokalyptischen Zeichen der Gegenwart (Mk 13,5). Matthäus unterscheidet deutlicher als Markus zwischen dem Auftreten der zukünftigen falschen Prophetie der Endzeit (Mt 24,5.11.24) und der Gegenwartssituation seiner Gemeinde. So wird die Voraussage von apokalyptischer Verfolgung (Mk 13,9–12) in der Aussendungsrede vorweggenommen; denn die Kirche seiner Zeit ist von akuter Verfolgung bedroht (Mt 10,17–21; vgl. 5,11f). Daß der Bergprediger in unserem Text die Warnung vor falschen Propheten ausspricht, verdeutlicht die Spannung, in der die Gemeinde des Matthäus steht: Nicht erst in der noch ausstehenden endzeitlichen Zukunft, sondern schon in der Gegenwart, ständig ist sie auf ihrem Weg durch falsche Prophetie bedroht.

---

[11] Dazu S. Schulz, Q 316–318.

[12] S. Schulz, a.a.O. 318.

[13] Vgl. Dtn 13,2–6; Mi 3,5; Jer 23,9ff; E. Oßwald, Falsche Prophetie im Alten Testament, SGV 237, 1962; im Neuen Testament besonders in Spätschriften: 1Joh 4,1; 2Petr 2,1 u.ö.

Der Versuch, die falschen Propheten mit spezifischen Gruppen der damaligen Zeit zu identifizieren, hat zu zahlreichen Vorschlägen geführt. A. Schlatter denkt an „die zelotische Bewegung innerhalb der Judenschaft" zur Zeit des jüdischen Krieges. Diese These geht davon aus, daß „die Trennung zwischen den beiden Religionen" noch nicht vollzogen war[14] – eine unwahrscheinliche Behauptung, wenn man bedenkt, daß die Propheten zur Gemeinde gehören und (so nach 24,5) im Namen Christi auftreten. Außerdem setzt dieser Vorschlag implizit die Matthäuspriorität und die Abfassung dieser Überlieferung während des jüdischen Krieges voraus[15].

Eine größere Wahrscheinlichkeit besteht für die Vermutung, Matthäus polemisiere gegen eine Gruppe von Gegnern, welche die Auflösung des Gesetzes lehrten und als (gnostische) Libertinisten und Antinomisten auch praktizierten[16]. Scheinbar lassen sich für diesen Vorschlag die Texte 5,17, der Zusammenhang von 7,15–20 mit 7,21–23 sowie 24,11f geltend machen. Insbesondere 24,11f scheint eine enge Verbindung zwischen Verführung durch falsche Propheten und der Entstehung von Gesetzlosigkeit und dem „Erkalten der Liebe" nahezulegen und die Gegner als eine antinomistische Bewegung erkennen zu lassen. – Jedoch belegt 24,11f keinen direkten Zusammenhang zwischen falscher Prophetie (V. 11) und der „Zunahme der Ungesetzlichkeit" (V. 12: ἀνομία), sondern nur die Feststellung, daß für die Endzeit verschiedenartige Bedrückungen und Bedrohungen der christlichen Gemeinde erwartet werden, die in diesem Kontext ohne eine inhaltliche Verbindung aufgereiht sind. So sehr auch Unsittlichkeit und Lieblosigkeit neben Verfolgung und dem Auftreten von falschen Propheten zu den apokalyptischen Ereignissen gezählt werden – daß falsche Propheten als Lehrer der Gesetzlosigkeit erscheinen werden, ist nicht direkt gesagt und würde die matthäische Vorstellung von dem ausstehenden Geschehen der Endzeit zu Unrecht einengen. Entsprechend gilt für 5,17, daß eine antinomistische Gruppe nicht im Horizont des Evangelisten steht. Er erwähnt nur eine theoretische Möglichkeit, daß nämlich Jesus gekommen sei, das Gesetz aufzulösen[17]. – Was unseren Text angeht, so illustriert der folgende Abschnitt V. 21–23 nur scheinbar das matthäische Bild von der falschen Prophetie. In Wahrheit bedeutet der generalisierende Einsatz (V. 21: οὐ πᾶς = „nicht jeder") inhaltlich eine neue Aussagerichtung; er wird durch die ebenfalls verallgemeinernde Einführung der

[14] Evangelist Matthäus 512. – Nach D. Hill handelt es sich um „Pharisäer", die von außerhalb die Gemeinde bedrohen, also nicht um ein innergemeindliches Phänomen (Bibl 57, 1976, 342ff).

[15] Daß der Phantasie kaum Grenzen gesetzt sind, wenn man nicht beachtet, daß mit V. 21 das Thema der falschen Prophetie wieder verlassen wird (dazu unten), zeigt R. A. Guelichs Auslegung. Danach seien die falschen Propheten mit nomistischen Judenchristen zu identifizieren, denen mit einem „touch of irony" ἀνομία vorgeworfen wird (vgl. V. 23). Es handle sich um die Judenchristen, die in den Jahren 67–70 aus Jerusalem nach Pella geflohen seien (Sermon 26.402f). Jedoch ist die Pellatradition mit großer Wahrscheinlichkeit eine Legende; vgl. G. Lüdemann, The Successors of Pre-70 Jerusalem Christianity. A Critical Evaluation of the Pella-Tradition, in: E. P. Sanders (Hg.), Jewish and Christian Self-Definition, The Shaping of Christianity in the Second and Third Centuries, London 1980, 161–173.245–255.

[16] So z.B. G. Barth, Überlieferung 68. – Dagegen jedoch A. Sand, Gesetz 100.

[17] Vgl. die parallele Formulierung in 10,34; dazu oben S. 56.

Schlußgleichnisse aufgenommen (V. 24.26: πᾶς = „jeder"). Beide Male sind die Hörer Jesu auf ihr Verhalten angesprochen, also die christliche Gemeinde insgesamt, und es ist nicht nur speziell auf eine bestimmte innerkirchliche Partei Bezug genommen.

Wenn der Bergprediger vor dem Auftreten von falschen Propheten warnt und darin alttestamentliche Überlieferungen aufgreift, so ist er nicht einer bestimmten gegnerischen Gruppe konfrontiert, sondern er zeichnet eine Gefahr, welche der Kirche aller Zeiten droht[18]. Ähnlich warnt der Apostel Paulus in der Abschiedsrede zu Milet die Ältesten, daß aus den Reihen der Gemeinde „reißende Wölfe" auftreten werden, und ruft angesichts solcher Bedrohung zur Wachsamkeit auf. Der Geschichtsschreiber Lukas denkt hierbei nicht an eine spezielle Häresie, sondern legt Paulus bewußt eine Warnung in den Mund, die sich auf die Häresien aller Zeiten anwenden läßt (Apg 20,29f). – Gleiches gilt für Matthäus: Am Schluß der Bergpredigt weitet sich der Blick auf die Zukunft der Kirche. Der Gottessohn als der Herr des Kosmos gibt verpflichtende Weisung „bis an das Ende der Welt" (28,20). Die christliche Gemeinde wird nicht nur von außen durch Verfolgung, sondern auch von innen durch Verführung bedroht werden. Die Gefahr von falscher Lehre und Prophetie wird sie auf dem Weg durch die Geschichte begleiten, ohne daß die konkreten Äußerungen der Pseudopropheten voraussagbar sind und ohne daß ihnen das Moment der Unberechenbarkeit und Unerkennbarkeit von vornherein genommen wäre (vgl. 13,24–30).

Wenn die falschen Propheten wie Wölfe in Schafskleidern sich darstellen, so setzt diese Vorstellung voraus, daß die christliche Gemeinde sich als eine „Herde" versteht[19]. Denn kaum ist die Auskunft wahrscheinlich, die falschen Propheten seien tatsächlich mit Schafsfellgewändern bekleidet, wie aufgrund von Mk 1,6 oft vermutet wird. Der Sinn des Bildes ist vielmehr, daß die Verführer äußerlich nicht von gewöhnlichen Gemeindegliedern zu unterscheiden sind. Um so gefahrbringender ist ihr Auftreten. Als „reißende Wölfe" verheeren und zerstören sie die christliche Gemeinschaft[20].

Auch das Bild von den Dornen, die keine Trauben, und von den

---

[18] Die Bedrohung ist in προσέχετε („Nehmt euch in acht!") ausgesagt; aber auch aus diesem Imperativ (vgl. noch 6,1; 10,17; 16,6ff) oder aus dem folgenden ἔρχονται („sie kommen"), das ebenfalls auf die Zukunft weist, ist nicht abzuleiten, es handle sich um eine aktuelle Auseinandersetzung des Matthäus mit einer bestimmten, antinomistischen Gruppe (zu Marguerat, Jugement 187f).

[19] Vgl. Apg 20,28f; 1Petr 5,2f; Joh 10,1ff. – Zum alttestamentlichen Hintergrund: Ps 77,52; 79,2; 99,3 LXX.

[20] Vgl. auch O. Böcher, wonach die Metapher „Wölfe" die prophetischen Irrlehrer als Menschen charakterisiert, die von dämonischen Mächten besessen sind (ThZ 24, 1968, 424).

Disteln, die keine Feigen hervorbringen[21], hat nach verbreiteter Auffassung die Aufgabe, die Möglichkeit einer Verwechslung zu veranschaulichen. Danach wären ἄκανθα („Dornen") mit wilden Weinstöcken, die keine edlen Trauben tragen, gleichzusetzen, während τρίβολοι („Disteln") mit wilden Feigenbäumen identisch seien[22]. Daher scheint sich der Gedanke anzubieten, daß die Früchte dieser Pflanzen mit echten Weintrauben und mit echten Feigen verwechselt werden können und die Gemeindeglieder angesichts des anziehenden äußeren Auftretens der falschen Propheten über deren wahre Absichten leicht getäuscht werden. Jedoch ist das Begriffspaar „Dornen und Disteln" in der religionsgeschichtlichen Umwelt häufig und eindeutig für das Unkraut des Feldes bezeugt[23], so daß solche Auskunft wenig Wahrscheinlichkeit für sich hat. Vielmehr deutet sich mit diesem Bild eine Aussage über das Wesen der falschen Propheten und über ihre Werke an: Ist ihr Wesen dem des Unkrauts und dem von räuberischen Wölfen vergleichbar, so ist auch von ihren Werken nichts Gutes zu erwarten[24].

So erläutert es der doppelte antithetische Parallelismus vom guten und 17-18
vom bösen Baum, der unvermittelt anschließt. Obwohl οὕτως („so") eine folgernde Anwendung einzuleiten scheint, ist die positive Aussage von den Früchten der Bäume (V. 17) kaum eine ursprüngliche Fortsetzung. Es handelt sich auch nicht um eine Anwendung, sondern um ein weiteres Bild. Das negativ gefaßte Logion (V.18) setzt den Gedankengang von V. 16 besser fort. Dennoch dürfte Matthäus V. 17 an dieser Stelle vorgefunden haben (vgl. 12,33). Im Zusammenhang mit V. 18 enthält der Vers eine Erklärung über das Wesen der Verführer und über das Verhältnis ihres Seins zu ihren Taten. Ist – wie schon die Q-Überlieferung feststellt – es nicht möglich, daß ein guter Baum schlechte und ein böser Baum gute Früchte bringt, so ist die Übereinstimmung von bösem Sein und bösen Taten für die falschen Propheten behauptet. Selbstverständlich ist nicht die kritische Frage zu stellen, ob nicht auch ein guter Baum schlechte Früchte hervorbringen könne und umgekehrt; auch geht es hier nicht um eine grundsätzliche Reflexion über das abstrakte Sein von Menschen bzw. von Irrlehrern[25]. Vielmehr mag schon in der Q-Tradition das angezogene

21 Anders Lk 6,44b: Dornen-Feigen, Dornbusch-Traube, ohne daß die Sachaussage verschiedenartig ist. – Vgl. zur Überlieferungsgeschichte des „Doppelbildwortes" und zur (sekundären) Parallele im Thomasevangelium (Log. 45): M. G. Steinhauser, Doppelbildworte 79–96 (Lit.).

22 Vgl. F. Lundgreen, Pflanzen im Neuen Testament, NKZ 28, 1916, 816.

23 Vgl. schon Gen 3,18; Hos 10,8; im Neuen Testament auch Hebr 6,8; ferner Herm., sim VI, 2,6f u.ö.

24 Die rhetorische Frage in V. 16b setzt also als Antwort voraus: „Nein!"

25 Eine prinzipielle Aussage ist hier ebensowenig zu unterstellen wie etwa zu 7,11 (dazu oben S. 155) oder zu 12,34; gegen A. Schlatter, welcher den Unterschied zwischen dem Menschenverständnis Jesu und der Pharisäer herausarbeiten möchte: Jesus stelle „vor das

Bild polemisch, in Auseinandersetzung mit Gegnern Jesu ausgewertet worden sein (vgl. Mt 12,34). Der Sinn der Argumentation ist, daß aus der behaupteten Identität von Sein und Tat sich das Erkenntniskriterium ableiten läßt: Der böse Mensch kann an seinen bösen Werken erkannt werden (V. 16a.20).

19 Die fast wörtliche Aufnahme des Drohwortes aus der Täuferpredigt (3,10) unterstreicht den Ernst der Situation und der Warnung. Wie ein unfruchtbarer Baum der Vernichtung anheimfällt, so gilt dies auch für die falsche Prophetie. Der Ausdruck πῦϱ („Feuer") weist über das Bild vom Baum hinaus und enthält die Vorstellung von der apokalyptischen Strafe, die denen droht, welche Anstoß nehmen und vom Weg Jesu abweichen (vgl. 13,42.50; 25,41). Sie ist mit dem Verlust des ewigen Lebens identisch (18,8f; 25,40). Selbstverständlich ist auch die Gemeinde mit dieser Warnung angesprochen und indirekt ermahnt, „gute Frucht" zu bringen. Hierdurch wird die Aussage des folgenden Abschnitts vorbereitet (V. 21–23).

20 Durch die folgernde Partikel ἄϱα γε („also nun") wird die Anwendung angeschlossen, die – wie schon in V. 16a angedeutet – den eigentlichen Skopus des Abschnitts darstellt. Die Warnung vor falscher Prophetie ist Aufruf an die Gemeinde, im Gegenüber zur häretischen Bedrohung das angebotene Erkenntniskriterium anzuwenden und auf die „Früchte" zu achten. Das Futur ἐπιγνώσεσθε hat imperativischen Sinn („Ihr sollt erkennen!"). Diese Mahnung nimmt die spätere häresiologische Identifizierung von Irrlehre und Sittenlosigkeit vorweg[26]. Die Zwölfapostel-Lehre erklärt, daß und wie solches Erkenntnismerkmal in den frühchristlichen Gemeinden Syriens praktiziert wurde[27]. So wenig es auch im Einzelfall anwendbar zu sein scheint, es impliziert die zeitlose Aufforderung an die christliche Gemeinde, sich nicht den falschen Propheten gleichzustel-

Wollen und Wirken das Sein, während die pharisäische Freiheitslehre umgekehrt im Wollen den wirklichen Vorgang sah, von dem der Zustand des Menschen abhängig sei" (Evangelist Matthäus 256).

[26] Vgl. Clem. Al., Strom. 44,1–3; E. Osborn, Ethical Patterns 48f; ders., The Beginning of Christian Philosophy, London 1981, 267ff; W. Bauer, Rechtgläubigkeit und Ketzerei im ältesten Christentum, BHTh 10, ²1964, 137ff. – Zur Sache: „An den Werken wird der Künstler erkannt" (sl. Hen. 42,14).

[27] Did 11,8–12: "[8]Aber nicht jeder, der im Geist redet, ist ein Prophet, es sei denn, er habe die Sitten (τϱόπους) des Herrn. Denn an seinen Sitten wird der falsche Prophet und der (wahre) Prophet erkannt werden. [9]Und kein Prophet, der im Geist den Tisch bestellt, ißt von ihm, es sei denn, er ist ein falscher Prophet. [10]Jeder Prophet aber, der die Wahrheit lehrt, ist, wenn er nicht tut, was er lehrt, ein falscher Prophet. [11]Jeder erprobte, wahrhaftige Prophet, der nach dem irdischen Geheimnis der Kirche handelt, aber nicht lehrt, alles zu tun, was er selbst tut, soll von euch nicht gerichtet werden, denn er hat sein Gericht bei Gott; denn ebenso taten auch die alten Propheten. [12]Wer aber im Geist sagt: Gib mir Geld, oder irgend etwas anderes, auf den sollt ihr nicht hören. Wenn er aber sagt, man solle für andere Notleidende geben, dann soll ihn niemand richten."

len, sondern der ethischen Forderung Jesu durch die rechte Tat zu entsprechen[28].

2.6.3 7,21–23 Die Notwendigkeit der Tat

H. D. Betz, Eine Episode im Jüngsten Gericht (Mt 7,21–23), ZThK 78, 1981, 1–30.
G. Schneider, Christusbekenntnis und christliches Handeln. Lk 6,46 und Mt 7,21 im Kontext der Evangelien, in: Die Kirche des Anfangs, FS H. Schürmann, hg. v. R. Schnackenburg u. a., 1978, 9–24.
Vgl. im übrigen *D. Marguerat*, Jugement 192, und oben zu 7,15–20.

Matthäus 7

21 *Nicht jeder, der zu mir sagt: Herr, Herr, wird in das Himmelreich eingehen, sondern wer den Willen meines Vaters tut, der in den Himmeln ist.*

22 *Viele werden zu mir an jenem Tag sprechen: Herr, Herr, haben wir nicht in deinem Namen verkündet und in deinem Namen Dämonen ausgetrieben und in deinem Namen viele Machttaten vollbracht?*

23 *Und sodann werde ich ihnen bekennen: Niemals habe ich euch gekannt! Geht von mir, die ihr Ungesetzlichkeit getan habt!*

Lukas 6

46 *Was aber nennt ihr mich: Herr, Herr, und tut nicht, was ich sage?*

Das Kriterium der rechten Tat ist nicht nur gegenüber der falschen Prophetie anzuwenden, sondern es gilt erst recht für die christliche Gemeinde mit allen ihren Gliedern. Daß der verallgemeinernde Einsatz mit οὐ πᾶς („nicht jeder") im folgenden durch die ebenfalls allgemein ausgerichteten Schlußgleichnisse aufgenommen werden wird (V. 24.26: πᾶς = „jeder"), verdeutlicht, daß nach dem Unterthema „falsche Prophetie" nun die gesamte Gemeinde, ja alle Hörer Jesu angesprochen und Gegenstand der Ermahnung werden.

Die Literarkritik dieses Abschnitts ist wieder nicht ohne Kompliziertheit. V. 21 hat eine Parallele in Lk 6,46, deren Stellung der matthäischen Komposition entspricht. Daß unmittelbar vor den Schlußgleichnissen sowohl in der Feldrede als auch in der Bergpredigt ein Votum zu den Herr-Herr-Sagern abgegeben wird, läßt erkennen, daß schon in Q am Schluß dieser Redekomposition ein Aufruf zur Tat gestanden hat. – Die Sprache des Matthäus hat V. 21 durchgreifend ge-

[28] Zu Recht: D. Marguerat, Jugement 192.

prägt[29]; auch die antithetische Formung (οὐ – ἀλλ' = „nicht – sondern“) ist redaktionell. – Umstritten und letztlich nicht zu klären ist die Frage, ob V. 22–23 in der Q-Quelle auf V. 21 folgten[30]. Ursprünglich wurden sie als ein Spruch isoliert überliefert, wie die Parallele Lk 13,26f wahrscheinlich macht. Der Form und dem Inhalt nach hat Matthäus gegen Lukas Priorität. Während sich Matthäus an die Gemeinde wendet und speziell christliches Charismatikertum im Blick hat, richtet sich bei Lukas die Aussage gegen Juden. Daß Lukas darin die Intention seines Kontextes aufnimmt (13,22–33), spricht für Sekundarität[31]. Lukas hat auch sprachlich den Text stark beeinflußt. Demgegenüber weisen Mt V. 22f einen unmatthäischen Sprachduktus auf[32]. Das Zitat von Ps 6,9 scheint im letzten Teil durch Matthäus der LXX angenähert worden zu sein (τὴν ἀνομίαν = „die Ungesetzlichkeit“); dagegen steht der erste Teil des Zitates in Lk V. 27 der LXX näher. – Ergebnis: Die Verse 22–23 sind im großen und ganzen vormatthäisch. Lukas hat die Zuspitzung auf christliche Charismatiker eliminiert und durch die Anwendung auf jüdische Zeitgenossen Jesu den ursprünglichen Sinn aufgeweicht.

21 Der Stichwortanschluß durch das Verb ποιεῖν („tun“; V. 21.19) betont am Ende der Bergpredigt noch einmal, daß die ethische Tat für das Leben der Christen eine verpflichtende Notwendigkeit darstellt. Der durch V. 21 vorgetragene „Einlaßspruch mit definitorischem Charakter“[33] greift das Thema der Bergpredigt auf (5,20).

Die Bedingungen des Gottesreiches erfüllt nicht, wer sich nur dem Gemeinderuf κύριε κύριε („Herr, Herr!“) anschließt. Diese semitisch geprägte Doppelbenennung reflektiert die Kyrios-Christologie, die auf die aramäische gottesdienstliche Akklamation *maranatha* (1Kor 16,22: „Unser Herr komm!“) zurückführt und in den paulinischen Gemeinden in dem Ruf „Kyrios Jesus!“ (1Kor 12,3) eine Entsprechung hat. Der erste

[29] Hierzu gehören: οὐ πᾶς („nicht jeder“; vgl. 7,24.26), εἰσελεύσεται εἰς τὴν βασιλείαν τῶν οὐρανῶν („wird eingehen in das Reich der Himmel“; vgl. 5,20 red; 18,3 par), τὸ θέλημα τοῦ πατρός μου τοῦ ἐν τοῖς οὐρανοῖς („der Wille meines Vaters in den Himmeln“; 11 mal bei Matthäus); S. Schulz, Q 427f.

[30] So könnte es aus 2Clem 4,5 hervorgehen: Die Aufforderung, die Gebote Jesu zu beobachten (vgl. Mt V. 21), ist mit der Ankündigung verbunden, daß andernfalls die „Täter der Gesetzlosigkeit“ ausgestoßen werden (vgl. Mt V. 23; Bultmann, Synoptische Tradition 122). Allerdings kann dies die vormatthäische Einheit unseres Textes nur dann bestätigen, wenn sichergestellt ist, daß 2Clem das Matthäusevangelium nicht voraussetzt. Jedoch scheint eine Benutzung des ersten Evangeliums direkt oder indirekt (so H. Köster, Synoptische Überlieferung bei den Apostolischen Vätern, TU 65, 1957, 109ff) auch durch 2Clem 4,2 (Bezug auf Mt V. 21 sowie auf den matthäischen Gerechtigkeitsbegriff) nahegelegt zu werden.

[31] Vgl. auch oben zu Mt 7,13f par Lk 13,23f. – Anders S. Schulz, Q 425.

[32] Dies gilt nicht nur für V. 22a und V. 23a, sondern auch für den wesentlichen Teil des übrigen Vokabulars: προφητεύειν („verkündigen“) ist allenfalls 12,13 redaktionell, dort jedoch auf alttestamentliche Prophetie bezogen; traditionell demgegenüber 15,7 par und 26,68 par. – Zu δαιμόνια ἐκβάλλειν („Dämonen austreiben“) vgl. 9,33f (S); 10,8 par; 12,24.27f par. – δυνάμεις ποιεῖν („Machttaten tun“) erscheint nur an dieser Stelle.

[33] W. Trilling, Israel 189.

Evangelist gibt in zahlreichen Belegen zu erkennen, daß der Titel „Kyrios“ eine Bekenntnisaussage enthält[34]. So wird in den apokalyptischen Gleichnissen von dem kommenden κύριος gesprochen, der mit Sicherheit eintreffen wird, auch wenn seine Ankunft sich verzögert (24,42.44; 25,19), und am Gerichtstag unnachsichtig sein Urteil fällen wird (24,46.50). Er ist der „Bräutigam“, den die zu spät Kommenden mit dem Ruf κύριε κύριε vergeblich um Einlaß bitten werden (25,11 par Lk 13,25). Für Matthäus ist bezeichnend, daß die Kyrios-Anrede an den irdischen Jesus ausschließlich durch die Jünger und durch die Leidenden, die Heilung erbitten, erfolgt[35]. Dagegen verwenden die Gegner Jesu den Titel „Lehrer“[36]. Hieraus folgt: Die Herr-Herr-Sager zählen nach matthäischem Verständnis zur christlichen Gemeinde. Gleichgültig, wo sie das Kyrios-Bekenntnis ablegen – im Gottesdienst gegenüber dem Erhöhten, als letzte Generation vor dem Menschensohn-Weltrichter oder als die Jünger gegenüber dem irdischen Jesus als einem Lehrer –, solches Bekennen wird ihnen nichts nützen. Die entscheidende Grundlage der christlichen Existenz ist nicht das Wort, sondern die Tat[37].

Die Tat, die von den Nachfolgern Jesu erwartet wird, ist die Verwirklichung des Gotteswillens (vgl. 12,50; 21,31). Dieser ist durch Jesus autoritativ ausgelegt und verkündigt worden[38]. Die von ihm als dem Herrn der Gemeinde geforderte ethische Haltung ist nicht nur von einer libertinistischen und antinomistischen Lebensweise verschieden, sondern unterscheidet sich auch von dem Auftreten der Pharisäer, wie dieses im ersten Evangelium polemisch gezeichnet wird (vgl. 6,1ff; 23,1ff). Die ethische Lebensführung der Christen orientiert sich nicht an einem welthaften Bereich, auch nicht am Ego des Menschen, sondern sie ist auf den Gott ausgerichtet, der als der Vater Jesu Christi verkündigt wird[39] und durch

---

34 Dies geht für unseren Text auch aus der Parallelität zwischen λέγων (V. 21: „sagend“) und ὁμολογήσω (V. 23: „ich werde bekennen“) hervor (dazu unten).

35 Z.B. Mt 8,2.6.8.21.25; 9,28; 14,28.30 u.ö.

36 Z.B. 12,38; 22,16.24.36; daher findet sich die Rabbi-Anrede auch nur im Mund des Verräters (26,25.46). – Aufschlußreich ist der Wechsel der Anrede in den Worten zur Nachfolge: Der „Schriftgelehrte“ spricht Jesus mit „Lehrer“ an (8,19), dagegen einer von den „Jüngern“ mit „Herr“ (8,21).

37 Daß die Überordnung der menschlichen Tat über das Wort einen jüdischen Hintergrund hat, zeigt Bill I 910f (zu Mt 23,3). – Vgl. für das hellenistische Umfeld: Diogenes Laertius, vitae philosophorum VI 28.

38 Der Zusammenhang zwischen der Zugehörigkeit zu Jesus und dem Tun des Gotteswillens wird auch im Nazaräerevangelium (Fragm. 6) ausgesagt: „Wenn ihr an meiner Brust seid und den Willen meines Vaters im Himmel nicht tut, werde ich euch von meiner Brust stoßen“ (P. Vielhauer, Judenchristliche Evangelien, in: E. Hennecke, W. Schneemelcher, Neutestamentliche Apokryphen I, ³1959, 95); vgl. auch 2Clem 4,5.

39 An dieser Stelle spricht Jesus zum ersten Mal im Matthäusevangelium von Gott als „meinem Vater“; so auch 11,27 par; 20,23; 25,34; 26,29.39.53 red. – Zur Vaterbezeichnung im übrigen oben S. 114f (zu 6,9).

solche Verkündigung den Nachfolgern Jesu Gottessohnschaft ermöglicht (5,9.16; 6,25ff).

22 Die Feststellung, daß „viele" sich im Endgericht vor dem Weltrichter vergeblich auf ihre Gemeindezugehörigkeit berufen werden, erinnert an 7,13, wonach „viele" den breiten Weg zum Verderben einschlagen werden (vgl. Lk 13,24). „An jenem Tag"[40] wird das frühere Wortbekenntnis zu Jesus nicht genügen, und auch nicht, daß man pneumatische Taten im Namen Jesu vollbracht hat. – Daß die urchristlichen Gemeinden Geisterfahrungen hatten, ist breit bezeugt[41], so daß auch für die Kirche des Matthäus anzunehmen ist, daß sie charismatische Äußerungen kannte und praktizierte. Diese beziehen sich als „Prophetie" auf die Wortverkündigung. So kann die verfolgte Gemeinde sich damit trösten, daß sie in der Tradition der alttestamentlichen Propheten steht (5,12). Sie gewährt Propheten gastliche Aufnahme (10,41) und zählt diese neben den Weisen und Schriftgelehrten zu christlichen Amtsträgern (23,34). Das charismatische Bewußtsein tritt auch durch Exorzismen und sonstige Machttaten in Erscheinung. Darin befindet sich die matthäische Gemeinde in Kontinuität zum Auftreten Jesu. Wie Jesus durch den Geist Gottes Dämonen austrieb (12,28; vgl. 4,23; 11,20; 12,15 u.ö.), so werden auch in den urchristlichen Gemeinden Dämonenaustreibungen und wunderbare Taten durch den Geist gewirkt (vgl. von den Jüngern: 10,8; 12,10). Wie Jesus ziehen sie sich aus diesem Grund den Beelzebul-Vorwurf zu (10,25; vgl. 9,34). Solche Machttaten geschehen ἐν τῷ ὀνόματι („im Namen") des Kyrios. Der erhöhte, kommende Herr ist beim Gebetsruf oder auch nur beim Aussprechen seines Namens durch den Geist in seiner Kirche gegenwärtig und machtvoll tätig (18,20; 28,20).

23 Mit dem Wort ὁμολογήσω („ich werde bekennen") nimmt Matthäus das Bekenntnis der „vielen" (V. 21f) antithetisch auf. Am Tage des Endgerichts wird keine Berufung darauf, daß man sich zum Kyrios bekannt hat, vor dem Richterspruch retten. Der Weltrichter wird sich in einem Antibekenntnis von den Herr-Herr-Sagern distanzieren. Er wird ihnen mit der Bannformel, daß er sie „niemals gekannt" habe[42], entgegnen. Wird das anschließende Zitat Ps 6,9 durch den Evangelisten mit dem Begriff „Ungesetzlichkeit" der LXX angenähert, so ist hiermit der Inhalt von V. 21 gegensätzlich aufgenommen worden: Die Gemeinde ist auf das Tun des Willens Gottes verpflichtet; dieser ist das „Gesetz", das von ihr eine

[40] ἐκείνη ἡ ἡμέρα („jener Tag", hebr. יום ההוּ = *jom hahu)* ist im Alten Testament der Tag des Gerichts Jahwes (Jes 2,11.17; vgl. Sach 14,6); auch Mt 24,36; 26,69 par; Röm 2,16; Apg 17,31.

[41] Vgl. etwa für Paulus die glossolalen Erscheinungen in Korinth (1Kor 14), auch das Auftreten von urchristlichen Propheten (Apg 11,27; 13,7; 21,10 u.ö.).

[42] Vgl. Bill I 469.

unbedingte Erfüllung verlangt[43].

Da der Ruf zur Entscheidung den Rahmen dieses Schlußabschnitts ausmacht[44], hat auch dieses Textstück eine paränetische Ausrichtung. Die antithetische Struktur von V. 21 deutet auf eine Mahnung. Der Aufruf zur Tat (V. 22f) wird – wie allgemein die ethische Weisung Jesu – durch den Blick auf das Eschaton motiviert (vgl. V. 19). Schärft die ethische Forderung in der Bergpredigt die Notwendigkeit des Gehorsams gegenüber dem Willen Gottes ein, so wird hier verdeutlicht, worauf sich dieser ausrichtet.

Neu ist in unserem Text, daß die Paränese das charismatische Leben der Gemeinde zum Gegenstand hat. Zweifellos kommt hierbei eine gewisse Zurückhaltung zur Sprache: Pneumatische Machttaten können und sollen für das Leben der Christen nicht konstitutiv sein. So wurde es schon in der Q-Tradition vielleicht gegenüber dem Mißbrauch charismatischer Gaben gesagt. Ein Übermaß von enthusiastischen Phänomenen wird in paulinischer Zeit für Korinth bezeugt. Mk 9,38–41 bringt ein Beispiel, wie das Verhältnis von Gemeindeordnung und Exorzisten gesehen werden kann. Dort dokumentiert sich eine tolerante Position. Da „niemand... eine Machttat in meinem Namen vollbringen und bald darauf böse gegen mich reden können wird“ (V. 39), ist dem Nichtnachfolger zugestanden, Exorzismen im Namen Jesu auszuüben. Matthäus scheint demgegenüber weniger konzessionsbereit zu sein und übergeht diese Markusperikope. Entscheidend für ihn ist, daß der Name Jesu durch Rechttun anerkannt wird. Das Wunder ist unnütz, wenn es in der Haltung der „Ungesetzlichkeit“ getan wird. Der Redaktor des ersten Evangeliums hebt beim Bericht von den Wundertaten Jesu das „Wort“ hervor und münzt die synoptischen Wundergeschichten oftmals in beispielhafte Lehrerzählungen um[45]. Entsprechend wird in unserem Text charismatisches Wirken relativiert und der ethischen Forderung untergeordnet. Die Botschaft des Bergpredigers an die Gemeinde lautet, nicht wunderhaften Erfahrungen zu vertrauen, sondern recht zu handeln!

2.6.4 7,24–27 Schlußgleichnisse: Vom verständigen und vom unverständigen Bauherrn

D. Flusser, Die rabbinischen Gleichnisse und der Gleichniserzähler Jesus I, 1981, 98ff.
J. Jeremias, Die Gleichnisse Jesu, ^{9}1978, 193.
A. Ornella, Les chrétiens seront jugés. Mt 7,21–27, ASeign. 40, 1972, 16–27.

---

[43] Der Begriff ἀνομία ist synonym mit ἁμαρτία, wie H. Räisänen zu Recht feststellt (Paul and the Law 214 Anm. 57).

[44] S.o. zu 7,13f (S. 163).

[45] Vgl. Mt 8,1–9,34: zehn Wundertaten Jesu; dazu H. J. Held, Überlieferung 189ff; G. Strecker, Weg der Gerechtigkeit 175–177.

Matthäus 7

24 *Jeder nun, der diese meine Worte hört und sie tut, wird einem verständigen Mann gleichen, der sein Haus auf den Felsen baute.*

25 *Und der Platzregen fiel, und es kamen die Wasserströme, und es stürmten die Winde und fielen jenes Haus an, und doch fiel es nicht ein; denn es war auf den Felsen gegründet.*

26 *Und ein jeder, der diese meine Worte hört und sie nicht tut, der wird einem unverständigen Mann gleichen,*
der sein Haus auf den Sand baute.

27 *Und der Platzregen fiel, und es kamen die Wasserströme, und es stürmten die Winde und stießen an jenes Haus,*
und es fiel ein, und sein Fall war groß.

Lukas 6

47 *Ein jeder, der zu mir kommt und meine Worte hört und sie tut – anzeigen will ich euch, wem er gleich ist.*

48 *Gleich ist er einem Menschen, der ein Haus baute, der tief ausschachtete und den Grundstein auf den Felsen legte. Als aber eine Überschwemmung kam, brach sich der Wasserstrom an jenem Haus und vermochte es nicht zu erschüttern, weil es gut gebaut war.*

49 *Wer aber (sie) hört und nicht tut, der ist einem Menschen gleich,*
der ein Haus auf die Erde ohne Grundstein baute;
der Wasserstrom brach sich daran,
und sogleich fiel es zusammen, und der Einsturz jenes Hauses war groß.

Wie die Parallele Lk 6,47–49 zeigt, stand das Doppelgleichnis vom verständigen und vom unverständigen Bauherrn schon in der Q-Quelle am Schluß des Redekomplexes. Seine Form als einwandfreier antithetischer Parallelismus setzt einen eindrucksvollen Schlußstein auf das Gebäude der Bergpredigt.

Die literarkritische Analyse ergibt, daß die symmetrische Konstruktion der Matthäus-Fassung bei Lukas weitgehend zerstört worden ist. Lukas verbindet das Gleichnis mit dem voraufgehenden Kontext. V. 47 knüpft mit den Worten ὁ ἐρχόμενος πρός με („wer zu mir kommt") an das Summarium von den Krankenheilungen Jesu an (6,18)[46]. Darüber hinaus erzählt Lukas anschaulicher; er schildert die Ausführung des Hausbaus, insbesondere die Aktivität der Bauherren. Nach Lukas wird das Haus in der Ebene einer Flußlandschaft errichtet (vgl. den Singular ποταμός = „Fluß", „Wasserstrom": V. 48f), dagegen denkt Matthäus offenbar an das Bauen in einer Hanglage, so daß die vom Berg herabschießenden Regenbäche das Haus gefährden können[47]. Sprachliche Beobachtungen lassen erkennen, daß Lukas' Fassung griechischer ist als die Matthäus-Parallele;

[46] Vgl. H. Schürmann, HThK 3, 1969, 38ff.

[47] Die matthäische Vorstellung kann im Unterschied zur lukanischen palästinische Verhältnisse voraussetzen. – Zum Hausbau im antiken Judentum vgl. G. Dalman, Arbeit und Sitte in Palästina VII, 1942, 62ff.

sie dürfte weitgehend auf den dritten Evangelisten selbst zurückgehen. Demgegenüber zählen zu den matthäischen Spracheigenheiten die Beziehung der Einleitung auf den Kontext (οὖν = „nun", τούτους = „diese"), das ‚verbum finitum' ὁμοιωθήσεται (V. 24.26: „er wird gleichen" – gegen Lk V. 47: ὅμοιος = „gleich"), vielleicht auch die konkretere Angabe ἀνήρ („Mann" gegen ἄνθρωπος = „Mensch") und die Identifizierung durch φρόνιμος bzw. μωρός (V. 24.26: „verständig" bzw. „unverständig")[48].

Matthäus betont nicht wie Lukas die Aktivität der Bauherren, sondern das Schicksal der beiden Häuser, die von den Naturelementen bedroht werden, von der βροχή („Wolkenbruch"), von den vom Berg herabströmenden ποταμοί („Regenbäche") und von den ἄνεμοι („Stürme"). Während das auf den Felsen gebaute Haus diesem Ansturm widersteht, stürzt das auf Sand errichtete ein. Daß sein Fall „groß" ist, könnte das Gleichnishafte des Bildes andeuten, ist aber wohl nur eine sprichwörtliche Redensart[49]. Auch im übrigen darf das Gleichnis nicht allegorisiert werden. Der Begriff οἰκία („Haus") ist nicht sinnbildlich für die Gemeinde gebraucht – diese Annahme wird durch das Personalpronomen αὐτοῦ („sein") ausgeschlossen (V. 24). Auch ist nicht daran zu denken, daß die Naturmächte „Versuchungen des Lebens" darstellen sollen[50] oder daß die Sintflutkatastrophe das Vorbild für die Bedrohung durch Wassersnot abgibt[51]. Wie A. Jülicher im einzelnen dargelegt hat, ist der Gleichnisverkündigung Jesu eine Allegorisierung fremd[52]. Der von Matthäus beabsichtigte Skopus ist aus der Gegenüberstellung der beiden Bauherren und ihrer Häuser abzuleiten: Das Doppelgleichnis ist nichts anderes als ein bildhaft ausgeführter Entscheidungsruf.

Der Ruf zur Entscheidung und zur Umkehr ist ein wesentlicher Bestandteil der Sprache des Offenbarers[53]. Er ist in den alttestamentlichen Segen- und Fluch-Sprüchen ebenso vorgegeben wie in der späteren jüdisch-apokalyptischen Zwei-Wege-Lehre[54]. Die rabbinische Literatur weist nahe Parallelen auf. So wird Elischa ben Abuja (um 120 n. Chr.) das folgende Gleichnis zugeschrieben: „Ein Mensch, der viele gute Werke hat und viel Tora gelernt hat, womit läßt sich der vergleichen? Mit einem Menschen, der unten mit Steinen baut und danach mit Ziegeln; auch wenn viele Wasser kommen und an ihren Seiten stehenbleiben, lösen sie

---

48 Vgl. hierzu S. Schulz, Q 312–314.

49 J. Jeremias, Gleichnisse 140 Anm. 1.

50 So E. Klostermann, HNT 1, 71 (Hinweis auf Mt 13,20f).

51 Vgl. J. Jeremias, Gleichnisse 43 Anm. 1; W. Grundmann, ThHK 1, 243.

52 Vgl. A. Jülicher, Gleichnisreden I–II, ^{2}1910 passim.

53 Im indirekten Sinn auch Mt 11,25–30; vgl. zur Sache: H. Schulte, Der Begriff der Offenbarung im Neuen Testament, BevTh 13, 1949, 13ff; M. Dibelius, Formgeschichte^{2} 279–284; H. Becker, Die Reden des Johannesevangeliums und der Stil der gnostischen Offenbarungsrede, FRLANT 68, 1956, 53ff.

54 Dazu oben S. 162 (zu 7,13f).

sie nicht auf von ihrer Stelle weg. Ein Mensch aber, der keine guten Werke hat und Tora lernt, womit läßt sich der vergleichen? Mit einem Menschen, der zuerst mit Ziegeln baut und danach mit Steinen; auch wenn nur geringe Wassermassen kommen, stürzen sie sie alsbald um“[55]. – Auch R. Eleazar ben Azarja (um 100 n.Chr.) sagt: „Der, dessen Wissen sein Tun überragt, wem gleicht er? Einem Baum, dessen Zweige zahlreich und dessen Wurzeln gering sind; wenn der Wind kommt, entwurzelt er ihn und stürzt ihn um. ...Aber der, dessen Tun sein Wissen überragt, wem gleicht der? Einem Baum, dessen Zweige gering und dessen Wurzeln zahlreich sind; selbst wenn alle Winde in der Welt kommen und in ihn hineinwehen, sie rücken ihn nicht von seiner Stelle fort“[56].

Diese rabbinischen Gleichnisse beziehen die Entscheidungssituation auf das Verhältnis des Menschen zu seinem Tun im Gegenüber zum Wissen der Tora. Wie in unserem Text steht also das Verhältnis von Hören und Tun im Zentrum der Gleichnisaussage: Es genügt nicht, die Tora zu studieren und ihre Lehre zu hören, sondern ihre Weisung muß getan werden! In der Überordnung des Tuns über das Hören stimmen Q-Tradition und Matthäus mit der rabbinischen Auffassung überein[57]. Aber Matthäus hat noch deutlicher als die Logienquelle das Hören und Tun nicht auf die Tora, sondern auf die Worte Jesu zurückbezogen[58]. Die Autorität, die das Judentum der Tora zugesteht, nimmt in der Bergpredigt der Gottessohn für sich in Anspruch. Seine Forderung ruft die Hörer zur Entscheidung und stellt sie vor die Wahl, sich wie der kluge oder wie der dumme Bauherr zu verhalten[59]. Der „Verständige“ ist der Mensch, der die durch Jesus geschaffene eschatologische Situation erfaßt und im Tun des Wortes sich aneignet. Der „Unverständige“ ist ein jeder, der sich der eschatologischen Situation verschließt und die Forderung Jesu nicht wahrnimmt. Die im Gleichnis beschriebenen Naturgewalten sind also nicht mit Gefahren zu identifizieren, die den einzelnen Christen auf seinem Lebensweg bedrohen, sondern sie symbolisieren das Urteil im Endgericht. Hier wird sich entscheiden, ob menschliche Exi-

---

[55] Aboth Rabbi Nathan 24 (Bill I 469).

[56] Pirque Aboth III 17.

[57] Nach D. Flusser hätte auch Jesus in 7,24 von den „Worten des Gesetzes“ gesprochen (Gleichnisse 99f), eine Vermutung, die jedoch am Text keinen Anhalt besitzt.

[58] Vgl. das redaktionelle οὖν („nun“) in V. 24, auch das matthäische Demonstrativ τούτους in V. 24 und 26.

[59] Matthäus beabsichtigt keine Parallelisierung unseres Textes mit dem Felsenwort, das sich an Petrus richtet (16,18). Wohl aber ist im Grunde jeder Hörer Jesu dem Petrus gleich, wenn er dem Wort des Bergpredigers Vertrauen schenkt und darauf seine Existenz gründet. Er kann selbst zum „Fels“ der Kirche werden; vgl. zu dieser extensiven Auslegung die ekklesiologische Aufnahme des Wortes über die Schlüsselgewalt (16,19) in 18,18.

stenz auf Sand oder auf Fels gebaut ist[60]. Wer die Forderung des Kyrios verwirklicht, kann getrost diesem Zeitpunkt entgegensehen. Dagegen wird der Unverständige, dessen Hören nicht zur Tat führt, der πτῶσις, dem großen „Fall" ausgeliefert sein. Das Hören der Worte Jesu soll also nicht nur durch ein entsprechendes Tun aufgenommen werden, vielmehr ereignet sich rechtes Hören nur im Tun. Abgewiesen ist hiermit ebensosehr ein unreflektierter Aktionismus wie eine weltflüchtige Frömmigkeit. Blindes Engagement verfehlt ebenso den Gotteswillen wie fruchtloses Theologisieren. Der heilvolle Sinn der Worte des Bergpredigers wird nur durch das Tun seiner Forderung entdeckt.

Stellt Matthäus in seinem Evangelium Jesus als den Kyrios dar, der am Ende der Welt als der Menschensohn zum Gericht erscheinen wird, so auch, daß die Epiphanie des Weltrichters durch sein Auftreten als der Irdische bestimmt sein wird. Das Gerichtsurteil bezieht sich auf die Erfüllung oder Nichterfüllung der Worte des irdischen Gottessohnes. Sind diese Worte in unserem Text Gegenstand der Entscheidungsforderung des Bergpredigers, so auch der weltumspannenden Völkermission seiner Jünger (28,20a). Der Forderung Jesu kommt eine eschatologische und soteriologische Bedeutung zu. Matthäus versucht in seinem Evangelium darzulegen, daß diese Forderung verbindlich ist. Niemand kann sich ihrer Radikalität unter dem Vorwand der Unerfüllbarkeit entziehen, sondern sie ist eine auf Verwirklichung hin angelegte Weisung, die das Ziel vor Augen stellt, das den einzelnen Christen wie die Gemeinde insgesamt auf ihrem Weg durch die Zeit zum unbedingten Dienst der Nachfolge verpflichtet.

2.7 7,28–29 Nachwort

28 *Und es geschah, als Jesus diese Worte beendet hatte, erschrak die Volksmenge über seine Lehre;* 29 *denn er lehrte sie wie jemand, der Vollmacht hat, und nicht wie ihre Schriftgelehrten.*

Durch das feierliche, der LXX-Sprache entlehnte καὶ ἐγένετο („und es geschah") nimmt Matthäus die zu Anfang der Bergpredigt beschriebene Situation wieder auf. Schon in der Q-Quelle stand am Schluß der Rede eine Formel, wie sie ähnlich die Parallele Lk 7,1a bezeugt. Wird hierdurch das Ende der Bergpredigt festgestellt[61], so weist das matthäische Demon-

[60] Gegen Lk 6,47f ist das Futur ὁμοιωθήσεται („er wird gleich sein") bewußt von Matthäus gebraucht, um auf die Künftigkeit des Endereignisses hinzuweisen; vgl. auch 25,1 und andererseits den Aorist ὡμοιώθη („es ist gleich geworden") in 13,24; 18,23; 22,2.

[61] Vgl. das Verb τελεῖν („beenden"), das auch in den matthäischen Abschluß- und Überleitungsformeln 11,1; 13,53; 19,1 und 26,1 erscheint – gegen πληροῦν („erfüllen") in Lk 7,1 und 22,16.

strativpronomen τούτους („diese") auf die Worte des Bergpredigers ausdrücklich zurück[62].

Der erste Evangelist verbindet Q- und Markustradition. Waren in Q die ὄχλοι („Volksmenge") als Hörer der Rede vorausgesetzt (vgl. Lk 7,1a; Mt 5,1), so berichtet auch Markus von der Wirkung der Lehre Jesu (Mk 1,22.27). Die Zuhörer „geraten außer sich" (ἐξεπλήσσοντο), entweder aus Schrecken (so 19,25 par Mk 10,26) oder aus Verwunderung (auch 22,33 par Mk 11,18). Da die Volksmenge allgemein im ersten Evangelium als beifallspendende Begleitung Jesu dargestellt wird[63], ist solche Feststellung zunächst nichts anderes als ein rhetorisches Stilmittel, um die Bedeutsamkeit der Lehre Jesu hervorzuheben. Indem aber die ἐξουσία Jesu als Grund des Erschreckens genannt wird, ist hiermit eine spezifische christologische Aussage verbunden. Diese „Vollmacht" unterscheidet sich von der der Schriftgelehrten. Das Personalpronomen αὐτῶν[64] kennzeichnet eine Distanz. Matthäus trägt das distanzierte Verhältnis seiner Gemeinde mit ihren Schriftgelehrten gegenüber den Rabbinen des Judentums in die Zeit Jesu zurück. Hierdurch wird die Eigenständigkeit der Autorität Jesu hervorgehoben. Anders als die jüdischen Schriftgelehrten formuliert der Gottessohn seine Weisung nicht im Zusammenhang und nicht als Auslegung vorgegebener Lehrmeinungen. Seine Autorität ist die des Herrn der Gemeinde. Sie steht nicht nur über dem Anspruch der jüdischen Schriftgelehrten, sondern auch über der Tora des Mose. Als der mit eschatologischer Vollmacht ausgestattete Kyrios verkündet Jesus den Willen seines Vaters. Seine Forderung hat eine alle anderen Weisungen ausschließende Bedeutung.

---

62 Vgl. oben zu V. 24.26; auch Num 16,31.

63 S.o. zu 5,1 (S. 27).

64 Der Genitiv des Personalpronomens („von ihnen") ist redaktionell gegen Mk 1,22; vgl. auch Mt 4,23; 9,35; 10,17; 12,9; 13,23; ferner 11,1; 23,34 und schon Mk 1,39; 7,9.13.

3 Ausblick

3.1 Wie wir gesehen haben, läßt sich durch Wahrscheinlichkeitsurteile, nicht zuletzt durch das ‚Wachstumskriterium' die älteste Substanz der Bergpredigt als Bestandteil der Verkündigung des historischen Jesus erweisen. Dieser historische Kern ist umfangreicher, als kritische Forschung bisher anzunehmen bereit war, jedoch nicht so umfassend, wie es in der konservativ-fundamentalistischen Auslegung vorausgesetzt wird. Hierzu gehören vor allem die ältesten drei Makarismen, eine Reihe von drei Antithesen, das Vaterunser und sonstiges Spruchgut, das im Verlauf der Überlieferungsgeschichte vielfältige Änderungen erfahren hat, bis es von dem Redaktor Matthäus in seine abschließende Form gebracht wurde.

Die Botschaft Jesu muß im Zusammenhang mit dem in sich disparaten Judentum seiner Zeit interpretiert werden. Hat Jesus doch als Jude in Galiläa und Judäa gelebt und ist er in Jerusalem als der Hauptstadt des Judentums gestorben. Seine Botschaft ist – wie dies noch Markus und Matthäus erkennen lassen – die Verkündigung vom nahenden Gottesreich, die sich mit dem Umkehrruf verbindet: „Kehret um, denn das Gottesreich ist nahegekommen!" (Mt 4,17a) Zwar hatten vor ihm in ähnlicher Weise die alttestamentlichen Propheten und dann auch Johannes der Täufer zur Umkehr gerufen, doch mit seiner Botschaft ist – wie die Antithesen der Bergpredigt zeigen – ein neuer, inhaltlich höchst konkreter Anspruch gegeben. So sagt es schon die erste Antithese. Hier geht Jesus von dem alttestamentlichen Gebot des Dekalogs (Ex 20,15) aus, das er bei seinen Hörern als bekannt und anerkannt voraussetzen kann, um dem ein „Ich aber sage euch" entgegenzusetzen, eine Gegenthese, die die Forderung des Alten Testaments nicht aufheben, sondern in ihrem wahren Gehalt und Anspruch deutlich machen will. Nicht erst wer seinen Bruder tötet, soll dem Gericht verfallen, sondern der, welcher seinem Bruder zürnt (5,21–22a).

Die Interpretation, die Jesus dem fünften Gebot gibt, liegt jenseits der traditionellen jüdischen Auslegungsmöglichkeiten. Der von Jesus für seine Person und seine Lehre erhobene Anspruch ist der einer neuen Toraauslegung, welche die Gültigkeit der Tora so bekräftigt, daß die wahre Radikalität der Dekalogforderung aufgedeckt wird. Damit ist nicht nur eine quantitative, sondern auch eine qualitative Veränderung gegenüber dem traditionellen Verständnis erreicht. Durch die radikale Auslegung des fünften Gebotes, die nicht nur den Mörder, sondern auch den Zürnenden dem Gericht überantwortet, ist eine grundlegende theologische Horizontverschiebung eingetreten.

Dies wird deutlich, wenn man nach dem Gericht fragt, das hier vorausgesetzt ist. Das Gericht, dem ein Mörder nach jüdischer Rechtspraxis überantwortet wird, ist zur Zeit Jesu das Synhedrium, das entsprechend der Tora entweder Verbannung oder die Todesstrafe verhängte[1]. Diese Rechtsinstanz war gewissermaßen weltliches und göttliches Gericht in einem. Jesus denkt nicht an dasselbe richterliche Forum, wenn er den Zürnenden dem Gericht überantwortet sein läßt, sondern an das eschatologische Gericht Gottes. Vor dem Endgericht erweist sich die Gültigkeit seiner Toraauslegung und dient das als Rechtskriterium, was er mit radikalem Ernst verkündigt. Es geht Jesus also nicht um eine ethische Verfeinerung nach humanen Maßstäben, für die jüdische Parallelen aufzuweisen sind, sondern um die Aufdeckung des wahren eschatologischen Rechtsforums und des nichtmenschlichen Gottesrechtes[2].

Auch die folgenden Antithesen, die sachlich eng zusammengehören, können dieses Bild bestätigen. Setzt Jesus den begehrlichen Blick mit dem Vollzug des Ehebruchs gleich (5,27f), so steht eine solche Grundaussage in der Tradition der jüdischen Toraauslegung. In ähnlicher Schärfe formuliert schon die jüdische Weisheitslehre wie auch die rabbinische Überlieferung[3]. Aber auch hier ist eine Akzentverschiebung eingetreten: Im Kontext der Verkündigung Jesu fehlt jegliches Interesse an einer kasuistischen Auslegung des Gebotes. Der rechtliche Maßstab zur Ermittlung von Schuld oder Unschuld in der Toragemeinde ist gänzlich zurückgebogen auf das Verhältnis des einzelnen zu Gott. Was Jesus aufdeckt, ist der innere, geheime Ungehorsam des Herzens, wie Matthäus treffend sagt, mit dem sich der Mensch vor Gott und seinem Gebot zu verbergen sucht. Vor Gott gibt es keine Winkelzüge zur Umgehung des Gehorsams gegenüber dem Gebot. Gefordert ist der ungeteilte Gehorsam des äußeren Tuns und des inneren Strebens. Angesichts dieser Auslegung des Gesetzes durch Jesus wird deutlich, daß hier der Mensch in seiner Zerrissenheit vor Gott offenbar wird, wie sie sich endgültig im eschatologischen Gericht enthüllen wird. In dieser Offenlegung des absoluten Anspruches des Gesetzes begegnet erneut das Proprium der Verkündigung Jesu.

---

[1] Ex 21,12; Lev 24,21; Num 35,16ff; vgl. Bill I 254–275.

[2] Gegen P. Lapide, Bergpredigt – Theorie und Praxis, ZEE 17, 1973, 369–372, bes. 370 (Berufung auf Derech Eretz 10: „Wer das Angesicht seines Nächsten öffentlich beschämt, der ist wie einer, der Blut vergießt"; vgl. Bill I 282).

[3] Vgl. Hiob 31,1; Sir 23,4f; 26,9–11; Ps. Sal. 4,4f; Test. Is. 7,2. – Spr 6,24f; Sir 9,5; Lev. R. 2.

Das absolute Scheidungsverbot Jesu, das den traditionsgeschichtlichen Ursprungsort der dritten Antithese bildet, geht nicht weniger über die rabbinische Toraexegese hinaus (5,31 f). Anerkannten die Rabbiner je nach Schulzugehörigkeit mehr oder weniger legitime Scheidungsgründe, so stellt Jesus dem sein Gebot in unbedingter kompromißloser Radikalität entgegen. Werden von ihm Scheidungsgründe absolut verneint, so läßt sich nicht mehr von einer Toraverschärfung sprechen; es handelt sich vielmehr um eine grundlegende Torakritik bzw. eine Torarevision. Das Alte Testament sieht für die Scheidung ein geregeltes Verfahren vor (Dtn 24,1 ff). Die Auslegung Jesu dagegen stellt die grundsätzliche Unvereinbarkeit des Scheidungsinstituts mit dem sechsten Gebot heraus und verkündet ein neues, radikaleres Gesetz, das die Scheidung verbietet. Mit dem Anspruch des endzeitlichen Propheten bringt Jesus den heiligen Gotteswillen auch gegen den Wortlaut der Tora zu Gehör.

So wird es an der Forderung erkennbar, auch die andere Wange hinzuhalten, die im matthäischen Kontext dem alttestamentlichen Talionsgesetz („Auge um Auge...“) entgegengestellt ist (5,38–42). Schon im Alten Testament findet sich neben dem Vergeltungsprinzip ein Denken, welches das juridische Gerechtigkeitsverständnis aufbricht (vgl. Lev 19,18). In der Verkündigung Jesu ist es auf einen eindeutigen Nenner gebracht: Was künftig der Forderung der Gerechtigkeit genügen wird, ist nicht mehr ableitbar aus einem Rechtsanspruch gegenüber dem Nächsten, sondern realisiert sich im Gegenteil gerade in einem grundsätzlichen Rechtsverzicht. Das alte Sinnbild weltlicher Gerechtigkeit – die Waage der Justitia, die durch Verrechnung von Schuld und Strafe eine sichtbare Gleichheit herzustellen versuchte – wird eben damit ins Unrecht gesetzt.

Aber nicht nur der Weg zum öffentlichen Gericht ist den Hörern des Bergpredigers verwehrt, sondern auch die menschlich naheliegende Verurteilung des Mitmenschen vor dem eigenen, inneren Gerichtshof. Von der Weisung Jesu, eine Tat, die mir persönlich Schaden zufügt, nicht wiederzuvergelten, führt eine direkte Linie zu der Mahnung, auf das Richten gegenüber dem Nächsten Verzicht zu leisten (7,1), bis zu der Aufforderung, den Feind nicht nur zu ignorieren oder zu schonen, sondern ihn zu lieben (5,44). Damit ist der letzte, entscheidende Schritt zu einer radikalen christlichen Ethik getan. Jesus fordert nicht nur ein passives Dulden, sondern eine aktive Haltung der Liebe auch und gerade gegenüber dem Feind. Das Gebot der Feindesliebe ist von solch unzweideutiger Prägnanz und Radikalität, daß es weit über den Raum der Kirche hinaus geradezu zur Abbreviatur christlicher Lehre geworden ist. An diesem Spitzensatz christlicher Ethik sind die Nachfolger des Bergpredigers immer wieder gemessen worden und – wie die Geschichte lehrt – ihres Versagens gegenüber dem Anspruch Jesu überführt worden. Es liegt im Wesen dieser äußersten Forderung Jesu begründet, daß die

Geschichte der Kirche – wie die der Menschheit überhaupt – als eine Geschichte des Sich-Verschließens gegenüber diesem Gebot geschrieben werden kann.

Feindesliebe ist im Sinn Jesu kein Handlungsprinzip, das aus humanrechtlichen oder sozial-kulturellen Verhaltensmustern entwickelt worden wäre. Sie ist, wie das Wort selbst sagt, ein ‚Paradox', ein Gebot nicht von dieser Welt. Sie ist eschatologisches Gottesrecht. Die Verbindlichkeit dieses Gebotes ist dem christlichen Glauben durch die Person Jesu als des erhöhten Herrn seiner Gemeinde verbürgt.

Gewiß ist das Gebot der Feindesliebe im Judentum vorbereitet und verwurzelt. Alttestamentlich-jüdische Weisheitsüberlieferung lehrt: „Wenn deinen Feind hungert, so speise ihn mit Brot. Wenn ihn dürstet, so tränke ihn mit Wasser" (Spr. 25,21). Dieses Zitat, dem andere an die Seite gestellt werden könnten, zeigt, daß schon das Alte Testament die Forderung konkreter Liebensdienste für den Feind in einer Notlage als gebotene Haltung des Frommen kennt. Ein breiter Strom innerhalb des jüdischen Denkens steht dem Gebot der Feindesliebe Jesu nahe. Doch ist es erst durch Jesus zu einer ethischen Forderung geworden, die universal über religiöse und nationale Grenzen hinweg Geltung beansprucht. Das Gebot der Feindesliebe kann als Gipfelpunkt der Gottesforderungen gelten, die Jesus der Tora und ihrer jüdischen Überlieferung entgegengestellt hat. In ihm erscheinen die Wesenszüge seiner Predigt gebündelt. Die Radikalität dieses Anspruchs macht sein Auftreten zu einem analogielosen Ereignis. Im Raum der Religionsgeschichte sind Person und Lehre Jesu ein einzigartiges, aber auch isoliertes Phänomen. David Flusser hat mit Recht darauf hingewiesen, daß zwischen der dem Judentum zugewandten Predigt Jesu und der Überlieferung von dieser Predigt durch die Evangelisten ein erheblicher Unterschied festzustellen ist[4]. Schon der französische Modernist Alfred Loisy erkannte: „Jesus verkündigte das Gottesreich, und es kam die Kirche!"[5]. Zweifellos besteht eine Diskrepanz zwischen dem, was Jesus gesagt und gewollt hat, und dem, was aus seiner Lehre geworden ist.

Als ein Einsamer steht Jesus mit seiner Botschaft aber auch im Judentum seiner Zeit. Sein radikaler Umkehrruf richtet sich zuallererst an jüdische Zuhörer. Sein Ruf zu innerem und äußerem Gehorsam gegenüber den Geboten, zu Rechtsverzicht gegenüber dem Nächsten, zu Liebe gegenüber dem Feind – dies alles schafft Entsetzen und Verwunderung (7,28) und wirkt mehr Unverständnis und Unglauben als Glauben und Gehorsam. In einer Zeit, die das Erlöschen des Geistes als gegeben

[4] Vgl. Sh. Talmon – D. Flusser, Early Christianity and Jewish Territorial Doctrine, in: Christian News from Israel, Ministry of Religious Affairs, Jerusalem XXV/3/19, 1975, 137ff.

[5] A. Loisy, L'Evangile et l'église, Paris 1902, 111.

hinnimmt, tritt Jesus auf als einer, der den Gotteswillen mit pneumatischer Autorität neu definiert. Dabei ist seine Forderung immer auch mit Paraklese, mit eschatologischem Zuspruch verbunden, wie die Makarismen (5,3–12) und das Herrengebet (6,9–13) anzeigen. In seinem Anspruch ist er den alttestamentlichen Propheten vergleichbar, und doch ist er mehr als diese, da er sich als Künder des Gotteswillens unmittelbar vor dem Weltende versteht. An der Frage, ob der Gott des Alten Testaments in diesem Jesus der Offenbarung seines Willens eine neue und letzte, eine unbedingte Gestalt verliehen hat, scheiden sich heute wie damals die Wege der Menschen. Der endzeitliche Prophet von Nazareth ist ein Skandalon – für die jüdischen Zeitgenossen wie auch für die Kirche aller Zeiten.

3.2 Die Bergpredigt des Evangelisten Matthäus ist mit der Botschaft des historischen Jesus nicht gleichzusetzen. Zwischen der Verkündigung Jesu und der Niederschrift der Bergpredigt im Matthäusevangelium liegt das Geschehen von Kreuz und Auferstehung Jesu Christi, das Osterereignis, das den neuen Glauben der christlichen Kirche konstituiert. Dieser Glaube besagt, daß Jesus von Nazareth der von Gott gesandte, jetzt erhöhte Kyrios, Messias, Gottessohn und Weltrichter ist.

Der zeitliche Abstand zwischen dem Osterereignis und der Abfassung des Matthäusevangeliums beträgt mehr als vierzig Jahre. In dieser Zeit bilden sich in Palästina und in den übrigen Provinzen des römischen Reiches die ersten christlichen Gemeinden, die allmählich aus dem Kraftfeld der Synagoge heraustreten. In ihnen entfaltet sich eine rege Sammeltätigkeit und Tradierung der Worte Jesu, allem voran bemüht man sich aber um die Verkündigung und Deutung der Botschaft vom Gekreuzigten und Auferstandenen. Als Ergebnis dieses vielgestaltigen Wachstums- und Interpretationsprozesses ist das Matthäusevangelium als Darstellung einer Geschichte Jesu Christi entstanden.

Für das Verständnis der theologischen Leistung des unbekannten, in jüdisch-christlicher Schriftgelehrsamkeit geschulten Verfassers ist die Bergpredigt bedeutsam. In dieser ersten von insgesamt fünf Redekompositionen seines Werkes interpretiert er die Verkündigung Jesu für eine Gemeinde, welche die Enttäuschung der Naherwartungshoffnung kennt und trotz der Verzögerung der Parusie an dieser Hoffnung festhält, daß nämlich der Gekreuzigte und Auferstandene als der Menschensohn-Weltrichter erscheinen und das Gottesreich sichtbar heraufführen wird. Die Forderungen der Bergpredigt sind aus dieser eschatologischen Zukunft begründet, und doch erhalten sie zugleich ihre Autorität aus dem vergangenheitlichen Auftreten Jesu. Indem sich die Gemeinde die apokalyptische und weisheitliche Lehre Jesu aneignet, erkennt sie den verbindlichen Anspruch ihres Herrn. Sie versteht die Bergpredigt als das verpflichtende Gesetz des kommenden und schon gekommenen Kyrios.

Dabei unterscheiden Matthäus und seine Gemeinde nicht zwischen Indikativ und Imperativ, wie wir dies in der Theologie des Apostels Paulus finden; auch die Differenzierung zwischen Gesetz und Evangelium, wie sie den reformatorischen Bekenntnissen entspricht, ist ihnen unbekannt. Wichtig ist vielmehr, daß der Bergprediger bei aller ihm eigenen Radikalität ein konkretes, ethisches Verhalten fordert. Die Bergpredigt ist für Matthäus zuallererst Mahnung, die sich an die Nachfolger Jesu richtet, und sie ist erst in zweiter Linie, in Verbindung mit dem Umkehrruf, für die nichtchristliche Welt bestimmt. Mit ihr gibt der erhöhte Kyrios Weisung für eine Kirche, die den Problemen der sich dehnenden Zeit ausgesetzt ist. Seine Verkündigung erscheint in der Bergpredigt des Matthäus nicht als ein ausschließlicher Umkehrruf, sondern als ein Angebot von ethischen Forderungen, die in der Goldenen Regel gipfeln (7,12).

Daß diese Forderungen in der Praxis der christlichen Gemeinde verwirklicht werden sollen, zeigt Matthäus beispielhaft am Ehescheidungsverbot Jesu. Untersagt dieses grundsätzlich jede Scheidung und steht es darin in Widerspruch zur alttestamentlichen Tora und zum jüdischen Rechtsleben, so verlangt demgegenüber die Wirklichkeit der christlichen Gemeinde eine Ordnung, welche ihren Problemen gerecht wird. Daher gesteht Matthäus im Einklang mit seiner Gemeinde eine Ausnahme zu, indem er die Klausel „außer im Falle von Unzucht" einfügt (5,32; vgl. 19,9) und so die eheliche Untreue der Frau zu einem legitimen Scheidungsgrund erklärt.

Ähnlich hat der Evangelist die vierte Antithese verändert. Lautete das absolute Schwurverbot Jesu ursprünglich „Ihr sollt überhaupt nicht schwören" und ist dem in vormatthäischer Überlieferung das Gebot zur Wahrhaftigkeit hinzugefügt worden („Euer Ja sei ja und euer Nein sei nein"), so gestaltet Matthäus demgegenüber das Wahrhaftigkeitsgebot zu einer Beteuerungsformel um. Indem er liest: „Eure Rede sei ‚ja, ja', ‚nein, nein', was darüber ist , ist vom Bösen", führt er einen Eidersatz ein, der in seiner Gemeinde anstelle eines Eidschwurs beim Namen Gottes gebraucht werden konnte (5,37).

Dies alles sind Veränderungen und Interpretationen der ursprünglichen Verkündigung Jesu; sie nehmen für sich in Anspruch, den Willen des Erhöhten in einer neuen Situation verbindlich zu formulieren, und müssen auf dem Hintergrund der Botschaft Jesu sich kritisch befragen lassen, ob sie diesem ihren Anspruch gerecht werden. Hier geschieht schon in der Zeit des Neuen Testaments das, was der Kirche aller Zeiten aufgegeben ist: den in der Botschaft Jesu ausgesprochenen Gotteswillen in einer veränderten Situation neu zu begreifen und auszulegen. Matthäus hat dies getan, indem er den radikalen Umkehrruf Jesu als eine ethischverbindliche Forderung interpretiert, und er hat dies verständlich vorgetragen, wenn er mit den Worten „Gerechtigkeit", „Vollkommenheit" und „Liebe" den ethischen Sinn der Bergpredigt zusammenfassend wiedergibt.

Dabei behauptet die Gemeinde des Matthäus nicht von sich, daß ihre Wirklichkeit solchen hohen Forderungen entspreche. Sie nimmt nicht den Zustand der Vollkommenheit oder der vorbehaltlosen Gottes- und Nächstenliebe für sich in Anspruch. Wohl aber weiß sie sich durch das Wort des Bergpredigers in den Dienst genommen. Von ihm läßt sie sich das eschatologische Ziel zusprechen, dem es im Alltag der Welt durch konkrete Taten je neu entgegenzugehen gilt.

3.3. Die gegenwärtige Aktualität und Publizität, die der Bergpredigt in der öffentlichen Diskussion zuteil wird, hat ihre Ursachen zum geringsten im innerkirchlichen Raum, vielmehr sind die Diskussionen um und mit der Bergpredigt durch politische Probleme und Kontroversen neu belebt worden. Es gibt offenbar Zeiten, in denen der Umkehrruf Jesu deutlicher und dringlicher vernommen wird als in anderen, zumal die Probleme, die der Menschheit heute zur Bewältigung aufgegeben sind, ein bislang unbekanntes Ausmaß angenommen haben. Zum ersten Mal in ihrer Geschichte sieht sich die Menschheit nicht nur theoretisch, sondern auch faktisch der Möglichkeit gegenüber, daß das menschliche Leben auf dieser Erde vernichtet werden könnte, und zwar nicht – wie man im Bereich der Religion immer wieder anzunehmen bereit war – durch ein von außen gewirktes, apokalyptisches Endgeschehen, sondern durch einen selbst ausgelösten atomaren Vernichtungsschlag. Angesichts dieser Möglichkeit gewinnt das Stichwort „Feindesliebe" Gewicht im rationalen Überlebenskalkül, auch in der Politik, aus der man es sonst, nicht erst seit Bismarck[6], herausgehalten hat. Es bedarf keiner weitreichenden Phantasie, um feststellen zu können, daß eine atmosphärische und sachliche Ähnlichkeit besteht zwischen dem heutigen Gefühl einer totalen Existenzbedrohung und der endzeitlichen Erwartung einer Weltkatastrophe, die zur Zeit Jesu viele Menschen bedrängte. Es sind existentielle Fragen, auf die heute mit Hilfe der Bergpredigt nach einer Antwort gesucht wird. Der Beitrag eines Neutestamentlers kann hierzu keine endgültigen und umfassenden Entscheidungshilfen beisteuern. Sein Beitrag zur Diskussion kann jedoch dazu verhelfen, durch exegetische Analyse die Textgrundlage besser zu verstehen und hierdurch kritische Kriterien bereitzustellen, die ermöglichen, falsche Interpretationsansätze oder falsch gestellte Auslegungsalternativen zu erkennen und auszuschalten.

Wir müssen davon ausgehen, daß die Frage nach den Kriterien richtiger Auslegung und wahrhaftiger Befolgung der Bergpredigt in einem endgültigen Sinn nicht zu beantworten und dennoch nicht zu suspendie-

[6] Vgl. I. Tödt, Die Feinde lieben. Politik mit dem Gebot Jesu?, EK 14, 1981, 504f. – Zur Sache: K. Griewank, Das Problem des christlichen Staatsmannes bei Bismarck, 1953.

ren ist. Übereinstimmung mit dem ursprünglichen Wortsinn ist ein nur begrenzt gültiges Wahrheitskriterium. Im Einzelfall kann gerade die Abweichung vom wörtlich Gebotenen den Gehorsam im Geist bedeuten, wie man es etwa an Dietrich Bonhoeffers einsamer Entscheidung zum Widerstand im Dritten Reich verwirklicht sieht. Das Wahrheitskriterium für eine angemessene Auslegung der Bergpredigt muß in der Frage liegen, ob es gelingt, die ursprüngliche Botschaft Jesu ohne Verlust des Geistes, in dem sie gesprochen ist, über die Jahrhunderte hinweg in die Gegenwart zu übertragen. Im Rückblick auf diesen Übersetzungsprozeß der Bergpredigt sind Irrwege erkennbar geworden, und es haben sich verschiedenartige Auslegungswege ergeben, die auch heute noch unausgeglichen nebeneinander stehen und zu Kontroversen geführt haben.

Ein Beispiel für einen zurückliegenden Auslegungsstreit ist die Frage nach der Adressatenschaft. Gegenüber der mittelalterlich-scholastischen Auslegung ist heute weitgehend anerkannt: Die Bergpredigt richtet sich nicht nur an eine besondere Gruppe von Christen, die den vollkommenen Gehorsam leisten wollen, sondern sie ergeht an alle Glaubenden. Sie ist unbedingter, allgemeiner Ruf in die Nachfolge! Die Unterscheidung einer zweistufigen Ethik, wie sie sich in der Alten Kirche herausgebildet hatte, ist nunmehr überwunden. Martin Luther hat den Anspruch der Bergpredigt als gleichermaßen verbindlich für alle Christen verstanden, aber zugleich vor der Simplifizierung ihrer Anwendung gewarnt[7]. Seine Problemstellung, wie in einer friedlosen und unerlösten Welt der Christ nicht sein eigenes Leben, sondern das des Nächsten, für den er nach dem Liebesgebot Verantwortung trägt, schützen und bewahren kann, besteht nach wie vor. Luthers Antwort bindet den einzelnen, sofern seine eigene Person berührt ist, an die Bergpredigt, d.h. an Feindesliebe und Rechtsverzicht. In seiner Verantwortung für Dritte aber verweist Luther auch den Christen an weltliche und rationale Mittel der Rechtssicherung und Rechtsdurchsetzung. Das Kriterium dieses Auslegungsweges der doppelten Verantwortung bleibt die unumkehrbare Priorität des Zweckes – nämlich die Erfüllung des Liebesgebotes – über den Einsatz der Mittel. Wo die Priorität des Liebesgebotes nicht mehr im Blick ist, da ist der Umkehrruf Jesu verstummt.

Durch die Analyse der Textschichten der Bergpredigt ist deutlich geworden, daß die urchristliche Gemeindetradition, besonders aber Matthäus, an der Praktikabilität der ethischen Forderungen Jesu elementar

---

[7] Im Rahmen seiner Unterscheidung zwischen Privat- und Weltperson betont Luther unter Berufung auf die Bergpredigt für beide Bereiche die Verantwortung des Christen für Dritte, die – in verschiedenen Formen ausgeübt – im Liebesgebot wurzelt. Vgl. dazu die Wochenpredigt zu Mt 5,38–43 (1530/32), WA 32, 1906, 386–395, v.a. 390, 33; Von weltlicher Obrigkeit (1523), WA 11, 1900, 246–280, besonders 255, 13; 256, 2ff, und die Schrift: Ob Kriegsleute auch in seligem Stand sein können (1526), WA 19, 1897, 616–662, bes. 625.

interessiert ist. Die Korrektur und die Neuinterpretation des Scheidungsverbotes liefern hierfür ein nachdrückliches Beispiel. Man kann an diesem Beispiel erkennen, daß die Praktikabilität der Bergpredigt als ganzer sowie der ethische Anspruch ihrer Weisungen im einzelnen in der Urchristenheit nicht in Zweifel gestanden haben – dasselbe ließe sich auch für die Bergpredigtauslegung in der Alten Kirche nachweisen.

Ein grundlegender Zweifel an der Praktikabilität der Bergpredigt, d.h. an ihrem ethischen Gebotscharakter ist erst nachneutestamentlich. Versteht man die Bergpredigt ausschließlich als Gesetzespredigt Jesu, welche dem Menschen seine unleugbare Sündhaftigkeit vor Augen stellen soll, aus der allein Jesu absoluter Gehorsam und Sühntod Erlösung erwirkt haben, so ist dieser Aspekt schon deshalb von sachkritischer Bedeutung, weil er sich auf den radikalen Umkehrruf Jesu berufen kann, der besonders in den torakritischen Aussagen der Bergpredigt zur Sprache kommt. Gleichzeitig ist jedoch die Verengung auf eine rein rechtfertigungstheologische Auslegung abzuweisen. Im Sinn der matthäischen Bergpredigt besteht keine Alternative zwischen der Dimension des ‚usus elenchticus legis' und der Forderung, in der Nachfolge Jesu entsprechend dem Liebesgebot konkret zu handeln. Diese Erkenntnis ist vielleicht die wichtigste, die von dem Ausleger in die Auseinandersetzung um die Bergpredigt heute eingebracht werden kann. Sie motiviert die Notwendigkeit von christlicher Aktivität nach allgemein einsichtigen, rationalen Maßstäben – in einer durch das Christusereignis versöhnten, aber noch nicht sichtbar erlösten Welt.

Und noch eine weitere Alternative ist abzuweisen, die wiederum erst später, seit dem 19. Jahrhundert die Auslegung der Bergpredigt weithin bestimmt hat. Hier gewann die individualistische Perspektive das Übergewicht. Jetzt galt nicht mehr die konkrete Tat als Erfüllung der besseren Gerechtigkeit, sondern die Gesinnung in der Tiefe des Herzens, wie dies Wilhelm Herrmann oder Adolf von Harnack beispielhaft vertraten. Die historische Bedeutung der Gegenbewegung eines Leo Tolstoi oder eines Leonhard Ragaz besteht demgegenüber darin, die sozialethische Dimension in den Vordergrund gestellt und eine Korrektur der individualethischen Engführung versucht zu haben, und doch stand sie zugleich in Gefahr, einer neuen Einseitigkeit, der Gesetzlichkeit zu verfallen.

Wir haben gesehen, daß schon allein das Themenspektrum der Antithesen die Alternative zwischen einer rein individualethischen und einer rein sozialethischen Interpretation ausschließt, und halten darüber hinaus als negative Ergebnisse fest: keine Zwei-Stufen-Ethik, keine Spezialethik für eine christliche Elite, keine Entgegensetzung von usus elenchticus legis und dem ethischen Gebotscharakter!

Von hier aus ist beides konkret zu bedenken: der radikale, eschatologisch begründete Umkehrruf Jesu und die praktikable, ethisch verbindliche Weisung, wie sie die Bergpredigt im Zusammenhang des Matthäusevangeliums darstellt. Zu einem angemessenen Handeln, zu einer sachgerechten Übertragung des Sinnes der Bergpredigt in die Gegenwart wird es nur dann kommen, wenn der Umkehrruf Jesu in veränderter Situation neu verstanden und konkretisiert wird, als ein Ruf, der hier und jetzt an mich selbst ergeht und meine ganze Person mit Beschlag belegt. Theologisches Reflektieren muß die dialektischen Widersprüche, die sich aus der Konfrontation der Bergpredigt mit der Weltwirklichkeit ergeben, gedanklich erfassen; christliches Handeln muß diese Spannungen wagen und ertragen, weil die Botschaft Jesu beides ist: Mahnung zur Umkehr und Aufruf zur Tat[8].

Zu diesem Weg der Umkehr und des Gehorsams gegenüber dem Liebesgebot, zur Verwirklichung von Agape und Gerechtigkeit auch und gerade gegenüber dem Feind müssen alle Diskussionen, die im Geist der Bergpredigt ausgetragen werden, verhelfen. Sie sollten im Einklang mit dem siebten Makarismus stehen, mit der Forderung, unter den Menschen Frieden zu stiften (5,9). Wenn auch die Bergpredigt ein politisches, juridisch zu deduzierendes Handlungskonzept, durch das Staaten und Völker regiert werden können, nicht an die Hand gibt, so darf daraus doch keine Zurücknahme ihres Anspruchs gefolgert werden. So wie Jesus selbst in seinem Leben und Sterben ein universalgültiges Zeichen setzte, so ist die christliche Gemeinde aufgerufen, sich unter das Wort ihres Herrn zu stellen, den Raum der Kirche in Entsprechung zur Bergpredigt zu gestalten und eine exemplarische Existenz zu verwirklichen, die in die Welt hinauswirkt wie das Licht in die Finsternis (5,16). Dieser Weg zur zeichenhaften Existenz wird dem missionarischen Auftrag des Erhöhten, wie ihn Matthäus am Schluß seines Evangeliums hervorgehoben hat, am besten gerecht werden. Lassen wir uns durch diese Worte an den Auftrag der Christen erinnern: „Gehet hin und machet zu Jüngern alle Völker... und lehret sie halten alles, was ich euch befohlen habe."

---

[8] Vgl. hierzu D. Bonhoeffer: „Menschlich gesehen, gibt es unzählige Möglichkeiten, die Bergpredigt zu verstehen und zu deuten. Jesus kennt nur eine einzige Möglichkeit: einfach hingehen und gehorchen. Nicht deuten, anwenden, sondern tun, gehorchen. So allein ist Jesu Wort gehört. Aber auch wieder nicht vom Tun als von einer idealen Möglichkeit reden, sondern wirklich mit dem Tun anfangen" (Nachfolge 131); ferner die von der Konferenz der Evangelischen Kirchenleitungen in der DDR herausgegebenen „Zehn Artikel über Freiheit und Dienst der Kirche" (Kirchliches Jahrbuch 1963, hg. v. J. Beckmann, 181–186, bes. 181).

Literatur

Logienquelle

E. Bammel, Das Ende von Q, in: Verborum Veritas, FS G. Stählin, hg. v. O. Böcher und K. Haacker, 1970, 39–50.

J. P. Brown, The Form of ‚Q' Known to Matthew, NTS 8, 1961/62, 27–42.

R. A. Edwards, A Theology of Q, Philadelphia 1976.

P. Hoffmann, Die Anfänge der Theologie in der Logienquelle, in: Gestalt und Anspruch des Neuen Testaments, hg. v. J. Schreiner und G. Dautzenberg, 1969, 134–152.

Ders., Die Jesusverkündigung in der Logienquelle, in: W. Pesch (Hg.), Jesus in den Evangelien, SBS 45, 1970, 50–70.

Ders., Studien zur Theologie der Logienquelle, NTA NF 8, 1972.

D. Lührmann, Die Redaktion der Logienquelle, WMANT 33, 1969.

A. Polag, Die Christologie der Logienquelle, WMANT 45, 1977.

Ders., Fragmenta Q, ^{2}1982.

J. M. Robinson, ΛΟΓΟΙ ΣΟΦΩΝ. Zur Gattung der Spruchquelle Q, in: Zeit und Geschichte, FS R. Bultmann, 1964, 77–96.

H. Schürmann, Traditionsgeschichtliche Untersuchungen zu den synoptischen Evangelien, 1968, 39–159.

S. Schulz, Q – Die Spruchquelle der Evangelisten, 1972.

O. H. Steck, Israel und das gewaltsame Geschick der Propheten, WMANT 23, 1967, 286ff.

V. Taylor, The Original Order of Q, in: New Testament Essays, FS T. W. Manson, hg. v. A. J. B. Higgins, Manchester 1959, 246–269.

Kommentare zum Matthäusevangelium

W. F. Albright, C. S. Mann, Matthew, AnB 26, ^{2}1973.

W. C. Allen, A Critical and Exegetical Commentary on the Gospel According to S. Matthew, ICC, ^{3}1912 (Nachdr. 1951).

F. C. Beare, The Gospel according to Matthew, Oxford 1981.

J. C. Fenton, The Gospel of St Matthew, Harmondsworth ^{5}1973.

P. Gaechter, Das Matthäusevangelium, 1963.

W. Grundmann, Das Evangelium nach Matthäus, ThHK 1, ^{4}1975.

E. Klostermann, Das Matthäusevangelium, HNT 4, ^{4}1971.

M. J. Lagrange, Evangile selon Saint Matthieu, Paris 1941.

E. Lohmeyer, Das Evangelium des Matthäus, KEK Sonderband, ^{4}1967.

A. Schlatter, Der Evangelist Matthäus, ^{4}1957.

J. Schniewind, Das Evangelium nach Matthäus, NTD 2, ^{12}1968.

E. Schweizer, Das Evangelium nach Matthäus, NTD 2, ^{15}1981.
J. F. Walvoord, Matthew – Thy Kingdom Come, Chicago ^{4}1980.
J. Wellhausen, Das Evangelium Matthaei, 1904.
T. Zahn, Das Evangelium des Matthäus, KNT 1, 1903.

Untersuchungen

R. Banks, Jesus and the Law in the Synoptic Tradition, MSSNTS 28, 1975.
K. Berger, Die Gesetzesauslegung Jesu I, WMANT 40, 1972.
M. E. Boring, Sayings of the Risen Jesus, MSSNTS 46, 1982.
G. Bornkamm, G. Barth, H. J. Held, Überlieferung und Auslegung im Matthäusevangelium, WMANT 1, ^{7}1975.
H. Braun, Spätjüdisch-häretischer und frühchristlicher Radikalismus I–II, BHTh 24, 1.2, ^{2}1969.
R. Bultmann, Die Geschichte der synoptischen Tradition, FRLANT 29, ^{9}1979 (mit ErgH. ^{5}1979).
M. Dibelius, Die Formgeschichte des Evangeliums, ^{3}1959.
M. Didier (Hg.), L'évangile selon Matthieu, BEThL 29, 1972.
H. Frankemölle, Jahwebund und Kirche Christi, NTA NF 10, 1974.
H. Hübner, Das Gesetz in der synoptischen Tradition, 1973.
R. Hummel, Die Auseinandersetzung zwischen Kirche und Judentum im Matthäusevangelium, BEvTh 33, 1963.
J. Jeremias, Abba. Studien zur neutestamentlichen Theologie und Zeitgeschichte, 1966.
Ders., Die Gleichnisse Jesu, ^{9}1977.
Ders., Neutestamentliche Theologie I, ^{2}1973.
Ders., Die Sprache des Lukasevangeliums, KEK Sonderband, 1980 .
G. D. Kilpatrick, The Origins of the Gospel According to St. Matthew, Oxford ^{2}1950.
J. D. Kingsbury, Matthew: Structure, Christology, Kingdom, Philadelphia 1975.
G. Künzel, Studien zum Gemeindeverständnis des Matthäusevangeliums, CThM 10, 1978.
J. Lange (Hg.), Das Matthäus-Evangelium, WdF 525, 1980.
D. Marguerat, Le jugement dans l'évangile de Matthieu, Genève 1981.
O. Merk, E. Würthwein, Verantwortung, 1982.
H. Merklein, Die Gottesherrschaft als Handlungsprinzip, fzb 34, 1978.
M. Pamment, The Kingdom of Heaven According to the First Gospel, NTS 27, 1981, 211–232.
H. Räisänen, Paul and the Law, WUNT 29, 1983.
W. Rothfuchs, Die Erfüllungszitate des Matthäusevangeliums, BWANT 88, 1969.
A. Sand, Das Gesetz und die Propheten, BU 11, 1974.
W. Schrage, Ethik des Neuen Testaments, GNT 4, 1982.
S. Schulz, Die Stunde der Botschaft, 1967.
E. Schweizer, Matthäus und seine Gemeinde, SBS 71, 1974.
M. G. Steinhauser, Doppelbildworte in den synoptischen Evangelien, fzb 44, 1981.

K. Stendahl, The School of St. Matthew and its Use of the Old Testament, Philadelphia ²1969.
G. Strecker, Das Geschichtsverständnis des Matthäus (1966), in: ders., Eschaton und Historie, 1979, 90–107.
Ders., Glauben und Handeln in der Theologie des Matthäus, in: ders., Handlungsorientierter Glaube, 1972, 36–45.
Ders., Der Weg der Gerechtigkeit. Untersuchung zur Theologie des Matthäus, FRLANT 82, ³1971.
S. van Tilborg, The Jewish Leaders in Matthew, Nijmwegen 1972.
W. Trilling, Das wahre Israel, StANT 10, ³1964.
R. Walker, Die Heilsgeschichte im ersten Evangelium, FRLANT 91, 1967.
D. Zeller, Die weisheitlichen Mahnsprüche bei den Synoptikern, fzb 17, 1977.

Bergpredigt

E. Arnold, Salz und Licht. Über die Bergpredigt, 1982.
T. Aukrust, Art. Bergpredigt II. Ethisch, TRE V, 1980, 618–626.
G. Barth, Art. Bergpredigt I. Im Neuen Testament, TRE V, 1980, 603–618 (Lit.).
U. Berner, Die Bergpredigt. Rezeption und Auslegung im 20. Jahrhundert, GTA 12, ²1983 (Lit.).
H. D. Betz, The Sermon on the Mount: Its Literary Genre and Function, JR 59, 1979, 285–297.
K. Beyschlag, Zur Geschichte der Bergpredigt in der Alten Kirche, ZThK 74, 1977, 291–322.
D. Bonhoeffer, Nachfolge, ¹⁰1971.
G. Bornkamm u. a., Art. Bergpredigt I–III, RGG I, ³1957, 1047–1054.
Ders., Der Aufbau der Bergpredigt, NTS 24, 1978, 419–432.
W. Brinkel u. a., Christen im Streit um den Frieden, hg. v. Aktion Sühnezeichen Friedensdienste e. V., 1982.
C. Burchard, Versuch, das Thema der Bergpredigt zu finden, in: Jesus Christus in Historie und Theologie, FS H. Conzelmann, hg. v. G. Strecker, 1975, 409–432.
D. A. Carson, The Sermon on the Mount, Grand Rapids 1978.
W. D. Davies, The Setting of the Sermon on the Mount, Cambridge, 1964 (dt.: Die Bergpredigt 1970; gekürzt).
A. D. Descamps, Le Discours sur la Montagne, RTL 12, 1981, 5–39.
M. Dibelius, Die Bergpredigt (1940), in: ders., Botschaft und Geschichte I, 1953, 80–174.
G. Eichholz, Auslegung der Bergpredigt, BSt 46, 1965.
P. Fiebig, Der Sinn der Bergpredigt, ZSTh 7, 1930, 497–515.
G. Friedländer, The Jewish Sources of the Sermon on the Mount, New York 1969.
E. Fuchs, Jesu Selbstzeugnis nach Matthäus 5 (1954), in: ders., Zur Frage nach dem historischen Jesus, GAufs. 1960, 100–125.
L. Goppelt, Das Problem der Bergpredigt, in: ders., Christologie und Ethik, 1968, 27–43.
R. M. Grant, The Sermon on the Mount in Early Christianity, Semeia 12, 1978, 215–231.

R. A. Guelich, The Sermon on the Mount, Waco 1982.
M. Hengel, Das Ende aller Politik. Die Bergpredigt in der aktuellen Diskussion, EK 14, 1981, 686–690; 15, 1982, 19–22.
V. Hochgrebe (Hg.), Provokation Bergpredigt, 1982.
P. Hoffmann, V. Eid, Jesus von Nazareth und eine christliche Moral, QD 66, 1975.
J. Jeremias, Die Bergpredigt (1959), in: ders., Abba, 1966, 171–189.
F. W. Kantzenbach, Die Bergpredigt, 1982.
W. S. Kissinger, The Sermon on the Mount. A History of Interpretation and Bibliography, Metuchen 1975 (Lit.).
G. Kittel, Die Bergpredigt und die Ethik des Judentums, ZSTh 2, 1925, 555–594.
P. E. Lapide, Es geht um die Entfeindungsliebe. Realpolitik, wie sie die Bergpredigt eigentlich meint, LM 20, 1981, 505–508.
Ders., Die Bergpredigt. Utopie oder Programm?, [2]1982.
E. Lerle, Realisierbare Forderungen der Bergpredigt?, KuD 16, 1970, 32–40.
W. Lohff, Manifest der Zuversicht. Verheißung und Forderungen der Bergpredigt, EK 14, 1981, 502–504.
H. K. McArthur, Understanding the Sermon on the Mount, New York 1960.
G. Miegge, Il sermone sul monte. Commentario esegetico a cura di B. Corsani, Torino 1970.
J. Moltmann (Hg.), Nachfolge und Bergpredigt, KT 65, 1981.
M. Müssle, Die Humanität Jesu im Spiegel der Bergpredigt, 1971.
P. Pokorný, Der Kern der Bergpredigt. Eine Auslegung, 1969.
L. Ragaz, Die Bergpredigt Jesu, 1945.
H. R. Reuter, Die Bergpredigt als Orientierung unseres Menschseins heute, ZEE 23, 1979, 84–105.
R. Schnackenburg, Die Bergpredigt Jesu und der heutige Mensch (1966), in: ders., Christliche Existenz nach dem Neuen Testament I, 1967, 109–130.
G. Schneider, Botschaft und Bergpredigt, [2]1973.
W. Schrage, Das Ende aller Politik? Kritische Fragen an Martin Hengel, EK 15, 1982, 333–337.
E. Schweizer, Die Bergpredigt, 1982 (auf der Grundlage von NTD [2][15]).
T. Soiron, Die Bergpredigt Jesu. Formgeschichtliche, exegetische und theologische Erklärung, [2]1944.
P. Stuhlmacher, Jesu vollkommenes Gesetz der Freiheit. Zum Verständnis der Bergpredigt, ZThK 79, 1982, 283–322.
A. Vögtle, Was ist Frieden? Orientierungshilfen aus dem Neuen Testament, 1983.
H. Windisch, Der Sinn der Bergpredigt, UNT 16, [2]1937.
H. T. Wrege, Die Überlieferungsgeschichte der Bergpredigt, WUNT 9, 1968.

Ursula Berner

Die Bergpredigt

Rezeption und Auslegung im 20. Jahrhundert. (Göttinger Theologische Arbeiten, Band 12). 2., durchgesehene und ergänzte Auflage 1983. 289 Seiten, kart.

Statt sich (wie in forschungsgeschichtlichen Überblicken üblich) an synchronen Auslegungstypen zu orientieren, bietet die Verfasserin eine diachrone Darstellung. Sie unterscheidet zwischen der historisch-kritischen Erforschung und der theologischen Bergpredigtmeditation, die nicht zuletzt durch Predigten und Erbauungsliteratur repräsentiert wird, und zieht die Verbindungslinien aus, die zur politischen Geschichte und zur geistigen Situation der jeweiligen Zeit bestehen.

Zahlreiche Exkurse beleben diese Untersuchung, die eine Fülle von teilweise unbekannten Details enthält und mosaikartig Inhalte und Veränderungen des Bergpredigtverständnisses im 20. Jahrhundert vor allem im deutschsprachigen Raum vorführt, mit der abschließenden Mahnung, die Bergpredigt als ethischen Text ernst zu nehmen.

„Die Bedeutung dieser Arbeit reicht weit über die Grenzen der Bibelwissenschaften."
Theol. Literaturzeitung

Eduard Schweizer

Die Bergpredigt

(Kleine Vandenhoeck-Reihe 1481). 1982. 118 Seiten, kart.

„Die Auslegung schließt an den Matthäus-Kommentar des Verfassers im Neuen Testament an. Den Texterklärungen sind Exkurse (z. B. über Friede, Söhne Gottes, Sünde) beigefügt. Abschließend ist das Problem der Bergpredigt behandelt, die zu einem Leben im Glauben aufruft, nicht aber zum Programm werden darf." *Das missionarische Wort*

„Een exegetisch uiterst gedegen en theologisch zeer indringende, beknopte uitleg."
Tijdschrift voor Theologie

Friedrich Wilhelm Horn

Glaube und Handeln in der Theologie des Lukas

(Göttinger Theologische Arbeiten, Band 26). 1983. 400 Seiten, kart.

Die Ethik des Evangelisten Lukas war zu jeder Zeit für die Kirche eine Herausforderung. Fand man in den Aussagen des Evangelisten vor einhundert Jahren die Begründung eines christlichen Sozialismus, so beruft sich gegenwärtig die Theologie der Armut auf Lukas.
F. W. Horn sichtet das gesamte Material aus Evangelium und Apostelgeschichte in kritischem Dialog mit der Forschungsgeschichte neu und stellt Lukas als Evangelisten der Gemeinde vor, dessen Ethik von den Problemen der frühchristlichen Gemeinde gestaltet und auf sie hin bezogen ist. Im Mittelpunkt steht die auf den Gegensatz von Armut und Reichtum in der Gemeinde eingehende Darlegung der Wohltätigkeitsparänese, ihre Motivation und christologische Begründung.